中华当代学术著作辑要

中国学案史

陈祖武 著

商务印书馆
创于1897 The Commercial Press

图书在版编目(CIP)数据

中国学案史/陈祖武著. —北京:商务印书馆,2022
(中华当代学术著作辑要)
ISBN 978-7-100-20586-3

Ⅰ.①中… Ⅱ.①陈… Ⅲ.①哲学史—中国 Ⅳ.①B2

中国版本图书馆CIP数据核字(2022)第007165号

中华当代学术著作辑要

中国学案史

陈祖武 著

商 务 印 书 馆 出 版
(北京王府井大街36号 邮政编码100710)
商 务 印 书 馆 发 行
北京通州皇家印刷厂印刷
ISBN 978-7-100-20586-3

2022年4月第1版 开本 710×1000 1/16
2022年4月北京第1次印刷 印张 19¼ 插页 2

定价:116.00元

中國学案史

任继愈题

中华当代学术著作辑要

出 版 说 明

学术升降，代有沉浮。中华学术，继近现代大量吸纳西学、涤荡本土体系以来，至上世纪八十年代，因重开国门，迎来了学术发展的又一个高峰期。在中西文化的相互激荡之下，中华大地集中迸发出学术创新、思想创新、文化创新的强大力量，产生了一大批卓有影响的学术成果。这些出自新一代学人的著作，充分体现了当代学术精神，不仅与中国近现代学术成就先后辉映，也成为激荡未来社会发展的文化力量。

为展现改革开放以来中国学术所取得的标志性成就，我馆组织出版"中华当代学术著作辑要"，旨在系统整理当代学人的学术成果，展现当代中国学术的演进与突破，更立足于向世界展示中华学人立足本土、独立思考的思想结晶与学术智慧，使其不仅并立于世界学术之林，更成为滋养中国乃至人类文明的宝贵资源。

"中华当代学术著作辑要"主要收录改革开放以来中国大陆学者、兼及港澳台地区和海外华人学者的原创名著，涵盖文学、历史、哲学、政治、经济、法律、社会学和文艺理论等众多学科。丛书选目遵循优中选精的原则，所收须为立意高远、见解独到，在相关学科领域具有重要影响的专著或论文集；须经历时间的积淀，具有定评，且侧重于首次出版十年以上的著作；须在当时具有广泛的学术影响，并至今仍富于生命力。

自1897年始创起，本馆以"昌明教育、开启民智"为己任，近年又确立了"服务教育，引领学术，担当文化，激动潮流"的出版宗旨，继上世纪八十年代以来系统出版“汉译世界学术名著丛书”后，近期又有“中华现代学术名著丛书”等大型学术经典丛书陆续推出，“中华当代学术著作辑要”为又一重要接续，冀彼此间相互辉映，促成域外经典、中华现代与当代经典的聚首，全景式展示世界学术发展的整体脉络。尤其寄望于这套丛书的出版，不仅仅服务于当下学术，更成为引领未来学术的基础，并让经典激发思想，激荡社会，推动文明滚滚向前。

商务印书馆编辑部

2016年1月

原版自序

中国历代史籍，不唯以浩如烟海而令人叹为观止，而且还以其编纂体裁的完备而自豪于世。编年、纪传、纪事本末若三足鼎峙，源远流长，争奇斗妍，为史籍编纂确立了基本格局。其间所派生的各种专史，或通古为体，或断代成书，或记一族一姓，或述一地一时，博及政治、经济、军事、学术文化诸领域，琳琅满目，美不胜收。晚近以来，又融域外史籍编纂之精华为我所有，推陈出新，别辟蹊径，开创了中国历史编纂学的新局面。作为古代学术史的特有编纂形式，学案体史籍的兴起，是宋、元以后的事情。南宋朱子著《伊洛渊源录》开其端，明、清间周汝登、孙奇逢以《圣学宗传》《理学宗传》畅其流，至黄宗羲《明儒学案》出而徽帜高悬。乾隆初，全祖望承宗羲父子未竟之志成《宋元学案》，学案体史籍臻于大备。清亡，徐世昌网罗旧日词臣辑《清儒学案》，学案体史籍至此极度成熟。梁启超并时而起，融会中西史学，以《中国近三百年学术史》而别开新境，学术史编纂最终翻过学案体之一页，迈入现代史学的门槛。

谈中国学案史而推祖于朱熹《伊洛渊源录》，自梁启超先生首倡，今日已成史学界共识。然若究其发轫，则渊源甚远，来之有自。诸如先秦诸子之述学，汉唐纪传体史籍的挺生，佛家宗史、灯录的风行，北宋中理学的崛起，等等，凡此皆从不同角度为其提供了文献学和思想史的依据。在中国学术史上，学案体史籍经历了漫长的形成和发展过程。见盛观衰，述往思来，认真回顾这一历史过程，总结其间的成败得失和学术规律，对于推动学术史研究的深入，无疑是会有益处的。

二十世纪九十年代初，笔者曾就此做过一次梳理尝试。承台湾文化大学邱镇京教授错爱，拙稿《中国学案史》有幸送请台北文津出版社付梓。自一九九四年习作在台湾问世，十余年过去，研究中国学案史，在今日的中国学术史研究中，依然还是一个可以深入开拓的领域。由于研究对象处于思想史、哲学史和史学史、文献学的交汇点上，随着学术史研究向纵深推进，它愈益吸引研究者的注意。有鉴于此，遵中国出版集团东方出版中心莫贵阳先生之嘱，谨将旧日书稿酌加增删，订讹正误，奉呈读者诸高贤，敬请方家大雅多赐教言。

陈祖武　谨识

二〇〇八年五月六日

目　　录

第一章　学案体史籍溯源

作为一种独立的史籍编纂体裁，学案体史籍以专记学派的承传流衍为特色。始而述一家一派源流，继之汇合诸多学术流派为一编，遂由一家一派之学术史，而演为一代乃至数百年众多学派的学术史。二十世纪二十年代，梁启超先生著《中国近三百年学术史》，率先对学案体史籍的渊源进行探讨。根据梁先生的卓见，清初黄宗羲《明儒学案》，乃近承朱子《伊洛渊源录》，远绍诸史《儒林传》《艺文志》和佛家宗史、灯录，有其久远而深刻的文献学和思想史渊源。谨遵梁启超先生之教，追溯其渊源如后。

一、先秦诸子论学术史

在中国古代学术史上，迄于西周，学在官府，政教合一，并无私门著述文字，故亦无所谓学术流派之可言。对于这样一种历史格局，清代乾隆、嘉庆间史家章学诚撰文论究，称之为“官守学业合一”①。春秋战国间，历史大步跃进。社会的急剧动荡，终于将旧有历史格局打破。私学挺生，云蒸霞蔚，呈现出诸子百家竞相争鸣的繁荣气象。

先秦诸子，各倡其说，自成流派。诸家学说皆保存在各自或相关的著述之中，这便是流传至今的《论语》《孟子》《墨子》《老子》《庄子》《管

---

① ［清］章学诚：《校雠通义》内篇一《原道》。

子》《荀子》《韩非子》等。只是当时中国史学尚处于其发展的早期，就史籍编纂体裁而言，则是编年体史书的一统天下，因而并无专门的史籍来记录学术流派的传承。不过，在诸子百家的著述之中，学术史的萌芽已经初露端倪。率先在这方面进行较为系统梳理的，当推庄周。

据《史记》卷六十三《老子韩非列传》载，庄周为战国间宋国蒙（今河南商丘东北）人。他与梁惠王、齐宣王同时，早年曾做过漆园吏，后摆脱羁绊，我行我素而终身不仕。其学上承老子，著书十余万言，“剽剥儒、墨”，“洸洋自恣”①。关于庄周所著书，《史记》未称其名，而《汉书·艺文志》则归入道家一类，著录为《庄子》五十二篇。今本《庄子》已非汉时旧观，系经西晋郭象编定，凡作内篇七，外篇十五，杂篇十一，共三十三篇。

在《庄子》卷末的《天下篇》中，庄周谈到了一时“道术将为天下裂”的“百家之学”。根据其所述之先秦学术分野，除讲《诗》《书》《礼》《乐》的“邹鲁之士”而外，主要是六派。墨翟、禽滑釐为一派，名之为“墨”。承其学者，有“南方之墨者”相里勤、五侯、苦获、已齿、邓陵子等，统谓之“别墨”。墨者之学，“不侈于后世，不靡于万物，不晖于数度，以绳墨自矫，而备世之急”。墨子及其后学，为之孜孜矻矻，“虽枯槁不舍”。庄子认为，“墨子真天下之好也”，然而逆物伤性，因此书中予墨子及其后学的总评价，则是“才士也夫”。宋钘、尹文为另一派，其学以“不累于俗，不饰于物，不苟于人，不忮于众，愿天下之安宁以活民命，人我之养，毕足而止”为职志，主张“见侮不辱，救民之斗，禁攻寝兵，救世之战”，提倡“情欲寡浅”，并以此周行天下，“强聒而不舍”。第三派则由彭蒙与田骈、慎到师弟倡立。其学奉“古之道人，至于莫之是、莫之非而已”为师门之教，讲求“齐万物以为首”，憧憬“物我一体”

① 《史记》卷六十三《老子韩非列传》。

的浑然境界。第四派是“以本为精，以物为粗，以有积为不足，澹然独与神明居”的关尹、老聃一派。庄周于此派之学最为服膺，推作“古之博大真人”。第五派为庄周所自创，据称其学“独与天地精神往来，而不敖倪于万物，不谴是非，以与世俗处”。因而他甚为自负，于一己之学大加张扬，称为：“其于本也，宏大而辟，深闳而肆。其于宗也，可谓稠适而上遂矣。”在庄子看来，唯有其学将长留于天地间，用他的话来说，就叫做：“其理不竭，其来不蜕，芒乎昧乎，未之尽者。”最后一派便是以善辩名家的惠施、桓团、公孙龙。庄子虽然赞赏其雄辩之才，但是认为“其道舛驳，其言也不中”，因而痛惜其仅能以善辩而得名。他就此喟叹：“惜乎惠施之才，骀荡而不得，逐万物而不反，是穷响以声，形与影竞走也。悲夫！”①

继庄子之后，对一时学术流派加以评述者，则是荀子。荀子名况，战国末赵国人。《史记》卷七十四《孟子荀卿列传》称之为荀卿。据载，他五十岁始游学于齐，时当齐襄王在位。由于田骈等人皆已故世，荀子遂以老师宿儒见称于世，三度尊为齐国祭酒。后遭谗言诋毁，离齐往楚，为春申君所用，任兰陵（治所在今山东苍山县西南兰陵镇）令。春申君死，荀卿职废，于是客居兰陵，以课徒著述终老。他“嫉浊世之政，亡国乱君相属”，遂“推儒、墨、道德之行事兴坏，序列著数万言而卒”②。荀卿之所著书，司马迁亦未详其名。东汉班固著《汉书》，于《艺文志》著录为《孙卿子》三十三篇。荀卿何以称孙卿？据唐初颜师古注《汉书》，称：“本曰荀卿，避宣帝讳，故曰孙。”③开元年间，司马贞著《史记索隐》，承袭颜师古说，亦称：“谓之孙卿子者，避汉宣帝讳改也。”④尔

① 《庄子》卷三十三《天下篇》。
② 《史记》卷七十四《孟子荀卿列传》。
③ ［唐］颜师古：《汉书》卷三十《艺文志》注。
④ ［唐］司马贞：《史记索隐·孟子荀卿列传》。

后，历代学者相沿不改。直至清代乾隆末，谢墉著《荀子笺释》，始出别解，指出："荀音同孙，语遂移易。……以为避宣帝讳，当不其然。"①至于卷帙，《汉书》以后，《隋书》《旧唐书》之《经籍志》则作十二卷。之后，唐人杨倞注释本通行，始作二十卷、三十二篇。今日所存，即杨氏注本篇第。

荀子之学，推尊孔子、子弓，并由此上溯而祖述舜、禹。在《荀子》卷三《非十二子篇》中，他对先秦学术流派进行了一次批判性的总结。就宏观的学术分野而言，一如庄周，荀况亦在孔子、子弓之学外，将各家学术区分为六派，只是具体分合略异于庄子。他所分六派皆各以二人为代表，依次为：它嚣、魏牟；陈仲、史鳝；墨翟、宋钘；慎到、田骈；惠施、邓析；子思、孟轲。荀况认为，此六派十二子，皆属以各自之说"欺惑愚众"之辈，同样是"饰邪说，文奸言，以枭乱天下""矞宇嵬琐，使天下混然不知是非治乱之所存者"。具体而论，它嚣、魏牟一派，其学"纵情性，安恣睢，禽兽行，不足以合文通治"。陈仲、史鳝一派，其学"忍情性，綦谿利跂，苟以分异人为高，不足以合大众、明大分"。墨翟、宋钘一派，其学"不知一天下、建国家之权称，上功用，大俭约，而僈差等，曾不足以容辨异、县君臣"。慎到、田骈一派，其学"尚法而无法，下修而好作。上则取听于上，下则取从于俗，终日言成文典，反纠察之，则倜然无所归宿，不可以经国定分"。惠施、邓析一派，其学"不法先王，不是礼义，而好治怪说，玩琦辞。甚察而不惠，辩而无用，多事而寡功，不可以为治纲纪"。而对子思、孟轲一派，荀况尤大不以为然，他批评说："略法先王而不知其统，犹然而材剧志大。闻见杂博，案往旧造说，谓之五行。甚僻违而无类，幽隐而无说，闭约而无解，案饰其辞而祗敬之，曰此真先君子之言也。"荀况认为，思孟

① ［清］谢墉：《荀子笺释序》，载《荀子集解》卷首。

一派之说，淆乱孔子学说真相，最为误人子弟。因此，他使用了批评诸子所未曾有过的激烈言词，指出："是则子思、孟轲之罪也。"荀子主张："上则法舜、禹之制，下则法仲尼、子弓之义，以务息十二子之说。"他的结论是："如是则天下之害除，仁人之事毕，圣王之迹著矣。"篇末，荀况的批评所至，下及孔门弟子子张、子游、子夏后学。于此三家后学，他认为皆非圣人之徒，无非得其貌似而已，因而同样冠以"贱儒"之称。他说："禹行而舜趋，是子张氏之贱儒也。正其衣冠，齐其颜色，嗛然而终日不言，是子夏氏之贱儒也。偷儒惮事，无廉耻而耆饮食，必曰君子固不用力，是子游氏之贱儒也。"与三家后学迥异其趣，荀子主张："彼君子则不然。佚而不惰，劳而不優，宗原应变，曲得其宜。如是，然后圣人也。"①

战国末，顺应结束纷乱时局、谋求国家一统的历史大势，荀子的弟子韩非崛起。据《史记》卷六十三《老子韩非列传》载，非本韩国公子，其学宗尚黄老，喜言刑名法术。他早年师事荀况，著有《孤愤》《五蠹》《内外储》《说林》《说难》十余万言。书流传至秦，为秦王嬴政激赏，喟叹："寡人得见此人与之游，死不恨矣。"此后，秦国即以获韩非为由而发兵。韩不敌，遣非使秦。惜嬴政听信谗言，迫韩非自杀于狱中。关于韩非所著书，《汉书·艺文志》著录为《韩子》五十五篇，《隋书》以下诸史经籍、艺文志，则不载篇数，作二十卷。今本《韩非子》作二十卷、二十五篇。

韩非于所著《显学篇》，沿袭其师荀况的思路，集中对战国末儒、墨二家之学进行批评性总结。他不仅在先秦学术史上第一次明确提出儒墨并称显学的判断，而且还述及孔子、墨翟之后，"儒分为八，墨离为三"的历史。他指出："世之显学，儒墨也。儒之所至，孔丘也；墨之所

① 《荀子》卷三《非十二子篇》。

至，墨翟也。自孔子之死也，有子张之儒，有子思之儒，有颜氏之儒，有孟氏之儒，有漆雕氏之儒，有仲良氏之儒，有孙氏之儒，有乐正氏之儒。自墨子之死也，有相里氏之墨，有相夫氏之墨，有邓陵氏之墨。故孔、墨之后，儒分为八，墨离为三。”[①]韩非所做的总结，虽意在批评儒、墨而非述学史，因之而有嫌疏略，但他的努力无疑是一次可贵的学术积累，为尔后史家之梳理先秦儒、墨源流，提供了重要依据。

二、《史记》《汉书》的发凡起例之功

在中国史学史上，如果说先秦诸子之论学已初开学术史端倪，那么发凡起例的创辟之功则是由《史记》《汉书》来成就的。

（一）《史记》的肇始之功

战国末，荀、韩诸子述学，已显示总结先秦学术的历史趋势。秦灭六国，天下一统，按理应是深化这一总结的极好机会。然而秦始皇无视历史潮流，以焚书坑儒、钳制思想，代替了理性的客观总结。到头来适得其反，二世而亡，受到历史的无情惩罚。汉兴，除秦暴政，与民休息。惠帝四年（前191），除挟书之律，大收篇籍，广开献书之路。至武帝即位，承文景之治所奠定的雄厚国基，广延百家，推尊儒术，建藏书之策，置写书之官，下及诸子传说，皆得弃藏秘府。通过总结先秦学术以促进文化事业的发展，宛若水到渠成。于是时代的更替，社会的进步，将杰出的史家司马迁召唤到历史舞台上。

司马迁，字子长，西汉左冯翊夏阳（今陕西省韩城市）人。生于景帝中元五年（前145），卒年不详，约在武帝末。其父司马谈，早年学天

---

① 《韩非子》卷十九《显学》。

文于唐都，受《易》学于杨何，又从黄老后学黄子讲习道家之说。武帝建元、元封间（前140—前105），出任太史令，执掌史书纂修。为家学濡染，司马迁自少年时代起即肆力经史，曾向孔安国问《古文尚书》，从董仲舒研求《春秋》公羊家说。二十岁以后，遨游南北，江、淮、沅、湘，会稽、九疑，名山大川皆留下过他访古寻胜的足迹。后东游齐鲁，观孔子遗风，行万里路，读万卷书，风尘仆仆，满载而归。凭此阅历，仕为郎中。元封元年（前110），奉使西南，北归洛阳。时值其父弥留之际，以撰著史书郑重相嘱。父卒三年，司马迁秉遗命出任太史令，承先人未竟之志，排比故事，整齐世传，致力于上古迄汉初历史的撰写。天汉三年（前98），因替李陵投降匈奴事辩解，激怒武帝，惨遭腐刑。虽蒙受此一奇耻大辱，但为完成父子相守之业，他忍辱负重，发愤撰著，终在逝世前如愿以偿，成就了“究天人之际，通古今之变，成一家之言”①的不朽巨著《史记》。

《史记》突破《春秋》以来编年体史籍的旧有格局，既取其年经月纬、时序分明之长，又弃其首尾割裂、取舍失当之短，以纪、表、书、传之目而区分类聚，成为贯通古今的一部别开生面的史籍。全书一百三十卷，“纪、传以统君臣，书、表以谱年爵”②，上起黄帝，下穷汉武，开创了崭新的纪传体史籍编纂体裁。也正是在这一卓有成效的创新之中，司马迁为学术史的编纂提供了成功的雏形。就学术史编纂而言，《史记》的发凡起例之功，主要可归纳为如下三个方面：

首先，《史记》承诸子百家之后，对先秦学术做了一次别具只眼的总评。在该书卷一百三十《太史公自序》中，司马迁引述其父之说，离析先秦学派为六家，即阴阳、儒、墨、名、法、道德。在谈、迁父子看来，阴

---

① ［汉］司马迁：《报任少卿书》，载《汉书》卷六十二《司马迁传》。
② ［唐］刘知幾：《史通》内篇卷一《六家》。

阳家虽有“序四时之大顺”的功绩，但预卜吉凶，危言耸听，则“使人拘而多所畏”。儒家倡言名教，“序君臣父子之礼，列夫妇长幼之别”，其礼法实为不可移易，但以“六艺”为法，终究“博而寡要，劳而少功”，因而“其事难尽从”。墨家主张“强本节用”，虽属治国正道，但拘执己见，不别尊卑，未免“俭而难遵”，所以“其事不可遍循”。名家控名责实，自有其功，然而“专决于名而失人情”，以致“使人俭而善失真”，则又是其弊窦之所在。法家尊主卑臣，正君臣上下之分，确立不可逾越的统治秩序，功在天下，但不别亲疏，不殊贵贱，一断于法，终“严而少恩”，因之“可以行一时之计，而不可长用”。独有道德家，奉“无为”“无不为”之教，讲求“以虚无为本”之术，浑然物我，顺任自然，因而能究万物之情，能为万物之主。用司马氏父子的话来说，就叫做“道家使人精神专一，动合无形，赡足万物”。所以《史记》的结论是：独有道家“乃合大道，混混冥冥，光耀天下，复反无名”。

其次，全书以记人物生平学行为中心，对自先秦迄于汉初的学术源流进行了成功的梳理。作为人类历史活动的如实记录，史书的编纂体裁无疑可以是多种多样的。记述学术史亦然，或以事为线索，或以人为中心，尽可百花齐放。不过，归根结底，终究离不开人这样一个历史的主体。有鉴于先秦时代相关史籍存在的局限，诸如《尚书》《春秋》《国语》《战国策》《世本》《秦记》等，或偏重记事，或偏重记言，使古代学术的演进淹没在纷繁的政治、军事活动之中；诸子百家之述学，又每每扬己抑彼，不能一览学术源流之全貌。因此，司马迁的《史记》独辟蹊径，选择了以记人为中心的方式，通过对人物生平学行的叙述，凭以反映古代学术兴替的大致脉络。

史家述史，由于主客观条件的限制，往往对历史人物、历史事件和历史现象的观察、判断未尽准确，于历史趋势的把握亦不能尽得要领。因而当时过境迁之后，其得失便豁然显露出来。司马迁著《史记》，之所以要把它“藏之名山，副在京师，俟后世圣人君子”①，道理或许很大程度在于此。唯其如此，所以先秦诸子之论学，历经沧桑，到了司马迁的时代再回过头去看它，自然就会根据当时的具体条件和评判历史的尺度，去做出必要的取舍。关于《史记》在叙述学术史方面所做的这类取舍，一个最为突出的事例，便是韩非子当年所判断的儒、墨并称显学，已经为孔子儒学的盛行所取代。就《史记》自身的体例而言，“世家”这一编纂形式，本是专为记录诸侯历史而设，孔子却以学术宗师赫然置身其间。由此自然就会产生出这样一个问题，孔子既非诸侯，何以又得编统入“世家”一类？司马迁于此解释道：“天下君王至于贤人众矣，当时则荣，没则已焉。孔子布衣，传十余世，学者宗之。自天子王侯，中国言“六艺”者折中于夫子，可谓至圣矣。”②这就是说，作为先秦学术的一个开派宗师，孔子的学说世代相传，历久不衰，较之昙花一现的众多诸侯，实有过之而无不及，理所当然要使之跻身“世家”之列。正是由此出发，《史记》不仅为孔子专门立传，擢入“世家”，而且还纂修了题为《仲尼弟子列传》的专篇，取与先秦诸子并列。其中，商瞿一传，不惟有“鲁人，字子木，少孔子二十九岁”的文字，而且记录了迄于汉初孔门《易》学的传承。《史记》于此记道：“孔子传《易》于瞿，瞿传楚人馯臂子弘，弘传江东人矫子庸疵，疵传燕人周子家竖，竖传淳于人光子乘羽，羽传齐人田子庄何，何传东武人王子中同，同传菑川人杨何。何元朔中，以治《易》为汉中大夫。”③这样，在中国古代学术史上，就由司马迁第一次线索清晰地记载了迄于汉初，孔子学说承传流衍的历史。

至于迄于汉初的诸子百家，司马迁的区分类聚，可谓独具个性。管

① 《史记》卷一百三十《太史公自序》。

② 《史记》卷四十七《孔子世家》。

③ 《史记》卷六十七《仲尼弟子列传》。

仲、晏婴，相去百余年，《史记》则合为一传，对管、晏学以经世之功备加推奖，甚至表示：“假令晏子而在，余虽为之执鞭，所忻慕焉。”①老子、庄子、申不害、韩非，亦生不同时，司马迁同样聚之一堂，并于传末畅发议论：“老子所贵道虚无，因应变化于无为，故著书辞称微妙难识。庄子散道德放论，要亦归之自然。申子卑卑，施之于名实。韩子引绳墨，切事情，明是非，其极惨礉（音核——引者）少恩。皆原于道德之意，而老子深远矣。”②而孟子、荀子及稷下诸先生，亦同在《孟子荀卿列传》中。独有先前一度称为显学的墨学创始人墨子，则仅附见于孟、荀传中，记为：“盖墨翟，宋之大夫，善守御，为节用。或曰并孔子时，或曰在其后。”寥寥数语，正反映出迄于汉初，墨学弱不成军的衰象。类似事例甚多，恕不赘举。后世史家刘知幾著《史通》，于此多所訾议，讥为：“编次同类，不求年月。后生而擢居首帙，先辈而抑归末章。遂使汉之贾谊，与楚屈原同列；鲁之曹沫，与燕荆轲并编。”③《史通》此一评议，不为无理。然而同是杰出史家，观察问题的着眼点不同，一在通古述史，一在就史论例，视角不同，旨趣有别，结论就自然不一样了。

再次，《史记》着眼于儒家“六艺”之学的传授，创立《儒林传》，开尔后历朝史家修史以述各时代儒学演变历史之先河。司马迁著《史记》，承其父之遗教，“先黄老而后“六经””，重道轻儒倾向贯穿全书首尾。然而儒家“六艺”之学，自孔子首倡，迭经盛衰，历久不绝，迄于汉初武帝间，又呈兴盛之势。这也是为他所面对的历史和现实。因此，作为一个志存信史的史家，既然发愿结撰“通古今之变”的史籍，这样一个历史实际就必然地要见诸自己的著述。于是《史记》创辟了《儒林传》。全传先之以序文一段，提纲挈领，对先秦迄于汉初的儒学源流，做了一

① 《史记》卷六十二《管晏列传》。

② 《史记》卷六十三《老子韩非列传》。

③ ［唐］刘知幾：《史通》内篇卷二《二体》。

个鸟瞰式的勾勒。

在这篇序中，司马迁集中谈了三个问题。一是称赞孔子“论次《诗》《书》，修起《礼》《乐》”，“作《春秋》以当王法”的首创之功。二是回顾战国末，儒学得孟子、荀子张大，而“显于当世”的历史。三是叙述经历秦始皇焚书坑儒，汉初尊崇黄老之术，儒学由晦而显的演变过程。随后，传文以《诗》《书》《礼》《易》《春秋》为序，自高祖时代的《诗》学大师申公始，至武帝间以治《春秋》公羊家说名世的董仲舒止，依次记录了汉兴百余年间，“六艺”之学的承传流衍。这样，以分述诸多经师的学术师承为线索，《史记》再现了汉初儒学的演变脉络。在司马迁的笔下，武帝建元六年（前135），崇尚黄老家言的窦太后去世之后，“武安侯田蚡为丞相，绌黄老、刑名百家之言，延文学儒者数百人，而公孙弘以《春秋》白衣为天子三公，封以平津侯”。由于当权者的提倡，在汉初的学术舞台上，终于形成儒学勃兴，“天下之学士靡然向风”，“公卿大夫士吏，斌斌多文学之士”①的繁荣局面。

《史记》中的《儒林传》，不啻一部汉初儒学史大纲。如若参以之前《孔子世家》《仲尼弟子列传》《老子韩非列传》《孟子荀卿列传》及其他相关纪传，则一部自先秦迄于汉初的学术史雏形，已然间架粗具。后海先河，沿流溯源，司马迁的首倡之功洵称不朽。

（二）《汉书》记学术史的创获

继《史记》之后，《汉书》是又一部成就卓著的纪传体史籍。同为纪传体，《史记》以穷究古今，开通古为史之先河。而《汉书》则专记西汉一代史事，成为断代为史的典范，后世官修“正史”，群相效尤，无改斯道，共推为不祧之宗，影响尤为深远。

---

①《史记》卷一百二十一《儒林列传》。

《汉书》的著者班固，字孟坚，东汉扶风安陵（今陕西咸阳东）人。生于光武帝建武八年（32），和帝永元四年（92）瘐死狱中，得年六十一岁。一如司马迁，班固之有志述史，亦承其家学。其父班彪，有感于《史记》所载，仅及汉初，自武帝太初年间以后，阙而无录，后世所补，并不足以继踵前书。于是博采官私典籍，仍以纪传为体，撰为《史记后传》数十篇，以述西汉一代史事。彪死，子固承父书之未竟，潜精研思，续为撰著。后即因之而蒙私撰国史罪名，遭人告讦入狱。事由澄清，留官兰台令史、校书郎，预修国史。明帝永平中，受诏完成前史。自此伏案二十余年，至章帝建初间，《汉书》初成。和帝永元初，因锄灭外戚窦宪势力，牵连下狱而死。当时，《汉书》尚有八表和《天文志》未及撰成，后由固妹班昭得同郡人马续相助，补为完书。

《汉书》之编纂体裁虽沿袭《史记》，但亦有变通。世家一类，《汉书》已删除不存，诸书则不再沿用，悉改作志。全书凡分十二本纪、八表、十志和七十列传，共一百卷。后经整理离析，而成今本一百二十卷。如果说司马迁《史记》的成书，为述学术史提供了一个成功的雏形，那么班固《汉书》的问世，则使这一雏形得到丰富和充实，从而成为后世史家记录各时代学术源流的楷模。《汉书》的这种典范意义，集中体现在如下两个方面。

第一，鲜明的独尊儒术倾向。

班固之与司马迁，相去近二百年。其间，历经汉武鼎盛，宣帝中兴，及至元帝一朝，国势渐衰。哀、平短祚，王莽篡权，终致天下大乱。幸而光武帝发愤兴兵，收拾残局，刘氏王朝始得重建，而有前后、西东二汉之称。班固著《汉书》，已入东汉。全书上起高祖，下迄王莽，为西汉王朝撰写了一部完整的盛衰史。班书沿《史记》开启的路径而行，记录一代儒学更替，成为一个重要的内容。然而同样叙述儒学史，由于客观环境的变迁，以及由此而产生的学术好尚的歧异，因之见诸文字，则面貌有别。司马迁生活的时代，西汉初建，儒学方兴，所以《史记》之所记，只是儒学由晦而显的历史趋势。而到了班固的时代，儒学独尊，格局已成，因而在他的笔下，所再现的则是儒学尊显、一家独盛的历史画卷。从中所由以反映的历史认识，也正是著者鲜明的独尊儒术倾向。

首先，班固于《史记》诸表外，增辟一《古今人表》。表内，他依据自己的价值尺度，分列历史人物为上中下九等。其中，上上为圣人，上中为仁人，上下为智人，依次而下，最末之下下等则为愚人。儒学的开派宗师孔子，班固取与伏羲、神农、黄帝、少昊、颛顼、帝喾、尧、舜、禹、商汤、周文王、周武王、周公并列，高踞圣人之席。孔子诸弟子及后学，自颜渊、闵子骞、冉伯牛、仲弓，至子思、孟子、荀子，则紧随其后，擢置仁人之位。而与孔子相后先的老子、墨子，仅在中上之列。至于庄子、慎子、申子、惠施、公孙龙等，又等而下之，统统黜至中下一类。由此可见，《汉书》的崇儒倾向，是何等的鲜明。

其次，班固从《史记》的《儒林传》中，把董仲舒析出，独立为传。传中，详载董仲舒对答汉武帝的“天人三策”。仲舒策中有云：“《春秋》大一统者，天地之常经，古今之通谊也。今师异道，人异论，百家殊方，指意不同。是以上亡以持一统，法制数变，下不知所守。臣愚以为，诸不在‘六艺’之科、孔子之术者，皆绝其道，勿使并进。邪辟之说灭息，然后统纪可一而法度可明，民知所从矣。”《汉书》于传主此类主张，详加征引，以表彰董氏“推明孔氏，抑黜百家”之功。传末，班固还假刘歆之评，赞誉董仲舒“潜心大业，令后学者有所统一，为群儒首”①。与之相一致，《汉书》之《武帝纪》末，亦盛称“孝武初立，卓然罢黜百家，表章‘六经’”②的决策。在类似《太史公自序》的《叙传》中，班固又再度称

---

① 《汉书》卷五十六《董仲舒传》。

② 《汉书》卷六《武帝纪》。

颂武帝“武功既抗，亦迪斯文，宪章六学，统一圣真”①。

再次，作为集中记录一代儒学更替的《儒林传》，就其编纂体例而言，《汉书》虽大体一沿《史记》旧规，但却改变了《史记》如实叙史、不作褒贬的笔法，极力推尊儒家经典。传首序文开宗明义，即指出：“古之儒者，博学乎‘六艺’之文。‘六艺’者，王教之典籍，先圣所以明天道，正人伦，致至治之成法也。”这样，班固就脱离了司马迁述学“先黄老而后‘六经’”的旧辙，赋予儒家“六艺”以法典的神圣地位。随后，班书更定《史记·儒林传》所列“五经”次第，改以《易》《书》《诗》《礼》《春秋》为序，详尽地分述了“五经”之学在西汉一代的传衍。传末，班固又对西汉历朝所立“五经”博士的状况做了综述。据他所述，汉初，武帝始立“五经”博士，当时诸儒经说得立为博士者，仅有四家，即《尚书》欧阳氏、《礼》后仓氏、《易》杨氏、《春秋》公羊氏。至宣帝时，夏侯胜、夏侯建所解《尚书》，戴德、戴圣所释《礼》，施雠、孟喜、梁丘贺三家《易》说，以及《春秋》穀梁氏传，皆得立为博士。元帝之时，京房《易》说补为博士。汉末平帝朝，虽崩溃在即，但于博士之列，依然增立了《春秋》左氏传、《诗》毛氏传以及《逸礼》《古文尚书》四家。足见，西汉一代，由于历朝帝王的崇奖，儒学传衍渐盛，枝叶扶疏，已成一代学术的主体。

第二，创立《艺文志》，以辨章学术，考镜源流。

我们中国是一个历史悠久的文明古国，丰富的历史文献，自先秦文明初创，代有结撰，汗牛充栋。这是中华民族极可宝贵的文化遗产，也是中国人民对人类文明的巨大历史贡献。《易经》的《系辞下》说：“古者包牺氏之王天下也，仰则观象于天，俯则观法于地。观鸟兽之文，与地之宜，近取诸身，远取诸物。于是始作八卦，以通神明之德，以类万物之情。”同书《系辞上》又说：“河出图，洛出书，圣人则之。”这就是说，早

---

① 《汉书》卷一百《叙传》。

在孕育中华文明的远古传说时代,我们的先民已经在根据自己对自然和人类的认识,去创造我们民族的早期文明。随着历史的进步,由《周易》《尚书》到《春秋》,文献日臻繁富。所谓"惠施多方,其书五车",绝非《庄子》一书的夸大其辞,应是战国间著述富赡的一个如实写照。然而一则由于远古生活和生产方式的粗放,再则迭经兵燹,灾害频仍,许多历史文献皆未得保存下来。所以孔子当年考论夏、殷两代礼仪,即已喟叹"文献不足"。经历秦始皇焚书之厄,历史文献付之一炬。汉兴,虽广开献书之路,但迄于武帝间,依然不得不为"书缺简脱,礼坏乐崩"而深为痛惜。因之司马迁著《史记》,自然无从去对先秦文献进行整理。这并非史家个人的责任,而是历史局限所使然。凭借宣帝中兴创造的良好条件,成帝继元帝而起,再度访求天下遗书。由于皇家藏书的空前丰富,因而对历代文献进行系统整理的工作提上了日程。光禄大夫刘向、步兵校尉任宏、太史令尹咸、侍医李柱国诸臣,奉命分校经传、诸子、诗赋、兵书、术数、方技诸类图书,而由刘向总其成。每毕一书,刘向皆条举大端,撰为提要一篇上奏。向卒,哀帝又令其子刘歆完成父业。于是刘歆依父向遗著《别录》规制,将所董理群书离析部次,区分类聚,撰为《七略》一部。该书以《辑略》《六艺略》《诸子略》《诗赋略》《兵书略》《术数略》和《方技略》为类,对历代典籍进行了一次成功的整理。班固著《汉书》,即以《七略》为依据,删繁就简,撮其大要,创立了《艺文志》。

一如《儒林传》,《艺文志》亦先之以序文一段,概述文献传衍。然后依"六艺""诸子""诗赋""兵书""术数""方技"类次群书,既著录书名、卷帙、著者,又于各类间提纲挈领,略加评述。由于代远年湮,当初刘向所著《别录》,以及刘歆据以续撰的《七略》,皆已亡佚,所以《汉书·艺文志》便以现存的我国古代第一部图书分类目录,在文献学上显示出极高的学术价值。其中的"六艺"一类,共著录《易》《书》《诗》《礼》

《乐》《春秋》及《论语》《孝经》和小学类图书一百零三家，三千一百二十三篇。“诸子”一类，在司马谈《论六家要旨》的基础之上，分先秦诸子为十家，即儒、道、阴阳、法、名、墨、纵横、杂、农和小说。而与司马迁父子的“先黄老而后‘六经’”异趣，班固对儒家极意推崇，指出：“儒家者流，盖出于司徒之官，助人君顺阴阳、明教化者也。游文于‘六经’之中，留意于仁义之际，祖述尧、舜，宪章文、武，宗师仲尼，以重其言，于道最为高。”①此类图书共著录一百八十九家，四千三百二十四篇。

《汉书》的《艺文志》与《儒林传》相辅相成，不仅丰富了汉代学术史的内容，而且对《史记》所未曾系统记录的先秦文献，亦进行了可贵的弥补。之后，《儒林传》（或《儒学传》）、《艺文志》（或《经籍志》）皆不胫而走，成为历代官修“正史”的编纂矩矱，从而使各个时代的学术变迁得以保存下来。

三、佛教史籍提供的借鉴

佛教源于印度，自两汉间传入中国，至东晋初，其势始盛。沿及南朝，梁武帝佞佛，舍身佛寺，登坛讲经，听众数以万计。一朝君臣，如醉如痴，不啻南朝时期佛教风行之缩影。陈、隋之际，西南佛说与我国传统思想融为一体，进而形成中国化的佛学。有唐一代，佛学大兴，宗派林立，终于在玄宗开元、天宝间演为极盛之势。武宗毁佛，其势衰微，经历五代纷乱，颓局已成，一蹶不振。北宋一统，理学崛起，中国古代学术翻过佛学鼎盛之一页。宋儒的义理之学，虽以辟佛相号召，实则作为理学理论渊源之一的佛学，其影子是无论如何亦无法从理学中抹去的。

① 《汉书》卷三十《艺文志》。

而在宋明理学形成和发展过程中所产生的学案体史籍,也同样存在佛学的明显影响。这便是它从诸多佛教史籍,尤其是禅宗灯录体史籍中,所获致的有益借鉴。

(一)各种形式的僧人传记

中国佛学的形成过程,是与中国传统学术交互影响、相得益彰的过程。汉魏以来,在大量佛经翻译的同时,受中国史学发展的影响,佛家经录、宗史、僧传等史籍层见迭出,亦呈方兴未艾之势。在各种形式的僧人传记中,既有为佛祖及印度圣贤编写的传记,如《释迦谱》《佛记》《诃梨跋摩传》《婆苏槃豆传》等,也有大量的中国僧人传,如《佛图澄传》《支法师传》《安法师传》《释道安传》等;既有僧人分类专传,如《高逸沙门传》《志节传》《游方沙门传》《沙婆多部相承传》及《东山僧传》《庐山僧传》等,还有贯通古今的历代僧人列传。关于这方面的情况,早年汤用彤先生著《汉魏两晋南北朝佛教史》,陈垣先生著《中国佛教史籍概论》,吕澂先生著《中国佛学源流略讲》等,言之甚详,可信可据。以下,谨据诸位先生之所论,对历代僧人列传略加介绍。

现存中国历代僧人列传,最早见于经录体的《出三藏记集》中。全书十五卷,为梁释僧祐撰。该书取法《汉书·艺文志》,编为译经目录。而其最末三卷,则变通班书体制,专述译经诸僧传记,自后汉至萧齐,共记中外译僧三十二人。此为今日尚可见之我国最古僧传。《历代三宝记》是继僧祐经录之后,又一部著名的经录体史籍,亦为十五卷,隋费长房撰。费书又名《开皇三宝录》,体裁与祐录略同,惟所载译人传,已变更祐录体例,改作各经之后分述。费录成书百余年后,唐释智昇撰《开元释教录》出。虽同为经录,但亦如祐、费二书,自汉魏迄唐初,共录译僧一百七十六人本传。

以上,为经录体佛教史籍中的历代僧人列传。而专门的历代僧人列传，据《隋书·经籍志》《北史》诸书载，隋以前知名者，计有：宋法进《江东名德传》、齐王褒《僧史》、梁宝唱《名僧传》、梁慧皎《高僧传》、梁裴子野《众僧传》、梁虞孝敬《高僧传》、北齐明克让《续名僧传记》等。其中最为著名者，当推慧皎撰《高僧传》。该书为类传体僧人列传，共十四卷，凡分译经、义解、神异、习禅、明律、亡身、诵经、兴福、经师、唱导等十门，每门之后，皆有评论。自后汉至梁初，入传高僧凡二百五十七人，附见者又二百余人。全书义例秩然，文词婉约，成为尔后众多僧传的圭臬。

唐初，南山宗祖师道宣撰《续高僧传》，以接慧皎《高僧传》之所记。全书三十卷，所载诸僧传始于梁初，终于唐高宗麟德二年（665），入正传者凡四百八十五人，附见者二百一十九人。体制与皎书略同，亦分十科，惟神异一门改作感通，经师、唱导则合为杂科，外增护法一科。每一科毕，亦皆系以论述。北宋初，以自《续传》以来，僧传失修，于是太平兴国七年（982），宋太宗命通惠大师赞宁续为撰著。端拱元年（988）十月，《宋高僧传》书成。全书三十卷，上接道宣《续传》，下迄宋太宗雍熙四年所卒僧人，共著录正传五百三十三人，附见一百三十人。体制仍沿《续传》之旧，凡分十科，以类传历代僧人。唯《续传》每科毕所附论述，《宋传》则改附传末，冠以“系曰”二字，以申著者旨意。若言犹未尽，则于有关卷末设为问答，记作“论曰”“通曰”。

（二）禅宗与灯录体史籍

隋唐间，中国佛教形成众多宗派，天台、华严、禅宗、法相、真言、律宗等，比比而立。其中，禅宗以其平易而流传尤为久远。它兴起于初唐，至晚唐而极盛。禅门中人，推梁武帝时来华印度僧人菩提达摩为初祖。达摩传慧可，是为二祖，可传僧璨，是为三祖，璨传道信，是为四祖。四祖传法，旁支别出，不可胜数，就中以弘忍最能张大师门之说，是为五祖。弘忍门下，徒众繁多，神秀一支传其学于北，深得武则天、中宗礼敬；慧能一支传其学于南，南能北秀，同尊六祖。后慧能弟子北上行禅，以师门顿悟之教掩神秀渐修之法而上，于是慧能之学大行于世，独称六祖。慧能之后，青原、南岳二系，代代相传，流衍不绝。会昌间，武宗毁佛，诸宗衰歇，独禅家宗风益盛。唐末、五代之际，演为临济、沩仰、曹洞、法眼、云门等禅门五宗。禅宗的风行南北，不仅在教内与天台宗相颉颃，成为此后中国佛学的主流，而且于北宋理学的兴起，亦产生了深远的影响。

中国佛教之所以宗派林立，就佛学自身的传衍而言，自然系因师承讲论之各别而使然。而作为与儒、道鼎足而立的佛学，在其中国化的过程中，深受传统儒学的熏染，也是一个不可忽视的重要因素。儒学的开派宗师孔子，有所谓“祖述尧、舜，宪章文、武”之教，以明其确为古代学术正宗之所在。西汉武帝以来，历代统治者的褒扬儒术，推尊孔子，在各个时代的学术发展中，都存在一个孰为儒学正统的问题。业已中国化的佛学，受这样一个风气影响，佛门中人也不由自主地去争佛法嫡传的正统地位。于是争斗愈烈，鸿沟愈深，不惟登坛舌战，恶语相加，而且竟然刀刃相向，必欲置对方于死地而后快。这样一个严酷的事实反映于佛教史籍，便是各派宗史的出现。而最先写宗史的就是禅宗。唐释智炬撰《宝林传》十卷，为今日尚可见之禅宗最早宗史。他如《楞伽师资记》《历代法宝记》《禅门师资承袭图》等，皆属此类著作。北宋嘉祐间，释契嵩《传法正宗记》十卷出，把禅宗始祖一直推到印度祖师释迦，因之而激起天台宗中人反感。于是政和间，释元颖著《天台宗元录》相驳诘，以明天台宗传承。南宋初，《佛祖统纪》《释门正统》诸天台宗宗史先后问世，台禅之争，形同水火。除此之外，南北宋之交，释惠洪撰《禅林僧宝传》三十卷，一改先前慧皎、道宣、赞宁诸家高僧传，以专述禅者为特色，实为一部传记体的禅宗史。稍后，祖琇承其未竟，撰为《僧宝正续传》七卷，亦属传记体宗史。

与宗史相辅而行，禅宗独创传灯录，以记其师弟相传之心印机缘。所谓传灯，言禅家心印传承，若灯火照暗，师弟相接，世代不灭。就体制而言，同传记体宗史有别，灯录体史籍则专在记言。而同样记言，它又与不分时序先后的语录异趣，系依世次记载，故隐含合世次、语录于一堂之意。现存禅宗灯录，以五代末《祖堂集》为最早。而在朱熹《伊洛渊源录》问世之前，流传最广、影响一时儒学最大者，则当推“北宋三灯”，即《景德传灯录》《天圣广灯录》和《建中靖国续灯录》。

《景德传灯录》，宋释道原撰。书成于真宗景德元年（1004），后献于朝廷，杨亿等奉诏裁定。亿以能文名，润色其文，是正误谬，遂冠以景德年号而盛行于世。全书三十卷，上起七佛，下迄法眼诸弟子，所记凡五十二世，共一千七百零一人。著者为青原一系法眼宗传人，故录内述青原诸宗尤详。景德录颁行不及二十年，仁宗天圣七年（1029），临济宗传人李遵勖《天圣广灯录》出。李录亦三十卷，天圣去景德未远，顾名思义，著者意在增广道原前录。所以该书于各宗世次，增加无几，只是对章次、人数、语句等略作更易扩充而已。北宋末，徽宗建中靖国元年（1101），云门宗传人惟白《建中靖国续灯录》问世。与李录不同，此时去景德录已近百年，世次繁衍，大师迭出，灯录确有续撰必要，故书名不称广而作续。全书亦三十卷，另有目录二卷，所载一千七百余人，分隶于五门之中，依次为正宗门、对机门、拈古门、颂古门、偈颂门。

南宋淳熙、嘉祐间，又先后有二部灯录问世。一为临济宗悟明撰《联灯会要》，一为云门宗正受撰《嘉泰普灯录》。理宗朝，临济宗大川法师普济聚南北宋五灯为一体，辑为《五灯会元》二十卷，于宝祐元年(1253)刊行。至此,有宋一代灯录,可谓集其大成。历元、明诸朝,迄于清初净土宗兴起,各种灯录比肩接踵,代有续作。佛家灯录的盛行,既为禅宗师资传承保存了丰富史料,也对儒学发展产生了无形影响。诚如陈援庵先生所教:"自灯录盛行,影响及于儒家,朱子之《伊洛渊源录》,黄梨洲之《明儒学案》,万季野之《儒林宗派》等,皆仿此体而作也。"①

① 陈垣:《中国佛教史籍概论》卷四《景德传灯录》。

第二章　学案雏形的问世

谈中国学案史而推祖于朱熹的《伊洛渊源录》，自近代著名学者梁启超先生首倡，中经陈垣先生等史学大师认同，迄今已成史学界的共识。然而较长时间以来，却少有学人去对这部开风气的著述进行专题研究。二十世纪九十年代伊始，卢钟锋先生在《孔子研究》撰文，阐幽发覆，钩沉索隐，做了十分有益的开拓。以下，拟接武卢先生之大作，就《伊洛渊源录》的撰述背景、成书经过、主要内容、编纂体例及学术价值等，谈一些不成熟的意见。

一、撰述背景

在中国古代学术史上，朱熹是与孔子后先辉映的卓然大师。孔子祖述尧、舜，宪章文、武，以儒学开派宗师而影响中国学术两千多年。朱熹则以理学泰斗集传统儒学之大成，并将其导入一个崭新的天地，从而与孔子并尊而有"朱子"之谓。

朱熹，字元晦，一字仲晦，号晦庵，晚号遁翁等，学者以其所居，尊为紫阳夫子、考亭先生。祖籍安徽徽州婺源（今属江西），后定居福建建宁府建阳县，遂为建阳人。生于南宋高宗建炎四年（1130），卒于宁宗庆元六年（1200），享年七十一岁。高宗绍兴十八年（1148）中进士，时年十九岁。后历官泉州同安主簿，累知南康军、漳州、潭州，至任焕章阁待制兼侍讲止。五十年间，仕于外者不及九年，而立朝仅四十日。其他岁月则多以祠职虚衔，课徒乡里。庆元二年（1196），以倡“伪学”落职罢祠。四年致仕，两年之后即溘然长逝。嘉泰间，学禁弛除，赐谥文。理宗宝庆三年（1227），追封信国公，后改徽国公。淳祐元年（1241），奉诏从祀孔庙。朱子一生，弟子满门，著述如林。主要著作有：《周易本义》《诗集传》《四书章句集注》《资治通鉴纲目》《宋名臣言行录》《伊洛渊源录》《近思录》等。一生撰文及论学问答，后人辑为《朱子语类》《朱文公文集》刊行。浙江大学教授束景南先生著《朱熹年谱长编》，于朱子一生学行，记之最详，亦最可信据。

《伊洛渊源录》是朱熹学说形成初期的一部著述。就现存朱子的有关文字而言，最早议及这部书的文字，为孝宗乾道二年（1166）写给友人何镐的书札。在这封信中，朱熹第一次谈到了正在结撰的《伊洛渊源录》，他说：“《渊源录》亦欲早得，邵氏且留不妨也。”①朱子时年三十七岁。何以朱熹要在此时发愿结撰《伊洛渊源录》？由于该书与朱子其他著述不同，首尾并无序、跋一类文字，因而对这部书的撰述背景就有必要去先做一番考察。大体说来，其撰述背景不外乎有两个主要方面，一个是当时的学术环境，另一个则是朱子个人的学术师承。我们先来看一看当时的学术环境。

《伊洛渊源录》在南宋初叶问世，并非一个偶然的学术现象，它深深地植根于两宋间社会和学术的发展之中。中国古代社会发展至北宋，犹如人之年过半百，老已冉冉而至。经历五代十国半个多世纪的王朝频繁更迭，为防止这一衰老势头的加速，适应国家一统的需要，赵宋统治者提出了“一道德而同风俗”的课题。然而用什么样的学术思想来统一道德和风俗，在朝野人士中却产生了长期的争议。太祖、太宗至真宗间，儒、释、道三教势力迭经消长，渐趋合流。仁宗即位，推崇儒学，

---

① ［宋］朱熹：《朱文公文集》卷四十《答何叔京三》。

形成以儒学为主干,融佛、道为一体的基本格局。胡瑗、孙复、石介、范仲淹诸家首倡于前,至周敦颐崛起,援佛、道学说以入儒,著《太极图·易说》《易通》,提出"主静""无欲""无极""太极""理气""心性"诸范畴,以"性与天道"的讲求,开始了儒学自我更新的过程。神宗熙宁、元丰间,程颢、程颐兄弟沿着周敦颐开辟的路径而行,与张载、邵雍诸人作同调之鸣。程氏兄弟认为:"周公没,圣人之道不行;孟轲死,圣人之学不传。道不行,百世无善治;学不传,千载无真儒。无善治,士犹得以明夫善治之道,以淑诸人,以传诸后;无真儒,天下贸贸焉莫知所之,人欲肆而天理灭矣。"①于是以"道学"为天下倡,孜孜矻矻,死而后已,从而大大推进儒学自我更新的进程,最终演为阐发心性、义理之学的新儒学,即道学,又称理学。

道学自北宋中叶形成,迄于北宋亡,它并未取得学术界的主宰地位。二程生前,既有蜀中苏轼、苏辙兄弟的诗文之学相颉颃,又有讲求事功的王安石新学的压制,尤其是荆公新学凭借其政治势力而风行于世,更对程氏道学的能否立足构成一大威胁。程颢去世,时值元祐更化,程颐之学虽一度抬头,但哲宗亲政之后,伴随党派政治的风云变幻,它屡遭黜斥。徽宗崇宁间,程颐竟因"学术颇辟,素行谲怪","以邪说诐行,惑乱众听",被"尽逐学徒",置身于奸党名籍之中②。宋室南渡,政局反复,元祐奸党名籍明令废毁,王安石被逐出孔庙,褫夺王爵,程颐学术亦渐得褒扬。但是,究竟是以荆公新学还是程氏道学来"一道德、同风俗",这一问题始终未获解决。据《续资治通鉴》载,直到高宗绍兴六年(1136),左司谏陈公辅犹上疏请求禁绝"伊川学",他说:"自熙、丰以后,王安石之学著为定论,自成一家。蔡京引之,挟绍述之说,于是士

---

①　[宋]程颐:《河南程氏文集》卷十一《明道先生墓表》。

②　[清]毕沅:《续资治通鉴》卷八十八"徽宗崇宁二年四月戊寅"条。

大夫靡然而同，风俗坏矣。仰惟陛下天资聪明，圣学高妙，将以痛革积弊，变天下党同之俗。然在朝廷之臣，不能上体圣明，又复辄以私意取程颐之说，谓之伊川学，相率而从之。是以趋时竞进，饰诈沽名之徒，翕然胥效，倡为大言，转相传授。伏望圣慈特加睿断，察群臣中有为此学鼓扇士类者，皆屏绝之。"①公辅言出，程门弟子后学纷起驳斥。绍兴七年，徽猷阁待制胡安国愤然上疏，指出："士以孔、孟为师，不易之至论。然孔、孟之道不传久矣，自程颐始发明之，而后其道可学而至。今使学者师孔、孟而禁不得从颐之学，是入室而不由户也。"正是在这篇奏疏中，胡安国提出了明定道术的问题，他说："自嘉祐以来，颐与兄颢及邵雍、张载，皆以道德名世，如司马光、吕大防，莫不荐之。颐有《易》《春秋》传，雍有《经世》书，载有《正蒙》书，惟颢未及著书。望下礼官，讨论故事，加此四人封爵，载在祀典，比于荀、扬之列。仍诏馆阁裒其遗书，以羽翼'六经'，使邪说不得作而道术定矣。"②与之同时，程颐晚年的得意弟子尹焞，则拒不就任经筵讲官，以示抗议，且理直气壮昌言："学程氏者焞也！"

后来，陈公辅虽被贬为外官，但迄于孝宗乾道初，对于王、程学术之争，南宋最高当局则始终不置可否，道术之所系并未得一定局。乾道四年（1168），福建程门后学魏掞之应召赴杭州，进言："河南程氏兄弟，倡明绝学以幸来今，其功为大。请言于帝，废安石父子勿祀，而追爵程氏兄弟使从食。"③结果一如既往，未能激起反响。

南宋初叶的学术环境表明，形成伊始的道学要谋求自身的发展，为程氏兄弟之学争得正统地位，已成一个至关重要的问题。而在此时崛起的朱熹，顺应学术发展趋势，成为解决这一问题的最恰当人选。

---

① ［清］毕沅：《续资治通鉴》卷一百一十七"高宗绍兴六年十二月己未"条。
② ［清］毕沅：《续资治通鉴》卷一百一十八"高宗绍兴七年正月癸酉"条。
③ ［清］毕沅：《续资治通鉴》卷一百四十"孝宗乾道四年十二月戊子"条。

以上，我们对迄于南宋初的学术环境，做了一个概略的介绍。接下去，拟谈一谈朱子的学术师承。

朱熹之所以要以《伊洛渊源录》去述道学统绪，这是与他作为程学干城的重要地位分不开的。朱熹为学之初，即因家学濡染而自程学入。其父朱松，师从南剑罗从彦，得闻程门高第弟子杨时所传程氏兄弟之学。十四岁以前的朱熹，随其父所讲习者，即为二程关于《论语》的解说。父卒，托孤于刘子羽，遗命从父友胡宪、刘勉之、刘子翚问学。胡宪为胡安国从子，刘勉之早年于杨时曾亲承教言，勉之课督朱熹如子侄，并妻以长女。二刘胡氏之学，皆近承杨时而远宗程颐，为东南程门后劲，所以朱熹青少年时代的为学根柢，就大体而言，应是以程学为矩矱而建立起来的。然而由于刘子翚、胡宪皆喜禅学，朝夕相随，使早年的朱熹亦与禅僧道谦、圆悟等过从甚密，为禅学长期习染而不自觉。直到绍兴二十三年(1153)就任同安主簿，问学于其父生前同门友人李侗，迄于三十年与李侗正师弟礼，朱熹始毅然摆脱禅学羁绊，成为程氏道学的笃信者。

关于朱熹早年皈依程门学术的过程，他晚年曾多次向友人及弟子述及。据称："初师屏山(刘子翚——引者)、籍溪(胡宪——引者)。籍溪学于文定，又好佛、老，以文定之学为论治道则可，而道未至，然于佛、老亦未有见。屏山少年能为举业，官莆田，接塔下一僧，能入定数日。后乃见了老，归家读儒书，以为与佛合，故作《圣传论》。其后屏山先亡，籍溪在，某自见于此道未有所得，乃见延平(李侗——引者)。"①朱熹还回忆早年住刘子翚家时，与一禅僧的交往，他说："一日在病翁(刘子翚——引者)所会一僧，与之语。其僧只相应和了说，也不说是不是，却与刘说，某也理会得个昭昭灵灵底禅。刘后说与某，某遂疑此僧

① [宋]朱熹：《朱子语类》卷一百零四《自论为学工夫》。

更有要妙处在，遂去扣问他，见他说得也煞好。及去赴试时，便用他意思去胡说。是时文字不似而今细密，由人粗说，试官为某说动了，遂得举。（时年十九——原注）后赴同安任，时年二十四五矣，始见李先生。与他说，李先生只说不是。某却倒疑李先生理会此未得，再三质问。李先生为人简重，却是不甚会说，只教著圣贤言语。某遂将那禅来权倚阁起，意中道禅亦自在，且将圣人书来读。读来读去，一日复一日，觉得圣贤言语渐渐有味。却回头看释氏之说，渐渐破绽，罅漏百出。"①

自问学李侗、皈依程门之后，以绍兴二十九年三月校定程氏高足谢良佐语录肇始，朱熹为护卫程学进行了持续不懈的努力。三十二年六月，高宗内禅，孝宗即位。八月，应诏上疏，力谏孝宗讲求程氏兄弟所倡导的格物致知之学，不可为佛、老之书所惑。朱熹疏中有云："陛下毓德之初，亲御简策，不过讽诵文辞，吟咏情性。比年以来，欲求大道之要，又颇留意于老子、释氏之书。记诵词藻，非所以探渊源而出治道；虚无寂灭，非所以贯本末而立大中。夫帝王之学，必先格物致知，以极夫事物之变，使义理所存，纤悉毕照，则自然意诚心正，而可以应天下之务。"②孝宗隆兴元年（1163）十一月六日，再度面奏："《大学》之道，在乎格物以致其知。盖有是物必有是理，然理无形而难知，物有迹而易睹。故因是物以求之，使是理了然于心目之间，而无毫发之差，则应乎事者自无毫发之谬。"③旋即取二程及其门人友朋关于《论语》的解说，辑为《论语要义》《论语训蒙口义》。随后，朱熹潜心于二程学说旨趣的阐发，先是于乾道二年（1166）悟得二程心性学说中，"心为已发，性为未发"，史称"丙戌之悟"。继之得湖湘学派著名学者张栻启发，于三年后推翻前说，专意弘扬程门"涵养须用敬，进学则在致知"之教，痛自反

① ［宋］朱熹：《朱子语类》卷一百零四《自论为学工夫》。
② ［宋］黄榦：《黄勉斋先生文集》卷八《朱子行状》。
③ 同上。

省:“自来讲论思索,直以心为已发,而日用工夫亦止以察识端倪为最初下手处,以故缺却平日涵养一段工夫。”①史称“己丑之悟”。其间,他在乾道二年撰成《杂学辨》,以明苏氏兄弟之学非儒学正统。四年四月,又校订二程门人所记程氏兄弟论学问答语,成《程氏遗书》二十五卷,并附以所辑《伊川先生年谱》等合为一书。在该书后序中,朱熹写道:“读是书者,诚能主敬以立其本,穷理以进其知,使本立而知益明,知精而本益固,则日用之间,且将有以得乎先生之心,而于疑信之传,可坐判矣。”②

“己丑之悟”以后,朱熹复取先前未予收录的二程论学语,于乾道九年六月,辑为《程氏外书》十二卷刊行。与之同时,他还致力于与二程在师友之间的周敦颐、张载诸家学术的表彰,先后撰成《西铭解义》《太极图说解》《通书解》及《孟子集解》等。淳熙二年(1175),浙江著名学者吕祖谦访朱熹于武夷山,二人携手合作,分类辑录周敦颐、程颢、程颐、张载论著为《近思录》十四卷。至此,朱熹成为程氏学说的权威解说者,显示了他作为程学干城的无与伦比的重要地位。因之在此一期间,为确立二程学说的儒学正统地位,他以《伊洛渊源录》去董理程氏学术源流,便是一桩顺理成章的事情。

二、《伊洛渊源录》之成书

旧日读朱子书,蓄一疑问于胸,久久不得其解,即朱子当年何以于《伊洛渊源录》未留下序跋、题记一类文字?后来将朱子《文集》与《语类》《渊源录》等比照而观,个中缘由始渐悟出大半,原来这同该书的结

① [宋]朱熹:《朱文公文集》卷六十四《与湖南诸公论中和第一书》。
② [宋]朱熹:《程氏遗书后序》,载《河南程氏遗书》卷首。

撰过程颇有关系。尽管代远年湮,文献有缺,关于成书的若干具体细节迄今尚不明朗,然而基本脉络可以说已经清楚。以下,拟就此做一些梳理。

一如前述,大概在乾道二年(1166),朱熹已经发愿结撰《伊洛渊源录》。而福建邵武学者何镐,则是最初促成该书着手编纂的一个重要人物。镐字叔京,福建邵武台溪人。生于南宋高宗建炎二年(1128),卒于孝宗淳熙二年(1175),得年仅四十八岁。其父兑,字太和,号龟津,学者称为龟津先生。兑以徽宗重和元年(1118)进士,南渡后官至辰州通判,后因表彰程氏弟子马伸忠节,忤权相秦桧而去职。其学自马伸而上接二程,尤以二程《中庸》之学最称专精。镐妻叔父李郁,传杨时之学于乡里,一时学者有西山先生之尊。何镐承家学,贯穿经史,究心《中庸》,一以二程之学为归,著有《易说》《论语说》及史论、诗文等数卷。乾道二年夏初,何镐慕名访朱熹于崇安,共同的学术旨趣使他们结为莫逆之交。镐长熹二岁,自初识迄于何镐去世,朱熹始终事之以兄礼。大概正是在何镐的这次过访中,朱熹与之议及《伊洛渊源录》的结撰。只是由于朱子当时正忙于辑录校订《程氏遗书》,很可能大致陈述著录人选的初步构想之后,便委托何镐先行草拟一个详细的大纲。因而这年秋天,朱子致书何镐,才会说:"《渊源录》亦欲早得,邵氏且留不妨也。"[①]这里所说的邵氏,当指邵雍。何镐接书,即遵嘱将所拟之大纲寄朱熹,于是同年冬,朱熹有书答何镐,告以"《渊源》《闻见》二录已领"[②]。此书所言《闻见录》,当是邵伯温著《邵氏闻见录》,伯温书乃《伊洛渊源录》的重要史料来源。而《渊源录》,或许就是何镐代朱子所拟之大纲初稿。

① [宋]朱熹:《朱文公文集》卷四十《答何叔京三》。
② [宋]朱熹:《朱文公文集》卷四十《答何叔京四》。

为什么我们要做出这样的揣测？除方才所引述朱子与何镐的两封书札外，其根据主要是如下两点。第一，今本《伊洛渊源录》卷十二有关马伸生平行实的材料，皆出自何镐父子之手。材料凡二篇，一为何兑撰《逸士状》，一为何镐撰《续记》。而何镐于绍兴三十一年(1161)冬为《逸士状》所写跋，即全文附于状末。跋文避何兑名讳，而屡称“先君”，文末落款亦直书“男镐谨书”。这与同书卷十录朱松撰《遵道墓志铭》，朱子所做题注语气略同，朱注云：“此昔先君子吏部府君所作。”显然，倘若何镐不是最初的大纲拟草者，或者说撰稿人之一，这样的行文方式是不会出现于书中的。第二，书中著录的程门弟子，每有朱熹以题注形式提出的异议。譬如卷七所录范祖禹，朱注即称：“《家传》《遗事》载其言行之懿甚详，然不云其尝受学于二先生之门也。独鲜于绰《传信录》记伊川事，而以门人称之。又其所著《论语说》《唐鉴》，议论亦多资于程氏，故今特著先生称道之语以见梗概，他不得而书也。”同卷之杨国宝，朱熹亦据程颐所撰祭文及吕希哲《吕氏家塾记》考订：“国宝宗应之，无他叙述，独伊川有祭文，而吕氏诸书记其言行之一二。然详祭文，亦先生交游耳，非门人之列也。吕氏言其元丰中已老，则年辈与先生亦相若云。”又如卷十四所录王岩叟，朱熹则认为：“盖知尊先生者，然恐其未必在弟子之列也。”凡此，皆可以说明《伊洛渊源录》的最初拟目者，并非朱熹一人，而就此时朱子的交游而言，与上述诸条合观，则何镐应当是一个主要的合作者。

《伊洛渊源录》虽于乾道二年冬即已初成大纲，但是一则因为朱熹此时著述头绪太多，不能专意于该书的结撰，再则大纲中所涉及的若干重要内容，一时又难以确定下来，所以时辍时续，历时数年而未见大的进展。此处所谓难以确定的重要内容，主要是三个方面。二程学术的师承，即与周敦颐学说的关系不明，此其一。其二，该书既以专记二程及诸弟子生平行实为职志，以期彰明程学源流，而大纲著录的程门弟子中，即有多人生平行事不明，因而尚有大量的资料收集、考订等工作要做。其三，则是对一些拟著录者的究竟是否程门弟子，还需予以澄清，因而难作定论。为此，朱熹于乾道三年长途跋涉，访程门后学张栻于湖南。乾道四、五两年间，又就二程受学于周敦颐事，与前辈学者汪应辰屡有书札往复。迄于乾道九年初，尽管托友人刘清之等所收集的资料间有寄来，结撰工作亦已加紧进行，然而上述三问题中，除第一项因得张栻、吕祖谦等人赞同而可告解决外，后二项则终属悬案。

面对这一状况，朱子显得缺乏耐心，急于求成。乾道九年夏初，他致书友人吕祖谦，征集程门弟子李吁为同门友好刘绚所撰墓志铭，信中即告以正结撰《伊洛渊源录》的信息，并托吕祖谦向薛季宣征集永嘉（今浙江温州）籍程门弟子的传记材料。朱子此信写道："刘博士墓志不曾收得，早录寄幸甚。欲作《渊源录》一书，尽载周、程以来诸君子行实文字，正苦未有此及永嘉诸人事迹首末，因书士龙，告为托其搜访见寄也。"①以此为契机，在之后的两年间，朱熹与吕祖谦就《伊洛渊源录》结撰事，书札往复，多所商榷。这些书札成为了解该书成书经过，以及朱子何以于此书未留下序跋、题记一类文字的重要依据。

接乾道九年（1173）夏初朱熹札，吕祖谦遵嘱将刘绚墓志铭寄来。朱熹及时作复道："刘博士志文得之，幸甚。此类文字，此间所已有者旦夕录呈，切告。据此以访其所无，异时得一书，亦学者之幸也。"②随即又寄出辑录初成的《程氏外书》和《伊洛渊源录》初稿，请吕氏订正，并请为《渊源录》撰序。吕祖谦接二书稿，于同年冬再度致书，信中说："《渊源录》《外书》皆领，旦夕即遣人往汪丈处借书，永嘉事迹亦当属陈君举辈访寻，当随所得次第之。《渊源》序次，本非晚辈所当涉笔，然既

① ［宋］朱熹：《朱文公文集》卷三十三《答吕伯恭十八》。
② ［宋］朱熹：《朱文公文集》卷三十三《答吕伯恭二十一》。

辱严诲，当试草具求教。但服制中未尝作文字，须俟来春祥祭后，乃可措思也。”①吕祖谦的父亲于乾道八年春故世，此时他尚在居丧守制之中，所以信中即以“服制中未尝作文字”答复朱熹，并表示来年春天大祥之后，可望为《渊源录》撰序。淳熙元年春，朱熹接祖谦札，甚为欣喜，当即复书：“《渊源录》许为序引，甚善。两处文字，告更趣之。”②三月，朱熹将新刻《弟子职》《女戒》二书寄吕祖谦，并附札敦请早日完成《渊源录》序文。信中说：“《外书》《渊源》二书颇有绪否？幸早留意。”③吕祖谦接书，随即复书，通报所询情况，他说：“《外书》《渊源录》亦稍稍裒集得数十条，但永嘉文字殊未至，亦屡督之矣。”④同年秋，吕祖谦寄还《渊源录》《外书》二书稿本，并就《渊源录》写了详尽的商榷意见，建议不可急于求成。祖谦于信中指出：“《渊源录》其间鄙意有欲商榷者，谨以求教。大抵此书其出最不可早，与其速成而阔略，不若少待数年而粗完备也。”⑤吕祖谦的来信，不啻给朱熹的急于求成之想泼了一瓢冷水，顿时使之清醒过来。于是十月十四日，朱熹复书吕祖谦，表示接受建议，信中说：“《渊源》《外书》皆如所谕，但亦须目下不住寻访，乃有成书之日耳。”⑥随后，朱熹又专就吕祖谦的商榷意见，写了洋洋数千言的答复。这就是著录于今本《朱文公文集》卷三十五的《答吕伯恭论〈渊源录〉》。在这一封答书的末了，朱熹同样表示：“其他浮辞，多合删节，当时失于草草耳。卷首诸公，当时以其名实稍著，故不悉书，自今观之，诚觉旷阙。但此间少文字，乏人检阅，须仗伯恭与诸朋友共

---

① ［宋］吕祖谦：《东莱别集》卷八尺牍二《与朱侍讲》。
② ［宋］朱熹：《朱文公文集》卷三十三《答吕伯恭二十二》。
③ ［宋］朱熹：《朱文公文集》卷三十三《答吕伯恭三十一》。
④ ［宋］吕祖谦：《东莱别集》卷八尺牍二《与朱侍讲》。
⑤ 同上。
⑥ ［宋］朱熹：《朱文公文集》卷三十三《答吕伯恭三十七》。

成之也。”①

综上所述，足见从乾道二年（1166）《伊洛渊源录》拟就大纲，到九年得一初稿，迄于淳熙元年冬，全书并未取得定本形态。因而今人谈《伊洛渊源录》，每以清初王懋竑辑《朱子年谱》为据，判定该书成于乾道九年，这样的一个结论就很值得商量了。事实上，如果将朱子的《答吕伯恭论〈渊源录〉》与今本《伊洛渊源录》比照，我们即可发现，通行本同朱子的本意多有乖违。谨依朱子答书次第，掇其大要，略述如后。

朱子答书所论凡十五条，或解释辑录初衷，或提出修订意见，依次涉及今本《伊洛渊源录》中卷三、四、六、七、八、九、十、十三诸卷内容。第一条论卷三所引《胡氏传家录》语，朱熹接受吕祖谦的意见，拟修订原稿，信中表示：“元丰中，诏起吕申公。此段初因虑其有误，然以其不害大体，故不复刊。今欲正之亦善，但去‘司马温公，温公不起’八字，及依《程集》本题，改‘寄’为‘赠’可也。”而今本既未删所述之八个字，亦未依《河南程氏文集》改“寄”为“赠”，显然与朱子本意不符。第三条论卷四《伊川先生年谱》所述讽谏哲宗折柳事，吕祖谦主张删除，朱子则维持己见，并进而提出一折中方案，于折柳事后注如下数字：“某人云，国朝讲筵仪制甚肃，恐无此事。”今本无“某人云”句，仅有“恐无此事”四字。第六条论卷四遗事第四则所引《涪陵记善录》事，吕祖谦指出程颐制西京国子监时，文彦博并未任洛阳尹。朱熹认为言之成理，“潞公未尝尹洛，疑此有小误”。而今本并无此注。第九条论卷七记吕希哲从学佛、老事，朱熹认为“似不必载”，而今本依然载之甚明。第十二条论卷八蓝田吕氏兄弟编次，朱熹指出：“吕进伯、和叔本当别出，以事少无本末，故附之与叔，甚非是。告访问增益，别立两条。”而今本于吕大忠、大钧并未别立两条，仍旧与吕大临一并编录。凡此，皆表明通

① ［宋］朱熹：《朱文公文集》卷三十五《答吕伯恭论〈渊源录〉》。

行本《伊洛渊源录》，并未按朱熹《答吕伯恭论〈渊源录〉》所述加以修订，因而它当是乾道九年的初稿本，非经朱子亲手定稿。

关于《伊洛渊源录》通行本的乖违朱熹本意，在朱子晚年的论学文字中，亦能寻出有力的直接佐证。绍熙二年（1191），朱子时年六十二，他于《渊源录》谈了两条否定性的意见。一是否认书中卷五邵雍传记材料为己作，二是邵武印本《渊源录》系后生传出，并非己愿。第一条意见，见于《朱子语类》卷六十答门人郑可学语。可学问："《渊源录》中何故有康节传？"朱子答道："书坊自增耳。"第二条意见，则在《朱文公文集》卷五十九《答吴斗南》中。朱熹于此信中写道："裒集程门诸公行事，顷年亦尝为之而未就，今邵武印本所谓《渊源录》者是也。当时编集未成，而后生传出，致此流布，心甚恨之。不知曾见之否？然此等功夫亦未须作。比来深考程先生之言，其门人恐未有承当得此衣钵者。此事尽须商量，未易以朝耕而暮获也。"朱熹的这两条意见表明，直到朱子晚年，由于他对程门诸弟子的能否光大程学深致怀疑，因而不唯无意去修订《伊洛渊源录》初稿，而且于他人的擅自将"编集未成"的稿本刊行而引为憾恨。在这样一个心理状态之下，迄于逝世，朱子于《伊洛渊源录》始终未留下序跋、题记一类文字，也就不难理解了。因此，我们赞成清代雍乾间学者全祖望的看法，即《伊洛渊源录》实为一部"未成之书"①。

三、主要内容及编纂体例

《伊洛渊源录》虽是一部"编集未成"之书，但是自南宋绍熙间初刊，历元、明诸朝，代有镂板。至清代乾隆中叶，且著录于《四库全书》，

① ［清］全祖望：《周许诸儒学案》序录，载《宋元学案》卷三十二。

迄于民国间,续经重印,其影响经数百年而不衰。究其原因,一方面固然有理学风行、朱子学术地位日渐尊荣的背景,另一方面同该书独具一格的特殊内容和编纂体例也是分不开的。

《伊洛渊源录》凡十四卷,全书以首倡道学的程颢、程颐为中心,上起北宋中叶周敦颐、邵雍、张载,下迄南宋绍兴初胡安国、尹焞,通过辑录二程及两宋间与程氏学术有师友渊源的诸多学者传记资料,据以勾勒出程氏道学的承传源流。书中所著录之四十九人,大致依时间先后为序,各以学术地位区分类聚,或人自一卷,或数人合卷。卷帙分合,次第如后。

卷一周敦颐。朱熹推尊周敦颐,取以冠于全书之首,旨在彰明二程学术的师承所自。卷二、三程颢,卷四程颐。此三卷一意表彰二程倡明道学之功,确立程氏兄弟承接孔孟儒学统绪的正宗地位,实为全书核心。卷五邵雍。全书所录诸多学者中,邵氏年辈最长,不惟长于二程,且亦长于周敦颐。他虽与程氏兄弟为忘年交,故世之后,墓志铭亦为程颢所作,但二程并不传邵雍最为自负的象数之学。程颐于此有过明确申述,他说:"颐与尧夫同里巷居三十年余,世间事无所不问,惟未尝一字及数。"①《渊源录》中如何处理二程与邵雍的关系,看来颇费周折。早年,一如前述,朱熹曾就此与友人何镐有过商量,表示《渊源录》中的邵雍资料"且留不妨"。后来大概主意变更,于是晚年又否认此卷为己录,断言系"书坊自增"。卷六张载、张戬兄弟。张氏兄弟为二程表叔辈,张载病卒,程颢写有《哭张子厚先生》一诗以志哀悼,诗中即尊载为夫子。张氏门人吕大临为其师撰行状,内有"见二程,尽弃其学"之语。程颐见此文,当即令吕氏删除前述文字。程颐晚年,弟子尹焞就此提出质疑,他再度予以否定道:"表叔平生议论,谓颐兄弟有同处则可,若谓

① [宋]朱熹:《伊洛渊源录》卷五"遗事"第十一条。

学于颐兄弟，则无是事。顷年属与叔删去，不谓尚存斯言，几于无忌惮矣。”①朱熹既尊程颐说，指出吕氏行状后有改本，已将“尽弃其学”改作“尽弃异学，淳如也”，因而书中著录即以改本为据。然而他同时又认为：“横渠之学，实亦自成一家，但其源则自二先生发之耳。”所以张氏兄弟虽为长辈，而录中依然载诸二程之后。

大体而言，以上六卷可以归为一类，即专记二程及与之在师友之间的前辈学者。而之后各卷，除个别例外，则多属承学于二程的南北诸门人。

卷七所录凡四人，吕希哲、范祖禹、杨国宝、朱光庭。四人年辈皆与二程相当，用程颐的话来说，就叫做“同志共学之人”②，然而却并非都属门人之列。所以朱熹于范祖禹即明言：“不云尝受学于二先生之门。”于杨国宝则断定：“亦先生之交游耳，非门人之列也。”此卷所录，实可视为与二程关系在师友之间的同辈。

程颐一生，门徒甚众。早年与其兄倡学之初，最为得意的弟子莫如刘绚、李吁。刘、李皆先于程颐去世，颐所撰祭刘绚文有云：“呜呼！圣学不传久矣。吾生百世之后，志将明斯道，兴斯文于既绝，力小任重，而不惧其难者，盖亦有冀矣。以谓苟能使知之者广，则用力者众，何难之不易也。游吾门者众矣，而信之笃，得之多，行之果，守之固，若子者几希。”③祭李吁文亦称：“呜呼！予兄弟倡明道学，世方惊疑，能使学者视效而信从，子与刘质夫为有力矣。”④所以《渊源录》卷八，即率先著录刘、李二人。随后，同卷所录二程门人，为陕西蓝田吕大忠、吕大钧、吕大临兄弟。在程门诸弟子中，继刘绚、李吁之后，吕大临与谢良佐、游

① ［宋］朱熹：《伊洛渊源录》卷六，张载遗事跋。
② ［宋］程颐：《祭朱公掞文》，载《河南程氏文集》卷十一。
③ ［宋］程颐：《祭刘质夫文》，载《河南程氏文集》卷十一。
④ ［宋］程颐：《祭李端伯文》，载《河南程氏文集》卷十一。

酢、杨时并称“四先生”，故《渊源录》卷八载吕大临于刘、李之后，无可非议。但因大临而并载其兄大忠、大钧，则实属不妥。吕大忠、吕大钧皆年长于二程，虽有与二程论学问对，但与其弟大临不同，未可一概视为二程弟子。唯其如此，所以淳熙元年朱熹接受吕祖谦的意见，拟对此加以修订，将吕大忠、吕大钧与吕大临分立。

卷九所录凡三人，苏昞、谢良佐、游酢。谢、游皆为程门高足，编入同卷，理所当然。而苏昞则不然，他为陕西武功人，与吕大临情况类似，先师从张载，后卒业于程门。倘合大临作一卷，倒也顺理成章，而此处则与谢、游同编，且先于谢、游，实是不伦。于此，似亦可见今本《渊源录》之为不成熟初稿。卷十所载，为杨时、杨迪父子。杨时早年从学于二程兄弟，后辞师南归，程颢曾欣然期许道：“吾道南矣。”宋室南渡，杨时传学东南，俨然一时程学正宗。朱熹一如其父，皆为杨门后学，故录中载杨时传记资料最详，除二程之外，远非他人所可比拟。杨迪既承家学，又师从程颐，深得器重。故世后，朱松为之撰墓志铭，文末订铭诗有云：“屹屹龟山，渊源伊洛。”朱熹与友人合作著书述程学源流，而以《伊洛渊源录》题名，当启发于此。

程颐晚年，弟子满门，其中最为惬意者，则数尹焞、张绎二人，所以他每以“晚得二士”而自慰。《伊洛渊源录》分载尹焞、张绎于卷十一、十二，同入此二卷者，为程颐晚年门人刘安节、马伸、侯仲良、王苹四人。王苹故世，已在南宋高宗绍兴二十三年，《渊源录》所载之四十九人，即以王苹故世为最晚。宋室南渡之后，以朝廷大臣而护卫程氏道学最力者，首推胡安国，故朱熹专取安国为一卷，编为《渊源录》卷十三。至此，程氏道学自北宋嘉祐间倡立，后迭经盛衰，屡遭压抑，迄于南宋绍兴中，不绝如缕的发展源流，已在录中载之甚明。由于收集材料的困难，全书的编纂又不可旷日持久地延宕下去，因此凡未能在短期觅得传记资料的二程门人，朱熹皆集中于《伊洛渊源录》卷十四，统名之为“程氏门人无记述文字者”。计所录为王岩叟、刘立之、林大节、张闳中、冯理、鲍若雨、周孚先、周恭先、唐棣、谢天申、潘旻、陈经正、陈经邦、李处遁、孟厚、范文甫、畅中伯、李朴、畅大隐、郭忠孝、周行己、邢恕等凡二十二人。此卷所录实为一待访名录，宗尚未明，漫无序次，多者一二百言，少者寥寥数语，同之前诸卷相比，无非附录而已。朱熹于此本不满意，所以他后来致书答吕祖谦，才会表示“诚觉旷阙”，亟待吕氏及诸友朋襄助，以期早日得成完书。全祖望之所以判定《伊洛渊源录》为一“未成之书”，其依据亦即在于此。

以上，我们从卷帙分合着眼，就《伊洛渊源录》以二程为中心，梳理程学源流的编纂特征做了介绍。接下去，准备以前四卷为例，就所录传记资料的排列，来看一看该书的编纂体例。

卷一所录为两大部分，一是《濂溪先生事状》，二是《遗事》。《事状》为朱熹撰，文成于乾道五年，专记周敦颐生平行事、学术好尚。《遗事》则以记述传主言论及他人称述为主，与《事状》浑然一体，相辅而行。所记凡十五条，分别取材自《程颐文集》、《程氏遗书》、邵伯温《易学辨惑》、吕本中《童蒙训》诸书。卷二、三载程颢传记资料，犹如卷一，亦作两部分。卷二为程颐撰《书明道先生行状后》、吕大临撰《哀词》、程颐撰《墓表》、陈恬撰《赞》。以上诸篇碑志传状合而为一，即成第一部分。第二部分亦是《遗事》，凡二十七条，所录亦多系传主言论，材料分别出自《上蔡语录》《程氏遗书》《龟山语录》《侯子雅言》《二程文集》《邵氏闻见录》《胡氏传家录》《庭闻稿录》《程氏外书》《击壤集》《涪陵记善录》及《陈忠肃公集》等书。体例与卷一略异者，则是关于材料来源，改正文称述为文后夹注。对所录有别本异文，亦于夹注中略加征引，并作必要考订。譬如《遗事》第八条记程颢与宋神宗论王安石学术一段，语出《程氏遗书》卷二，而《龟山语录》所载略异。朱熹于引述杨时书后，即考订：“恐当以《遗书》为正。”再如第二十七条述陈瓘以不识程颢而自愧语，文末既注“见《陈忠肃公集》”，又据《范公遗事》补注：“自是每得明道先生之文，必冠带而后读之。”卷四所录程颐传记资料，亦作两大部分，第一部分载朱熹于乾道四年所辑《伊川先生年谱》、尹焞等所撰《祭文》及胡安国绍兴初所上奏状节略。第二部分为《遗事》二十一条，录文所出著述，皆一一夹注于文末。

就上述四卷传记资料的构成而言，《伊洛渊源录》的编纂体例已甚明朗，归纳起来，主要是如下三条。第一，所录皆为两大部分，一为碑志传状，二为遗事，前者记行，后者记言，言行一体，相得益彰，遂成传主一翔实的传记资料汇编。第二，所录资料，或取自官修史籍，或源于私家撰著，皆一一明注来源，以示求实可信。第三，凡有异文歧辞，皆于文末注明，并作必要考订，以明历史真相。卷五以后诸卷，无论所载内容详略，亦无论人自为卷或数人合卷，上述三条，皆首尾无异，始终如一。凡因资料收集有缺，一时难觅传状者，作者则有题注说明。如卷七之范祖禹、杨国宝，卷八之吕大忠、吕大钧，卷九之谢良佐，卷十二之张绎、侯仲良等皆是。这样，一部《伊洛渊源录》，除卷十四待访之二程诸门人外，全书以贯穿首尾的严整体例，立二程为中心，合百余年间诸家传记资料于一堂，在南宋初叶的学术舞台上，第一次成功地记录了二程道学的承传源流。

四、学术价值

在朱熹繁富的学术著作中，《伊洛渊源录》尽管只是他思想发展早期的著述，不仅尚未取得定本形态，而且朱子在其晚年，还对该书发表过否定性的意见，然而这并不意味着可以因之而忽视这部著述的学术价值。恰恰相反，南宋理宗时期以后，随着赵宋王朝对道学的褒扬，尤其是入元之初统治者的推尊，朱熹学说高踞庙堂而成为官方认可的儒学正统。诚如元代名儒虞集所论:“朱氏诸书,定为国是,学者尊信,无敢疑二。”①于是《伊洛渊源录》大行于世,迄于明清,影响历久而不衰,从而显示出它重要的学术价值。拂去理学中人陈陈相因的门户之见,历史地去考察《伊洛渊源录》,其学术价值至少反映在如下两个方面:一个方面是它在理学发展中所显示的巨大影响,另一个方面是它对宋元以后历史编纂学发展所做出的贡献。前者是从理学史角度来讲的,后者则是从史学史的角度着眼。

关于《伊洛渊源录》的理学史价值,一如前述,它是以为二程道学争儒学正统地位为职志而结撰问世的。南宋初叶,形成伊始的程氏道学,面临能否立足的严峻局势。自《伊洛渊源录》出,通过对二程学说承传源流的梳理,在宋代学术史上第一次确立了以周敦颐为宗祖,二程为中坚,张载、邵雍为羽翼的道学统绪。从这个意义上说,《伊洛渊源录》虽未成完书,著者的编纂目的则已经得到实现,因而它无疑是一部成功的早期理学史。至于这部书在尔后的理学发展中,能够产生那么久远的影响,则是朱熹所始料不及的。朱子逝世前夕,已届宁宗初政,由于党争复炽,局势出现反复,程氏道学再遭厉禁,朱熹亦以伪学首倡者而声名狼藉,最终悄然辞世。宁宗末,禁网松弛,政局再变,于是道学又告复苏。理宗继位,朱门后学真德秀、魏了翁并世而鸣,于程朱道学再事表彰。以淳祐元年(1241)周敦颐、程颢、程颐、张载、朱熹奉诏从祀孔庙为标志,为朱熹所确立的道学统绪终于得到了官方的承认。而朱熹本人,也以二程学说,尤其是伊川之学无可争议的继承者,理所当然地成为延续道统的卓然大师。宋亡,元代统治者接受既成格局,一意表彰程朱道学,并于顺帝至正五年(1345),据以完成官修《宋史》的纂修。朱熹在《伊洛渊源录》中所确立的道学统绪,便成为数百年间理学

① ［元］虞集:《道园学古录》卷四十《跋济宁李璋所刻九经四书》。

中人述理学源流的定规。

同理学史价值相比，我们以为作为一部早期理学史的《伊洛渊源录》，它的史学史价值恐怕是更应该予以重视的方面。两宋时期，是中国古代史学发展的一个重要阶段。迄于南宋初叶，司马光的《资治通鉴》、郑樵的《通志》、袁枢的《通鉴纪事本末》等，一批具有划时代意义的史书相继问世。这些史书有一个共同的特点，便是逾越纪传体断代史的樊篱，在通古为史中打破旧有格局，实现了史籍编纂形式的创新。朱熹为旷世大儒，他虽不以史学名家，但在这样一个学求创新的史学风气影响之下，不惟其道学思想表现出非既往成说所能羁绊的鲜明个性，而且他的史学思想也在对传统的错综会通之中，展示出求新的可贵历史特征。惟其如此，所以朱子为袁枢的《通鉴纪事本末》作跋，既盛赞《资治通鉴》的编年系日，誉为“伟哉书乎，自汉以来，未始有也”，同时更取袁书与先秦时代的《国语》后先比美，充分肯定其以事命篇、各成始末的创辟之功。朱熹就此写道：“其部居门目，始终离合之间，又皆曲有微意，于以错综温公之书，其亦《国语》之流矣。”①

朱熹的《伊洛渊源录》，其结撰略与袁枢《通鉴纪事本末》同时。如果说袁枢在错综司马光著述的过程中，创立纪事本末体史籍，从而成就了中国古代历史编纂学纪传、编年与纪事本末三体鼎立的格局，那么朱熹的《伊洛渊源录》则是在无所依傍的情况下，以对史籍编纂传统形式的错综会通，兼容并蓄，别张一军，从而为学案体史籍的编纂开了先河。

一如前述，在中国古代，董理学术史的风气形成甚早，先秦诸子述学即已开其端倪，自司马迁著《史记》、班固著《汉书》，则规模粗具。然而结撰专门的学术史，则无疑应自朱熹《伊洛渊源录》始。朱子深厚的学术素养，使他谙熟历代史籍编纂形式的变迁。《伊洛渊源录》的

① ［宋］朱熹：《朱文公文集》卷八十一《跋通鉴纪事本末》。

以人物传记汇编形式叙述学派源流，显然导源于《史记》《汉书》以《儒林传》述学的传统。不过，倘若《伊洛渊源录》之于《史记》《汉书》，只是恪守矩矱，亦步亦趋，那么它也就失去其创辟路径的学术价值了。朱熹著述的可贵，就在于它既立足纪传体史籍的传统，同时又博采佛家诸僧传之所长，尤其是禅宗灯录体史籍假记禅师言论，以明禅法师承的编纂形式，使记行之与记言，相辅相成，浑然一体，最终开启了史籍编纂的新路。自《伊洛渊源录》出，历元、明、清诸朝，学术史著述接踵朱书，代有成编。其间，不惟有遵其旧辙，沿例而成的《伊洛渊源续录》《考亭渊源录》《洙泗源流》《心学渊源》《洛学编》《道南原委》《闽中理学源流考》《道学渊源录》等，而且还有变通旧例而成大观的众多学案体史籍。从朱熹的《伊洛渊源录》发轫，中经刘元卿的《诸儒学案》、周汝登的《圣学宗传》、孙奇逢的《理学宗传》承先启后，至黄宗羲的《明儒学案》出而徽帜高悬。再经全祖望续修《宋元学案》而加以发展，迄于民国初叶徐世昌主持纂修《清儒学案》而臻于大备。在中国历史编纂学中，终于形成源远流长的专门学术史编纂体裁——学案。

作为一部早期理学史，从梳理洛学源流的角度而言，《伊洛渊源录》无疑是一部成功的著述。然而，两宋间繁富的学术演进历史，毕竟非是洛学一家升沉所能赅括，一部早期理学史，也不是单一的洛学史所能取代。因此从这个意义上说，《伊洛渊源录》又是很不完备的史书。其中，对于两宋学术的奠基人胡瑗、孙复、石介等人的学术活动，几乎未作任何反映。而对在赵宋一代学术发展中产生过重要影响的王安石新学，司马光朔学，苏轼、苏辙蜀学，等等，《伊洛渊源录》或视作附庸而语焉不详，或屏为异己而多所贬斥，皆未有如实记录。时起时伏的党派斗争，与北宋一代相终始。沿及南宋，痼疾铸成，不可逆转。愈演愈烈的党派角逐，不惟给一时政治投下浓厚阴影，而且也严重影响了其间的学术发展。朱熹既非超凡脱俗，沉浮于党争之中，就难免成见障目，入主出奴。因而《伊洛渊源录》拘囿门户、党同伐异之见，亦在所多有。凡此种种，都是毋庸讳言的。朱熹当年于该书所说的“诚觉旷阙”，实非言不由衷的谦辞，而是一个杰出学者实事求是的反省和自责。于此，我们当然不能苛求朱子。总结北宋道学史，乃至整个一代学术史，在朱子生活的南宋初叶，条件实未成熟。《伊洛渊源录》筚路蓝缕，在这方面开了一个良好的端绪。始为之者难，继述之者易，朱子在以史昌学中所建树的开创之功，是不可磨灭的。

第三章　阳明学与《圣学宗传》

自朱熹的《伊洛渊源录》于南宋间问世，迄于清朝初叶黄宗羲《明儒学案》成书，学案体史籍经历了长达数百年的形成和完善过程。其间，无论是元代官修《宋史》之《道学传》、明初官修《元史》之《儒学传》，还是明代天顺、成化以后，私修学术史的后先而出，诸如谢铎著《伊洛渊源续录》六卷，宋端仪著、薛应旂续修《考亭渊源录》二十四卷，杨应诏著《闽学源流》十六卷，朱衡著《道南源委录》十二卷，以及冯从吾著《关学编》《元儒考略》等，皆上承朱子以史昌学遗意，假述学史而表彰濂、洛、关、闽之学。万历初，王守仁、陈献章奉诏从祀孔庙，于是表彰王、陈学术的史书应运而生。刘元卿的《诸儒学案》，周汝登的《圣学宗传》，过庭训的《圣学嫡派》，刘麟长的《浙学宗传》等，比肩接踵，竞相印行。明中叶以后，在学案体史籍的形成过程中，《圣学宗传》尤其显示出承先启后的重要历史作用。

一、道学统绪的延伸

北宋中，由二程兄弟所开创的道学，经南宋间朱熹著《伊洛渊源录》进行总结，确立了上溯于周敦颐，经程颢、程颐、张载、邵雍，直到游酢、谢良佐、杨时、尹焞诸程门弟子的道学统绪。朱熹晚年，他所崇奉和表彰的道学，于宁宗庆元年间，以伪学而遭禁锢，史称“庆元党禁”。罹此摧残，道学一度濒临危局。理宗即位，一改庆元旧辙，于淳祐元年

(1241)亲临太学，颁诏以周敦颐、张载、程颢、程颐、朱熹从祀孔庙。景定二年(1261)，又从太子请，以张栻、吕祖谦从祀孔庙。至此，道学统绪往下延伸到朱熹及其生前友好张栻、吕祖谦。

宋亡，元代官修《宋史》，以朱子学为圭臬，变更旧史体例，新辟《道学传》一门，从而接受了南宋官方确立的上述道学统绪。《宋史·道学传》凡四卷，卷一为周敦颐、程颢、程颐、张载(并载弟戬)、邵雍，皆为道学形成时期的开风气大师。卷二专录二程门人，依次为刘绚、李吁、谢良佐、游酢、张绎、苏昞、尹焞、杨时、罗从彦、李侗。卷三则是得二程"正传"的朱熹和张栻。卷四为黄榦、李燔、张洽、李方子、黄灏诸朱子门人。《道学传》卷首的序言，于朱子学备极褒扬，指出："新安朱熹得程氏正传，其学加亲切焉。大抵以格物致知为先，明善诚身为要，凡《诗》《书》、六艺之文，与夫孔、孟之遗言，颠错于秦火，支离于汉儒，幽沉于魏、晋、六朝者，至是皆焕然而大明，秩然而各得其所。"纂修者有感于"道学盛于宋，宋弗究于用，甚至有厉禁焉"，于是大声疾呼："后之时君世主，欲复天德王道之治，必来此取法矣。"①

在接受和延伸道学统绪的问题上，蒇事于元末的《宋史》，正是元代官方文化政策的如实反映。经历元初的干戈扰攘，当蒙元贵族对全国的统治地位巩固之后，元代统治者不惟以从祀孔庙的形式，赋予朱熹承接二程道学统绪的特殊地位，而且还明令以朱子学说为标准，在全国选拔科举士子。据《元史·选举志》载，仁宗皇庆二年(1313)十一月，颁诏天下："考试程式，蒙古、色目人，第一场经问五条，《大学》《论语》《孟子》《中庸》内设问，用朱氏《章句集注》。……汉人、南人，第一场明经、经疑二问，《大学》《论语》《孟子》《中庸》内出题，并用朱氏《章句集注》。……经义一道，各治一经，《诗》以朱氏为主，《尚书》以蔡氏为主，

① 《宋史》卷四百二十七《道学传·序》。

《周易》以程氏、朱氏为主。"[1]朝廷功令所在，天下士子趋之若鹜。这样，朱熹学说自皇庆年间起，即在元代取得了独尊的地位。

与之同时，元代统治者还遴选已故朱门后学许衡从祀孔庙，以承接朱子学统，使之成为有元一代获此殊荣的唯一大儒。于是，道学统绪亦以此而下延至许衡。

元、明更替，国家的最高统治集团虽然改变，但是为先前的元王朝所沿袭的道学统绪，依然得到了朱明王朝的认可。明建国伊始，太祖朱元璋即下令设置书局官修《元史》。在《元史》中，明人改变历代官修断代史《儒林》《文苑》分立的格局，以《儒学传》将一代文人学士合为一堂。全传凡二卷，以朱熹学说为取舍标准，于元初，表彰赵复的承先启后之功，认为宋、元之际，"北方知有程、朱之学，自复始"，"由是许衡、郝经、刘因，皆得其书而尊信之"[2]。于一代经学的发展，则推尊陈栎，认为正是他使"朱熹之说大明于世"[3]。于延祐以后的文学界，尤为肯定韩性恪遵朱子学以为文的路径。传中引述韩氏主张道："为贡举之文，不知朱氏之学可乎？'四书''六经'，千载不传之学，自程氏至朱氏，发明无余蕴矣，顾行何如耳。有德者必有言，施之场屋，直其末事，岂有他法哉！"[4]一如宋元旧制，明廷开科取士，专取《大学》《论语》《孟子》《中庸》及《易》《书》《诗》《春秋》《礼记》以命题试士。成祖有天下，本其父志，一意表彰朱熹学说，并以之为依据，辑成《四书五经大全》《性理大全》颁行全国。于是《大全》行而古注疏废，朱子学的独尊地位确然不拔。

朱子学在明初的如日中天，本是历史合乎逻辑的发展，水到渠成，

① 《元史》卷八十一《选举志一》。
② 《元史》卷一百八十九《赵复》。
③ 《元史》卷一百八十九《陈栎》。
④ 《元史》卷一百九十《韩性》。

时势使然。然而，明成祖朱棣力图以之为教条，而用《四书五经大全》和《性理大全》去桎梏知识界，则又把朱子学导入了僵化的歧途。惟其如此，所以明初诸儒恪遵朱子学矩矱，守成多于创辟。关于这一时期学术界的为学倾向，有明一代第一个获从祀孔庙的薛瑄表述得很清楚，他说："自考亭以还，斯道已大明，无烦著作，直须躬行耳。"①薛瑄所代表的这样一种为学倾向，显然是不利于学术发展的。弘治、正德间，王守仁崛起，以其"致良知"学说向朱子学发起挑战，终于打破先前的沉闷局面，开辟了明代学术的新天地。

二、阳明学的崛起

王守仁，字伯安，学者以其所居阳明洞而尊之为阳明先生。浙江余姚人。生于明宪宗成化八年（1472），卒于明世宗嘉靖七年（1528），终年五十七岁。守仁自幼随父宦居京城，后因角逐科场，亦曾屡屡南旋乡里。明代的北京是首善之区，浙东亦素称人文渊薮，置身其间，潜移默化，他早年的求学过程则成不名一师、兼收并蓄的状态。先是于江西广信（治所在今上饶）谒一方名儒娄谅，得闻朱子格物之学。继之与李梦阳、何景明诸文坛名士交，弃儒学而攻词章。随后又一意参禅学道，笃志佛、老。其间，他于弘治十二年（1499），以进士观政工部，寻授刑部主事。迄于十七年九月再改兵部主事，皆留意军国大政。十八年以后，始纳徒授学。此时，守仁与粤东名儒陈献章高足湛若水交，"共以倡明圣学为事"，"意之所在，不言而会；论之所及，不约而同"②。唯因其学倡言身心，一时有异学之目。正德元年（1506）冬，南京给事中戴铣等

① 《明史》卷二百八十二《薛瑄》。
② ［明］王守仁：《王文成公全书》卷三十二《年谱》"四十岁"条。

疏劾阉宦乱政,得咎权奸刘瑾。十二月,戴铣等三十人被逮下狱。守仁抗章疏救,激怒刘瑾,遭廷杖四十,贬谪贵州为龙场驿丞。背井离乡,长途跋涉,于三年夏始达贬所。守仁时年三十七岁。

龙场驿(今贵州修文)地处黔北,山深水险,未及开化。守仁居此,虽饱尝困苦,但脱离了政治纷争的漩涡,倒给了他一个反省以往为学,从而战胜困境,营建一己学术体系的极好机会。因而居黔三年,遂成为王守仁学术思想发展历程中的一个重要转折点。

王守仁的早年为学,本兼容并蓄,不专一师。关于这一特征,正如他后来所总结:“道,天下之公道也;学,天下之公学也。非朱子可得而私也,非孔子可得而私也。”①可见守仁于明初以来,此亦一述朱,彼亦一述朱的状况颇不以为然。在龙场驿期间,他大大发展了先前汪洋恣肆、无所羁绊的为学风格,首先向倡言“格物穷理”的朱子学发起诘难。朱熹认为:“夫格物者,穷理之谓也。盖有是物,必有是理,然理无形而难知,物有迹而易睹,故因是物以求之,使是理了然心目之间,而无毫发之差。”②王守仁从“圣人之道,吾性自足,不假外求”③出发,断言“心即理”,重申:“心外无物,心外无事,心外无理,心外无义,心外无善。”④因此,他批评朱熹的“格物穷理”说是“析心与理为二”,守仁说:“朱子所谓格物云者,在即物而穷其理也,是就事事物物上求其所谓定理者也,是以吾心而求理于事事物物之中,析心与理为二矣。”于是王守仁立异朱子,别出新解,释“格物”为“正心”。他说:“格者正也,正其不正以归于正之谓也。正其不正者,去恶之谓也。归于正者,为善之谓也。”⑤因此,王守仁在这个问题上的结论是:“物理不外于吾心,外

① ［明］王守仁:《王文成公全书》卷二《答罗整庵少宰书》。
② ［宋］朱熹:《朱文公全书》卷十三《癸未垂拱奏札》。
③ ［清］黄宗羲:《明儒学案》卷十《姚江学案》。
④ ［明］王守仁:《王文成公全书》卷四《与王纯甫二》。
⑤ ［明］王守仁:《王文成公全书》卷二十六《大学问》。

吾心而求物理，无物理矣。”①正是基于这样的学术判断，王守仁对朱熹的《大学章句》提出质疑，认为朱著变乱章次，不合古本，于“知本”“知至”章后补传以释“致知在格物”，尤为多事。从此，如何解释“致知在格物”，是否应当恢复《大学》古本，便成为学术史上久争不决的问题。

王守仁立异朱子学的第二个标志，便是“知行合一”说的提出。知行关系是中国传统哲学中的一个老问题，知行并重，后先相承，俨若定论。北宋间理学兴起，程颐倡言知先行后，掀起波澜。作为理学的集大成者，朱熹亦论知行，见于《朱文公文集》及《朱子语类》者甚多，惟因时因地因人而各有侧重，未可一概而论。然而不可否认的是，由于朱子学系承程颐之学发展而来，因之受伊川知先行后主张的影响，确有析知行为二、以知为先的倾向。所以朱熹说：“知而未能行，乃未得之于己。此所谓知者，亦非真知也。真知则未有不能行者。”②在这里，朱熹已经很明确地把“真知”置于行之先。对此，王守仁很不以为然，他针锋相对，提出了“真知即是行”的主张。王守仁认为，程、朱以来，割裂知行，积重难返，因而必须补偏救弊。他指出知行“原来只是一个功夫”，强调“知之真切笃实处即是行，行之明觉精察处即是知，知行功夫本不可离”③。守仁说：“凡古人说知行，皆是就一个功夫上补偏救弊说，不似今人截然分作两件事做。某今说知行合一，虽亦是就今时补偏救弊说，然知行体段，亦本来如是。”④他还说：“今人学问，只因知行分作两件，故有一念发动，虽是不善，然却未曾行，便不去禁止。我今说个知行合一，正要人晓得一念发动处便是行了。发

① ［明］王守仁：《王文成公全书》卷二《答顾东桥书》。
② ［宋］朱熹：《朱文公文集》卷七十二《杂学辨》。
③ ［明］王守仁：《王文成公全书》卷二《答顾东桥书》。
④ ［明］王守仁：《王文成公全书》卷六《答友人问》。

动处有不善，就将这不善的念头克倒了，须到彻根彻底，不使那一念不善潜伏在胸中。此是我立言宗旨。”①龙场悟道，知行合一，王守仁通过强调践履在认识过程中的重要性，纠正了程、朱以来割裂知行而二之的倾向，从而发展了朱子学说，在认识论上把宋明理学推向一个新的层次。

正德五年（1510）三月，王守仁离贵州，奉调江西，任庐陵（今吉安）知县。八月，刘瑾伏诛。十一月，守仁入京朝觐。十二月，升南京刑部主事。之后，督办马政于安徽滁州（今滁县），累迁至南京太仆寺卿、鸿胪寺卿。十一年八月，以右佥都御史巡抚赣南。时值江西多事，民变四起。王守仁莅任，东征西讨，屡立战功，全省归于大定。守仁亦因功而擢升右副都御史。十四年六月，奉命征讨福建叛军。行至丰城，宁王宸濠叛起，连陷南康、九江，明廷大震。王守仁统军平叛，旬月之间，生擒宸濠，大获全胜。十六年三月，武宗死，世宗立，改明年为嘉靖元年。守仁以军功拜南京兵部尚书，封新建伯。

龙场悟道后的十余年间，王守仁学与日进，弟子满门，南京、余姚、滁州、赣州、南昌等地，无处不留下他聚徒讲学的身影。守仁先是在滁州以默坐澄心为学的，尽去枝叶，一意本原，教学者以静坐。随后居官江西，于军旅之暇，与诸门人发明《大学》本旨，论究朱熹、陆九渊学术异同，援朱就陆，表彰陆学，推陆九渊为“孟子之后一人”②。同时刊行古本《大学》、《朱子晚年定论》。以提出“致良知”说于江西为标志，王守仁之学最终脱颖而出，自成体系。

“致良知”说是王守仁学说的核心。作为阳明学最为成熟的形态，“致良知”说沿明儒陈献章“静中养出端倪”的学术路径而行，远承先秦

① ［明］王守仁：《王文成公全书》卷三《传习录》下。
② ［明］王守仁：《王文成公全书》卷五《与席元山》。

思孟学派的致知、良知论，近宗南宋陆九渊的“心即理”说，兼取禅宗“明心见性”之教，成为王守仁毕生学术实践的一个精彩总结。何谓良知？王守仁答道：“良知者，孟子所谓是非之心人皆有之者也。是非之心，不待虑而知，不待学而能，是故谓之良知。”①在他看来，良知是天地万物之本，所以守仁说：“天地万物，俱在我良知的发用流行中，何尝又有一物超乎良知之外，能作得障碍。”②他还说：“良知只是一个天理，自然明觉发见处只是一个真诚恻怛，便是他本体。故致此良知之真诚恻怛以事亲便是孝，致此良知之真诚恻怛以从兄便是弟，致此良知之真诚恻怛以事君便是忠。只是一个良知，一个真诚恻怛。”③王守仁把良知与格物致知相结合，从而发展了他先前的知行合一学说，形成了独树一帜的“致良知”学说。他就此指出：“鄙人所谓致知格物者，致吾心之良知于事事物物也。吾心之良知即所谓天理也，致吾心良知之天理于事事物物，则事事物物皆得其理矣。致吾心之良知者，致知也；事事物物皆得其理者，格物也，是合心与理而为一者也。”④

嘉靖元年(1522)，守仁父卒，他辞官还乡，居丧在家。尔后六年间，虽由于朝廷政争而迟迟沮而未出，但他在乡辟稽山书院，广收学徒。门人又筑阳明书院，光大师说。追随从学者，北至直隶，南抵粤东，环坐听讲，探求疑义，每每数以百计。王守仁既以学建功，学亦随功显，弟子遍布朝野，学者翕然相从，于是在当时的学术坛坫上高高地扬起了阳明学的大旗。

嘉靖六年，王守仁奉诏以原官兼左都御史，总督两广兼巡抚，出征广西。九月临行，与门人钱德洪、王畿论学于天泉桥上，提出了著名的

① ［明］王守仁：《王文成公全书》卷二十六《大学问》。
② ［明］王守仁：《王文成公全书》卷三《传习录》下。
③ ［明］王守仁：《王文成公全书》卷二《答聂文蔚二》。
④ ［明］王守仁：《王文成公全书》卷二《答顾东桥书》。

王门四句教,即"无善无恶是心之体,有善有恶是意之动,知善知恶是良知,为善去恶是格物"。王守仁再三叮嘱钱、王二人:"二君以后再不可更此四句宗旨。此四句中人上下无不接着,我年来立教,亦更几番,今始立此四句。人心自有知识以来,已为习俗所染,今不教他在良知上实用为善去恶功夫,只去悬空想个本体,一切事为,俱不着实,此病痛不是小小,不可不早说破。"①此次王门师徒论学,史称"天泉证道",以之为契机,把阳明学推向了顶峰。翌年二月,广西战事平。王守仁因病势沉重,疏请离任回乡。归途中,于是年十一月二十九日在江西南安逝世。隆庆元年(1567)追赠新建侯,谥文成。此后,阳明学大行于世,在王守仁故世五十余年之后,万历十二年(1584),他终得从祀孔庙的殊荣。阳明学行,朱子学衰,正如《明史·儒林传》所云:"嘉隆而后,笃信程朱,不迁异说者,无复几人矣。"②

三、周汝登与《圣学宗传》

王守仁病逝之后,虽因明廷政治斗争的起伏,阳明学一度被诋为"邪说",但风气既成,绝非个人意志所能逆转。嘉靖九年(1530),陆九渊得王守仁弟子薛侃表彰,从祀孔庙。以此肇始,自宋末以来晦而不显的陆学,终得起而与朱子学共席。至万历十二年王守仁获从祀孔庙,宣告阳明学崛起的现实已为明廷所接受。陆、王学说崛起,掩朱子学而上风行于世,从而使宋明理学进入一个新的发展阶段。顺应学术自身发展的内在逻辑,冲破朱子学的一统格局,对陆、王学术的演变源流进行梳理,遂成为客观的历史需要。正是在这样一个大的学术背景之下,耿

① [明]王守仁:《王文成公全书》卷三十四《年谱》三。
② 《明史》卷二百八十二《儒林传·序》。

定向、刘元卿师弟相继而起，著《陆杨学案》《诸儒学案》以表彰陆、王学说。至万历中叶周汝登《圣学宗传》出，遂使阳明学以明学大宗的地位而跻身儒学正统。

周汝登，字继元，号海门，浙江嵊县人。生于明嘉靖二十六年(1547)，卒于明崇祯二年(1629)，享年八十三岁。他于万历五年(1577)登进士第，以南京工部主事累官至南京尚宝卿。其学初从阳明高第弟子王畿入，后再师江西罗汝芳，一意阐发心、意、知、物皆无善无恶的四无说。主要著述有《诗学解》《嵊县志》《圣学宗传》《程门微旨》《王门宗旨》《东越证学录》《海门语录》《海门或问》等。成书于万历三十三年的《圣学宗传》，以阳明学为一代儒学大宗，成为继朱熹《伊洛渊源录》之后，述学派历史的一部承先启后的著作。

《圣学宗传》凡十八卷，全书通古为史，上起三皇五帝，下迄明儒罗汝芳，共著录迄于晚明的历史人物八十九人。同朱熹的《伊洛渊源录》相比，该书无论就所跨越的时代，还是所涉及的人物而言，都要较朱著为广。《伊洛渊源录》述学，以周敦颐开宗。《圣学宗传》则因叙儒学源流，视角不同，故先以五卷篇幅，勾勒宋元以前学术大要。卷一、二，溯源伏羲、神农、黄帝，中经唐尧、虞舜、夏禹，下及文王、武王、周公、卫武公，凡著录十八人。述学术史而推祖古代帝王，乃至古史传说中的圣哲，画蛇添足，实是多事。卷三至五，依次著录孔子及孔门诸弟子，下至汉唐大儒，凡十六人。程朱学派认为，儒学道统中绝于孟子，孟子死，其学不传，至周敦颐出，始祧汉唐而接孟子。周汝登于此并不以为然，他在书中不惟著录荀子，而且载及汉儒董仲舒、扬雄，隋儒王通和唐儒韩愈。以此而言学术源流，自然较之程朱更接近历史真实。卷六至十一，专记宋元诸儒。周汝登不取周敦颐开宗旧说，而是先载穆修、胡瑗、李之才、邵雍，始及周敦颐。在著录二程及程门诸弟子之后，他特地与朱熹唱为别调，加了一个为朱子斥为“杂学”的张九成。随后才是朱熹、张栻、吕祖谦、陆九渊，再嗣以朱陆嫡传蔡沈、杨简，经真德秀而终元儒许衡、吴澄、黄泽，共三十二人。卷十二以下，皆为明儒。先以一卷述薛瑄、吴与弼、陈献章，十三卷起，则是王守仁及阳明学派诸巨子，从徐爱、钱德洪、王畿，直到罗洪先、王栋、罗汝芳，凡二十三人。通过叙述古今学术递嬗，以确立王守仁及其所创立的阳明学派的儒学正统地位，著者意图昭然若揭。

惟其如此，所以该书卷首冠以黄卷的《正系图》，叙述自伏羲传至伊川程子的学术统系。程子以下分为二支，一支为朱子，之下不系一人，另一支为陆九渊，之下则系以王守仁。周汝登称卷此图信阳明笃，叙统系明，与《圣学宗传》足相发明。陶望龄为汝登书撰序有云："天位尊于统，正学定于宗。统不一则大宝混于余分，宗不明则圣真奸于曲学。"何谓宗？陶氏说："天下同归而殊途，一致而百虑。夫途径错糅，至心而一，智故百变，刓体则齐。"他的结论是："万途宗于一心，万虑宗于何虑。"周、陶二氏，皆为阳明心学后劲，言之至明。陶氏断言："圣非学而不传，宗非圣而何系。"他认为，宋元以来，学有四蔽。"疑尽性非及物之功，求志为自私之务"，此其一。其二，为"令循常平荡之途，蒙隐怪诡奇之目"。其三，为"猥以爝炬笑贞明，桔槔夸洪润"。其四，为"言理者或妄索于杳冥，涉事者遂致疑于虚寂"。因此陶氏说："四蔽未去，一尊奚定？此海门周子《圣学宗传》所由作也。"①周汝登的另一友人邹元标，则在《圣学宗传序》中称："予友绍兴周子，早志真宗，学有本原，虑前圣以一脉相传，后之人不曙斯义，乃溯自羲轩及我朝诸儒先有关斯学者，名曰《圣学宗传》。盖其意曰帝之与王，圣之与贤，隐之与显，微之与彰，虽异位而人同，人同而此心同，此心同，通之千百万世无

① ［明］陶望龄：《圣学宗传序》，载《圣学宗传》卷首。

弗同。”①

也惟其如此，所以周汝登的《圣学宗传》，一方面取径《伊洛渊源录》，于所著录诸人，先以生平学行，次辑论学语录，格局不变，加详而已。另一方面，著者则以“蠡测”为目，附于所辑论学语后，借以评判学术是非，抒发一己之见。这样，既显示了著者的学术倾向，亦从编纂形式上拓宽了《伊洛渊源录》开启的路径。譬如卷一《伏羲传》，周汝登即在“蠡测”中指出：“伏羲画卦之意果何为者？著专以形容吾心之万事万物而已。是故一身之中，头目、鼻舌、手足、肩背，以至喜怒哀乐，生死梦寤，出处进退，祸福吉凶，卦之画以形容，此固吾心中事、心中物也。天地之间，日月山川，草木虫鱼，以至寒暑昼夜，古今终始，卦之画以形容，此亦吾心中事、心中物也。卦画有所从起，图之虚中，乃从起之原。虚中无有名字，孔子强名之太极。虚中无有一物，周子特标以无极。无极而太极，即吾心是也。”②同卷《帝尧传》《帝舜传》，皆有同样的论学旨趣，且进而阐发了天心合一的主张。关于这一主张，周汝登说：“后世论学，有本心、本天之判，然观虞廷，则止言心矣。明道谓即心便是天，更不可外求。邵子亦谓自然之外别无天。自然者，即吾心不学不虑之良也。故天与心不可判，判天与心而二之者，非惟一之旨矣。”③

孟子云：“人皆可以为尧舜。”周汝登于卷四《孟子传》引述此语后，亦以“蠡测”发挥道：“此孟子真见圣人与我不二，故其告时君、告世子及曹交、貉稽之流，无一不以帝王贤圣期之。孟子不轻人，人不可自轻也。”先秦时代，孟、荀并尊。宋儒论心性，祖述孟子性善说，诋荀子性恶论为异说，扬孟抑荀，俨若定论。周汝登于此，虽未倡言排击，但却于

① ［明］邹元标：《愿学集》卷四《圣学宗传序》。
② ［明］周汝登：《圣学宗传》卷一《伏羲传》。
③ ［明］周汝登：《圣学宗传》卷一《帝舜传》。

《宗传》中,以“蠡测”而鸣不平。他说:“荀子之言,世所诋者性恶。而程子云,善固性也,恶亦不可不谓之性。则其立言非尽无谓也。况《性恶篇》终深明人可为禹,谓有其质,有其具。与人皆可为尧舜之旨有二乎哉!”

朱、陆学术之争,是宋明理学史上的一桩公案。元代中叶以后,合会朱陆之风起。元明之际,赵汸沿波而进,开援朱就陆风气之先声。成化、弘治间,程敏政《道一编》出,分朱陆异同为三节,始焉若冰炭之相反,中焉则疑信之相半,终焉若辅车之相倚。于是朱陆两家之学,遂成早异晚同之论。嘉靖间,王守仁与程敏政唱为同调,遂有《朱子晚年定论》之刻。周汝登乃阳明后学,所以《圣学宗传》卷九《朱熹传》,即以《朱子晚年定论》为准绳,去选辑朱子论学语录。关于这一点,著者直言不讳,他解释说:“夫论以晚定,则前当有未定者存。或先生改而未逮,门人记而未详,而后人一概泥之,遂以失先生之旨。故不肖一以《定论》为准,而摘其语于后。”同样的道理,卷十《陆九渊传》,周汝登于比较朱陆论学异同之后,亦重申:“晦翁之有得,全在晚年也。”

一部《圣学宗传》,述阳明学最详,王守仁及其门人后学,占至全书三分之一篇幅,“致良知”说和“王门四句教”,亦成贯穿其间的红线。著者指出:“心即知,知即心,无有二也。单言心,恐无入处,故醒之以知。单言知,恐以情识当之,故揭之以良。良知者,无知而知,犹无极而太极也。后儒不悟斯旨,谓良知不足以尽。彼假见闻为增益者,固支离之旧习。近有求无声臭于良知之前者,是将谓无极之上更有物也。其不能真见良知,而失先生之旨均矣。”又说:“或以良知之学为无实践之功者,亦盲人窥日,弗察而已矣。”还说:“今人良知不明,则所谓理者,未必是理,以欲为理,而先生之旨湮矣。”似此一类的主张,皆见于卷十三的“蠡测”之中。周汝登自二十四岁起从学王畿,师承所自,终身笃守,故书中述“天泉证道”事甚详,宣称:“自此海内相传天泉证悟之论,道脉始归于一云。”①著者不仅推王氏为“圣代儒宗”,而且假李贽评《龙溪先生集》语,赞许王畿此书“前无往古,今无将来,后有学者,可以无复著书矣。”②

《圣学宗传》在编纂形式上对《伊洛渊源录》的发展,除以“蠡测”发抒著者主张外,便是于论学语录之后,增辑传主的论学诗文。譬如卷六《邵雍传》,即以“尧夫喜吟诗”而引述《伊川击壤集》中诗十余首。同卷《周敦颐传》,亦录传主《拙赋》一篇及诗作三首。他如南传二程学术的杨时,宋室偏安初叶的张九成等,书中亦皆载及传主诗文。卷九《朱熹传》,录朱子作《春日二首》,所云“等闲识得东风面,万紫千红总是春”,就更是脍炙人口的佳句。《圣学宗传》录明儒诗,则始自《陈献章传》。传中录白沙先生诗近三十首,著者于此写道:“本朝理学,至白沙自凿一户牖,其精神命脉,全吐露于诗句中。”③此外,如卷十三《王守仁传》,卷十六《王艮传》,传中所录诗篇,亦是最能一觇传主学术特色的直抒胸臆之作。古人以诗证史,周汝登则假诗观学,这不能说不是他的一个发明。

综上所述,足见周汝登的《圣学宗传》,虽存门户之见而未脱以史昌学窠臼,但无论就所涉时限、人选,还是所载内容,都较之《伊洛渊源录》有所前进。其编纂形式,亦使《渊源录》得到充实、发展。在中国学案体史籍的形成过程中,《圣学宗传》的承先启后之功是不可抹煞的。之后,孙奇逢的《理学宗传》,取“蠡测”意而有眉批、总评。黄宗羲的《明儒学案》更进一步,不仅有案语、总评,而且于所辑案主论学资料,亦录及诗文。《圣学宗传》固然因著者学术宗尚所囿而沾染禅家风习,

---

① ［明］周汝登:《圣学宗传》卷十四《王畿》。

② 同上。

③ ［明］周汝登:《圣学宗传》卷十二《陈献章》。

可是大体不脱儒学矩矱，非在禅宗灯录一类。清初官修《明史》，攻其一点，不及其余，称汝登“辑《圣学宗传》，尽采先儒语类禅者以入”①，显然以偏概全，言之过当。黄宗羲著《明儒学案》，直斥汝登“主张禅学，扰金银铜铁为一器”②，亦非公允持平之论。

① 《明史》卷二百八十三《周汝登》。
② ［清］黄宗羲:《明儒学案》卷首《发凡》。

第四章　理学危机与晚明学术

以“天泉证道”肇始，阳明学越过高峰而趋于分化。这一分化过程伴随历史的演进而加剧，万历中叶以后，周汝登《圣学宗传》出，以之为标志，理学进入了批判和总结的时代，蓬勃兴起的经世思潮，成为晚明学术的主流。

一、理学营垒中的“由王返朱”声浪

宋明学术，以理学为代表。经历北宋间的酝酿和发展，迄于南宋初，朱熹学说与陆九渊学说的形成和对立，使理学臻于大成。元代，在封建统治者的提倡之下，朱子学日趋尊荣，而陆学却始终未能成为显学。明初，承元人对朱子学的表彰，颁《四书五经大全》和《性理大全》于天下，将朱熹学说定为科举取士的依据，以此朱子学取得了独尊地位。正如《明史·儒林传》所说：“明初诸儒，皆朱子门人之支流余裔。”这种局面持续了百余年，直到弘治、正德间王守仁崛起，才使之发生了变化。面对朱子学的僵化，王守仁远承陆学余绪，同陈献章、湛若水师弟相唱和，以“致良知”学说取朱熹的“格物穷理”而代之，从而把宋明理学推向了一个新的层次。由于王守仁的“致良知”学说给理学注入了新的活力，因而他的学术主张不胫而走，迅速风靡朝野，在嘉靖、隆庆以后的百余年间，演为“学其学者遍天下”①的局面，直至万历初将王阳

① ［清］黄宗羲：《南雷文定五集》卷一《答恽仲升论刘子节要书》。

明送入孔庙。

前人考论宋明理学，每每将陆九渊、王守仁与程颐、朱熹对立，过分强调了两派之间学术主张的差异，却忽视了由朱子学到阳明学，乃是理学发展的一个历史过程。这样一来，数百年的学术演进历史，便成了一部学派对立的历史，显然这是同理学发展的历史实际不相吻合的。事实上，阳明学既是继承陆九渊的心学主张而与朱子学相颉颃的学派，同时它更是对理学，既包括陆学，也包括朱学的发展。

理学在十一世纪以后的中国社会的出现，一方面是封建统治者挽救其统治危机，强化社会控制的需要；另一方面也是传统儒学为抗拒佛学的风行，吸取佛学及道家、道教思想而自我更新的结果。儒家学说本来就具有浓厚的伦理道德色彩，由于历史条件的制约，十一世纪以后儒学的自我更新，并无从逾越客观的社会和思想藩篱，只是披上"性与天道"的思辨外衣，把传统的伦理道德学说膨胀为其核心罢了。理学中人试图通过把封建伦理道德本体化为"天理"的论证途径，确立"存天理，灭人欲"的社会准则，从而去完成封建制度永恒的理论论证。

这个理论论证过程的完成，在中国封建社会晚期，足足经历了五个世纪的时间。从北宋中叶的理学家周敦颐、邵雍开始，中经张载、程颢、程颐，直到南宋时的陆九渊、朱熹告一段落，封建伦理道德的"天理"地位，已经用理论规范的形式固定下来。然而先验的、至高无上的"天理"，又是如何同世俗的社会成员结合在一起，从而成为人世间的主宰？这样一个问题，直到集两宋理学大成的朱熹，并没有得到完满的解决。迄于明代中叶王守仁崛起，才以其"致良知"学说，实现了理学中人数百年的理论追求。

王守仁的"致良知"学说，标志着宋明理学历史使命的最终完成。阳明学既是对整个宋明理学的发展，同时也正是这一学说本身把理学导向了没落。

为什么我们要这么说呢？因为从北宋中理学兴起，到南宋朱子集其大成，理学中人所探讨的“理”，所倡言的“明天理，灭人欲”，皆是以六经、孔孟为论究依据，具有鲜明的儒学正统色彩。而根据王阳明的“致良知”学说，神圣不可侵犯的“天理”，被纳入了人“心”之中，王守仁倡言的“心”，以及这个“心”所固有的“良知”，则并无一个确定的是非标准可循。因此，便使阳明学带上了招致正统经学家、理学家攻诘的异端色彩。王守仁就曾经这么说过：“学贵得之心。求之于心而非也，虽其言之出于孔子，不敢以为是也，而况其未及孔子者乎？求之于心而是也，虽其言之出于庸常，不敢以为非也，而况其出于孔子者乎。”①他还直截了当地宣称：“夫学问、思辨、笃行之功……而扩充之极，至于尽性知天，亦不过致吾心之良知而已。”②于是乎“天理”便脱离了孔子以来的是非标准，而成为游移不定，可以随人解释的东西。这就为阳明学，乃至整个宋明理学从理论上的崩解，打开了一个致命的、无法弥合的缺口。

风行于明朝万历中叶以后的泰州学派，正是沿着王守仁“致良知”说的逻辑程序走下去，“掀翻天地”，“非名教之所能羁络”，一直走到了阳明学乃至整个宋明理学的反面。以论证封建伦理道德永恒为宗旨的宋明理学，发展到了明朝末年，竟然同这样的宗旨严重背离，甚至走到其反面，从而构成一股对封建道德的离心力。这就说明，作为一种学术形态，宋明理学在理论上已经走到了尽头。

晚明的学术界，阳明学风行，谈良知者盈天下，因而理学的没落，便集中表现为阳明学的深刻危机。于是在当时的理学界，出现了由阳明学向朱子学回归的倾向。东林学派领袖顾宪成、高攀龙，是这一倾向的

---

① ［明］王守仁：《王文成公全书》卷二《答罗整庵少宰书》。

② ［明］王守仁：《王文成公全书》卷二《答顾东桥书》。

倡导者。

一如前述,王门四句教既是阳明学的高峰,亦是王学分化的起点。顾宪成正是紧紧抓住这个把柄,以之作为否定阳明学的突破口。他说:“见以为心之本体,原是无善无恶也,合下便成一个空。见以为无善无恶,只是心之不着于有也,究竟且成一个混。空则一切解脱,无复挂碍……混则一切含糊,无复拣择……以顽钝无耻为不动心者矣。”①经顾宪成这么一番剖析,王守仁的四句教并没有落到实处,反而“合下便成一个空”,“究竟且成一个混”,与主张空无的佛家禅学别无二致。对于王守仁所倡言的“学贵得之于心”,顾氏认为弊害无穷,他说:“徒以两言横于胸中,得则是,不得则非,其势必至自专自用,凭恃聪明,轻侮先圣,注脚六经,无复忌惮。”对于王守仁所坚持的“心即理”的基本主张,他更以“无星之秤,无寸之尺”②作了断然否定。

继顾宪成之后,高攀龙为一时江南学术坛坫主盟。他与顾宪成作同调之鸣,除了一如顾氏抓住“无善无恶”不放之外,还把抨击的重点摆到“致良知”说上来。高攀龙认为,王守仁虽然也在谈理学家奉为经典的《大学》,但是所谓“致良知”则违背了《大学》的致知途径。他就此指出:“《大学》曰致知在格物,物格而后知至。阳明曰所谓致知格物者,致吾心之良知于事事物物也。……事物各得其理,格物也。”③一个是致知在格物,把格物作为致知的必然途径。一个是格物在致知,且是致吾心之良知,把上述命题恰好颠倒过来,当然就南辕北辙了。在高攀龙看来,如何对待《大学》的“致知在格物”一语,也就是格物与致知孰先孰后,不是寻常的为学次第的差异,而是儒学与禅学的分水岭。他说:“谈良知者,致知不在格物,故虚灵之用,多为情识,而非天则之自

① [明]顾宪成:《小心斋札记》,载《明儒学案》卷五十八《东林学案一》。
② [明]顾宪成:《与李见罗》,载《明儒学案》卷五十八《东林学案一》。
③ [明]高攀龙:《高子遗书》卷三《阳明说辨二》。

然,去至善远矣。吾辈格物,格至善也,以善为宗,不以知为宗也。故致知在格物一语,而儒禅判矣。”①由此出发,高攀龙进而以之为准绳,去评判朱王两家学术,径将朱子学称为实学,而目阳明学为虚学。他说:“阳明于朱子格物,若未尝涉其藩焉。其致良知乃明明德也,然而不本于格物,遂认明德为无善无恶。故明德一也,由格物而入者其学实,其明也即心即性。不由格物而入者其学虚,其明也是心非性。心性岂有二哉?则所从入者有毫厘之辨也。”②据此,高攀龙对“致良知”说作了明确的否定,指出:“自致良知之宗揭,学者遂认知为性,一切随知流转,张皇恍惚。甚以恣情任欲,亦附于作用变化之妙,而迷复久矣。”③对于“致良知”说风行所造成的后果,高攀龙归纳为两点,他说:“始也扫闻见以明心耳,究而任心而废学,于是乎《诗》《书》《礼》《乐》轻而士鲜实修。”④

这样,从顾宪成到高攀龙,经过他们对王守仁基本学术主张的逐一抨击,从理论上宣告了对阳明学的否定。于是很自然地就提出了“学返其本”的问题,这就是为高攀龙所积极倡导的由阳明学向朱子学的回归。高攀龙固守“致知在格物”这样一个立足点,把“知”字作为古今学术分合的关键,他说:“圣学由知而入,这知字却最关系,学术之大小偏正都在这里。所以谓知之一字关系最大,古今学术于此分歧。何者?除却圣人全知,便分两路去了,一者在人伦庶物,实知实践去;一者在灵明知觉,默识默成去。此两者之分,孟子于夫子微见朕兆,陆子与朱子遂成异同,本朝文清(薛瑄——引者)与文成(王守仁——引者)便是两样。宇内之学,百年前是前一路,百年来是后一路,两者递传之后,各有

① [明]高攀龙:《高子遗书》卷八上《答王仪寰太守》。
② [明]高攀龙:《高子遗书》卷八下《答方本庵》。
③ [明]高攀龙:《高子遗书》卷九上《尊闻录序》。
④ [明]高攀龙:《高子遗书》卷九上《崇文会语序》。

所弊。毕竟实病易消,虚病难补。今日虚证见矣,吾辈当相与稽弊而返之于实。”①

高攀龙既然视阳明学为虚学,以朱子学为实学,因而他主张的“稽弊而返之于实”,便是尊崇朱子学的倡导。高氏指斥阳明学使理学中绝,他说:“姚江之学兴,而濂洛之脉绝。”②与之相一致,高攀龙认为,只有朱子学才是儒学正统,他指出:“圣学正脉,只以穷理为先。”又说:“自良知之教兴,世之弁髦朱学也久矣。一人倡之,千万人从之,易也。千万人违之,一人挽之,岂易易哉!此所谓不惑者也,能返其本者也。夫学者学为孔子而已,孔子之教四,曰文、行、忠、信。惟朱子之学得其宗,传之万世无弊。”③所以,在谈到自己的为学宗尚时,高氏毫不掩饰地声称:“龙之学,以朱子为宗。”④他大声疾呼:“学孔子而不宗程朱,是望海若而失司南也。”⑤

在万历、天启间的学术界,顾宪成、高攀龙以向朱子学的回归,试图重振衰微的理学。他们的学术主张借助其政治影响,向南北迅速传播,从而成为“一时儒者之宗,海内士大夫,识与不识,称高、顾无异词”⑥。风气既开,朱、陆、薛、王之争一发而不可收拾,最终淹没在朱明王朝崩解的漩涡之中。

二、经世思潮的兴起

在学术史上,每当一种学术形式走向极端而趋于没落的时候,它必

---

① ［明］高攀龙:《高子遗书》卷四《讲义·知及之章》。
② ［明］高攀龙:《高子遗书》卷八上《答张鸡山》。
③ ［明］高攀龙:《高子遗书》卷九上《崇文会语序》。
④ ［明］高攀龙:《高子遗书》卷八下《答方本庵》。
⑤ ［明］钱士升:《高子遗书序》,载《高子遗书》卷首。
⑥ 《明史》卷二百四十三《高攀龙》。

然要向其相反的方向转化。晚明学术界由阳明学向朱子学回归倾向的出现,已经表明这一转化过程的到来。然而就其实质而言,这种倾向只是理学内部的调整,无非以水济水而已。而真正足以代表一时学术转化方向,从而产生深远历史影响的,则是在日趋加剧的社会危机之中,蓬勃兴起的经世思潮。

晚明的经世思潮,是一个旨在挽救社会危机的学术潮流,它具有益趋鲜明的救世色彩。因而一时学术界中人,无论所治何学,救世都成了一个共同的论题。当万历中叶以后,经世思潮初起,东林巨子顾宪成即以救世为己任,他说:"官辇毂,念头不在君父上;官封疆,念头不在百姓上;至于水间林下,三三两两,相与讲求性命,切磨德义,念头不在世道上。即有他美,君子不齿。"①高攀龙进而明确地提出"学者以天下为任"的主张,并以其傲岸的节操,实践了这一主张,为抗拒权奸魏忠贤的倒行逆施,愤然投水自尽。所以后来黄宗羲修《明儒学案》,在论及东林学派时,就曾指出:"熹宗之时,龟鼎将移,其以血肉撑拒,没虞渊而取坠日者,东林也。毅宗之变,攀龙髯而蓐蝼蚁者,属之东林乎?属之攻东林者乎?数十年来,勇者燔妻子,弱者埋土室,忠义之盛,度越前代,犹是东林之流风余韵也。"②

在晚明日趋高涨的经世思潮中,徐光启是一个杰出的代表。目睹"名理之儒,土苴天下之实事",以致酿成"实者无一存"的现状,徐氏一生为学"务求实用",志在"率天下之人而归于实用"。徐光启以毕生的学术实践,充实了经世思潮的学术内容,使之走上了健实的发展道路。

同是主张学以救世的学者,徐光启却与东林学派不一样,他没有步

---

① ［明］顾宪成:《小心斋札记》卷十二。
② ［清］黄宗羲:《明儒学案》卷五十八《东林学案一》。

入由阳明学向朱子学回归的路径，而是积极倡导并实际讲求“天下要务”。早在天启初，他即指出：“方今事势，实须真才。真才必须实学，一切用世之事，深宜究心。而兵事尤亟，务须好学深思。”①崇祯元年（1628），曾上疏阐述“造就人才，务求实用”的道理，主张对屯田、盐法、河漕、水利等事，必须备细考求，精加参酌，以使天下要务，略如指掌。他认为只有如此，方是“救时急务”②。在将务求实用的思想付诸实践中，徐光启把“富国强兵”作为自己为学、为政所追求的根本目标。他说：“臣志图报国，于富强二策，考求咨度，盖亦有年。”徐光启把富强之道归纳为两个方面，即“富国必以本业，强国必以正兵”。所谓“本业”，即是他所一贯讲求的“务农贵粟”，而“正兵”之所指，则是他历来主张的“兵非选练，决难战守”③。为此，徐光启不仅用心讲求同发展农业有关的水利、漕运、农艺、屯田、历法等，而且身体力行，亲临西北进行农田水利调查，先后在其故乡上海以及寄居地天津进行实践，推广良种。同时，他又向当时来华的著名意大利传教士利玛窦学习天文、数学、历法，翻译西方古典数学名著《几何原本》，编译《测量法义》《测量异同》《勾股义》和《泰西水法》等实用数学著作。为了国家的富强，徐光启以儒臣而亲临营伍，选练士兵，写成了《徐氏庖言》《选练条格》两部军事著作。在其晚年，又倾注全部心力主持编纂《崇祯历书》，完成了我国古代不朽的农业科学巨著《农政全书》。

在徐光启的经世思想影响下，崇祯间，复社诸君子闻风而起，把经世思潮大大地向前推进。复社领袖张溥、陈子龙，或曾向徐光启问当世之务，或为徐光启所拔擢，就天文、历法径问所疑。他们承光启未竟之志，于崇祯十二年（1639），将其遗著《农政全书》整理刊行。之前一年，

① ［明］徐光启：《徐光启集》卷十《与胡季仁比部》。

② ［明］徐光启：《徐光启集》卷九《敬陈讲筵事宜以裨圣学政事疏》。

③ ［明］徐光启：《徐光启集》卷三《兵非选练决难战守疏》。

陈子龙、徐孚远等人还编选了卷帙浩繁的《明经世文编》。该书网罗明代二百数十年间的军政要务，试图从中探寻学以救世的途径，成为晚明经世思潮高涨的象征。在这部匡时济世的作品中，陈子龙等人向当时的空疏学风发起了猛烈挑战。在该书序言中，陈氏指出："俗儒是古而非今，文士撷华而舍实。夫保残守缺，则训诂之文充栋不厌；寻声设色，则雕绘之作永日以思。至于时王所尚，世务所急，是非得失之际，未之用心。苟能访求其书者盖寡，宜天下才智日以绌，故曰士无实学。"①徐孚远所撰序文也说："今天下之士大夫，无不搜讨缃素，琢磨文笔，而于本朝故实，罕所措心，以故剡藻则有余，而应务则不足。"②许誉卿更发出了"国家卒有缓急，安所恃哉"③的警告。已故吴晗教授说过，《明经世文编》的"编辑、出版，对当时的文风、学风是一个严重的挑战，对稍后的黄宗羲、顾炎武等人讲求经世实用之学，也起了先行者的作用"④。这样的评价，无疑是正确的。

这里应当指出的是，在明亡前的二三十年间，向空疏学风发起挑战的，并不止《明经世文编》的编纂者。宋应星、徐弘祖、方以智等有作为的探索者，也都不谋而合，同样进行过成功的尝试。为他们所撰写的《天工开物》《徐霞客游记》和《通雅》《物理小识》等，皆以其朴实无华，切于世用，在学术史上留下了久远的影响。较他们更早一些的焦竑、陈第等人，同以博洽而著称一时。焦竑博及群书，究心考据训诂、版本目录之学，写成《国史经籍志》，在目录学上做出了贡献。陈第在考订古音中，"列本证、旁证二条，本证者诗自相证也，旁证者采之他书也，二者俱无，则宛转以审其音，参错以谐其韵"⑤的方法，不仅成为尔后学者

---

① 《明经世文编》卷首《陈子龙序》。
② 《明经世文编》卷首《徐孚远序》。
③ 《明经世文编》卷首《许誉卿序》。
④ 吴晗：《影印〈明经世文编〉序》，载《明经世文编》卷首，中华书局 1962 年影印本。
⑤ ［明］陈第：《一斋集》不分卷《毛诗古音考自序》。

研究古音的基本方法，而且清代学者还将其运用于经学、史学、地理等学科的研究，在乾嘉考据学风的形成中，显示了它深远的历史影响。

作为心性空谈的对立物，在晚明经世思潮的酝酿过程中，出现了“通经学古”的经学倡导。此风由嘉靖、隆庆间学者归有光开其端，他倡言：“圣人之道，其迹载于六经。……六经之言，何其简而易也。不能平心以求之，而别求讲说，别求功效，无怪乎言语之支而蹊径旁出也。”①而对甚嚣尘上的八股时文，归有光痛斥其败坏世风和人才，与之一反其道，积极倡导“通经学古”。他说：“近来一种俗学，习为记诵套子，往往能取高第。浅中之徒，转相仿效，更以通经学古为拙。……此学流传，败坏人才，其于世道为害不浅。”②对于理学中人的空言讲道，归有光也予以否定，试图以讲经去取代讲道。他说：“汉儒谓之讲经，而今世谓之讲道。夫能明于圣人之经，斯道明矣，道亦何容讲哉！凡今世之人，多纷纷然异说者，皆起于讲道也。”因此归有光指出：“天下学者，欲明道德性命之精微，亦未有舍六艺而可以空言讲论者也。”③万历年间，焦竑、陈第继之而起，皆以明经君子而著称一时。启、祯两朝，钱谦益成为归有光学术主张的后先呼应者，他直言不讳地指出，宋明以来的道学并非儒学正统，而是犹如八股时文般的俗学。钱氏说：“自唐宋以来……为古学之蠹者有两端焉，曰制科之习比于俚，道学之习比于腐。斯二者皆俗学也。”④钱谦益与归有光唱为同调，坚决反对“离经而讲道”。他说：“汉儒谓之讲经，而今世谓之讲道。圣人之经，即圣人之道也。离经而讲道，贤者高自标目，务胜前人，而不肖者汪洋自恣，莫可穷诘。”⑤钱谦益明确主张，应当“以汉人为宗主”去研治经学，他说：

① ［明］归有光：《震川先生集》卷七《示徐生书》。
② ［明］归有光：《震川先生集》卷七《山舍示学者》。
③ ［明］归有光：《震川先生集》卷九《送计博士序》。
④ ［清］钱谦益：《初学集》卷七十九《答唐汝谔论文书》。
⑤ ［清］钱谦益：《初学集》卷二十八《新刻十三经注疏序》。

“学者之治经也,必以汉人为宗主。……汉不足,求之于唐,唐不足,求之于宋,唐宋皆不足,然后求之近代。”①从归有光到钱谦益,晚明学者的经学倡导,虽然未能使数百年来为理学所掩的经学重振,但是它却表明,学术风气随世运变迁而演进,以经学济理学之穷的学术潮流,已经在传统儒学的母体内开始孕育。

三、晚明的中西文化交流

在晚明学术史上,西方自然科学知识的输入,是一个重要的学术现象。它不仅深刻地作用于明末三四十年间的学术发展,而且对其后清代学术的发展,也留下了久远的影响。

晚明的西学输入,始于十六世纪末。它以当时来华的耶稣会传教士为媒介,在杰出的先行者利玛窦倡导之下,始而广东肇庆、韶州,继之江西南昌、江苏南京,最后更深入宫廷,流播朝野,成为名噪一时的“天学”。晚明来华的耶稣会士,以传播天主教教义为根本目的,因而他们所输入中国的西学,首先就是西方的宗教神学。关于这一点,正如万历十一年(1583)耶稣会士罗明坚、利玛窦来华伊始,向广东肇庆知府王泮所宣称的:“我们是一个宗教团体的成员,崇奉天主教为唯一的真神。”②这一宗旨,在迄于明亡来华的众多传教士中,是为他们所始终如一坚持不变的。不过,在中国这样一个具有上千年儒学传统的国度,自身的道教以及外来的佛教,尚且被视为异端邪说而遭到排斥,天主教神学要想立定脚跟,就绝非易事。因此,为了使布教活动得以进行,受过高等教育的利玛窦率先脱去僧装,改着儒冠、儒服,学习中国语言,研讨

① ［清］钱谦益:《初学集》卷七十九《与卓去病论经学书》。

② 〔意〕利玛窦、〔比〕金尼阁:《利玛窦中国札记》第二卷第四章,何高济、王遵仲、李申译,中华书局1983年版,第160页。

儒家经典，恪守儒家礼仪。他们长年累月地深入到中国知识分子和中央、地方官员中去，以传播西方学术为手段，试图在中国谋求建立新生教会的基础。其结果，同耶稣会士的本来愿望相反，尽管他们也确实在中国发展了天主教的一批早期信徒，但是为他们所介绍的西方科学技术，却掩宗教神学而上，引起了同他们接触的中国学人和官员的浓厚兴趣。这样一来，耶稣会士的布教活动，变成了名副其实的西方自然科学知识的输入，利玛窦等人也成了沟通中西文化的使者。

从明末中国知识界在天文历法和数学方面的现状出发，利玛窦于来华之初，即亲手制作天球仪和地球仪，把刻在铜板上的日晷送给各级地方官员。他还向南北学者广为介绍欧几里得的几何学原理，指导求教的人用几何法测量物体的高度。万历二十九年（1601）进入北京之后，利玛窦更在李之藻、徐光启的合作下，尽其所知介绍和翻译西方古典数学名著《几何原本》（前六卷）等。他故世后，李之藻、徐光启又据从学所得，并与熊三拔等传教士合作，先后刊行了《乾坤体义》《同文算指》和《泰西水法》等著作。崇祯三年（1630），徐、李二人奉命主持历法修订工作。他们将耶稣会士罗雅谷、汤若望先后安置到历局供职，以便依据西历知识，改订现行《大统历》的偏差。徐、李生前，此一工作虽未能完成，但由于继任者李天经与传教士的共同努力，著名的《崇祯历书》终于编译成功。这部历书于清初颁行全国，一直沿用到近代。

应当指出的是，利玛窦等耶稣会士在明末所传来的西学，虽然被传教士说成是“新奇的欧洲科学”，但是这只是相对于当时我国的科学技术水平而言的。事实上，在十六世纪末和十七世纪初的欧洲，不惟宗教神学已经成为唯物主义哲学批判的对象，而且就自然科学论，利玛窦等人所传来的地圆学说，还停留在以地球为宇宙中心这样一个认识基点上，早已不是什么“新奇的”知识。代表欧洲近代科学发展方向的，则是哥白尼、伽利略所提出的日心说。当时，欧几里得的几何原理，也已经为法国杰出的哲学家和数学家笛卡尔所发展，将其与物质运动学说和辩证法相结合，从而把几何学推进到解析几何的更高层次，并进而把数学导入微分和积分的门槛。所以，讨论晚明的西学输入，这是一个必须注意的历史事实。不过，我们也不能因此而苛求于耶稣会传教士。正当西方世界在理性和神学、日心说和地心说激烈交锋而前途未卜的历史时代，要让为宗教神学所束缚的传教士去宣传近代科学和近代思想，也是不现实的。

晚明的西学输入，虽然有其历史的局限，当时的中国学者也只是把它视为一种“补儒易佛”①的手段而已，但是它所产生的客观历史效果，其主要方面则是积极的。西学的输入，给明末的知识界传来了新的知识信息，示范了一种务实的新学风。它对当时为学风尚的积极影响，大致表现为如下四个方面。

首先，它开阔了我国知识界的学术视野。耶稣会士所传播的自然科学知识，对长期闭塞的我国知识界，不啻一个有力的冲击。它使愿意正视现实的知识分子看到，中国并不就是世界，在我国的东西南北，不仅有浩瀚的大海，而且还有世代生息繁衍、风俗各异的众多国家和民族。这些国家和民族同我们一样，不仅有自己的文明史，还在若干学术领域走在我们的前头。正如徐光启为《同文算指》撰序所说，当时我国的数学发展水平已经落伍，“大率与西术合者，靡弗与理合也；与西术谬者，靡弗与理谬也”②。这样的认识，在今天看来不足为奇，但是在三百年前的知识界中人，能够看到并承认这种差距，实在是不简单的。

其次，耶稣会士示范了一种通达的务实学风。传教士大都受过良

---

① ［明］徐光启：《徐光启集》卷二《泰西水法序》。

② ［明］徐光启：《徐光启集》卷二《刻同文算指序》。

好的文化教育，他们的为学，不尚空谈，讲求实际。所谓“上穷九天，旁该万事”的“实心、实行、实学”①，以及“事天爱人之说，格物穷理之论，治国平天下之术，下及历算、医药、农田、水利等兴利除害之事”②，对一时知识界产生了潜移默化的影响。明末的著名学者，从焦竑、李贽、陈第，到李之藻、徐光启、方以智等，无不为其学风熏染。

再次，为中国知识界对既往传统的认识提供了有益的启示。晚明来华的耶稣会士，从利玛窦开始，即把他们的宗教及学术活动同讲习、表彰我国的传统儒学相结合。利玛窦高度评价孔子学说，他说：“如果我们批判地研究他那些被载入史册中的言行，我们就不得不承认他可以与异教哲学家相媲美，而且还超过他们中的大多数人。”③利玛窦认为，《四书》《五经》或为孔子撰写，或为孔子汇编，“孔子的这九部书，构成最古老的中国图书库”，“为国家未来的美好和发展而集道德教诫之大成”。对《论语》一书，他尤为赞赏，称为“在人类理性的光芒下，对正当的道德活动加以指导”④。这种对孔子学说和儒家经典的表彰，既顺应了晚明知识界于理学没落之后，试图从传统经学中去寻找出路的要求，同时也在客观上推动了中国知识界对经学和孔子学说的再认识。

最后，耶稣会士学习我国语言文字的实践，也为我国语言学研究者提供了可取的借鉴。利玛窦在学习中国语言文字的过程中，曾经按照元音和辅音的区分，把每一个汉字分解成若干音节。这无异于在进行汉字拼音化的尝试。继他之后，金尼阁加以发展，撰成《西儒耳目资》，用拉丁文对汉字进行拼音归类。耶稣会士的成功尝试，比起我国传统

---

① ［明］徐光启：《徐光启集》卷二《泰西水法序》。

② ［明］徐光启：《徐光启集》卷九《辨学章疏》。

③ ［意］利玛窦、［比］金尼阁：《利玛窦中国札记》第一卷第五章，何高济、王遵仲、李申译，第31页。

④ 同上书，第35页。

的反切法来,无疑是向前推进了一步。这样,就给我国当时及后世的语音史研究,乃至汉字的拼音化,都提供了有益的启示。万历间遨游南北的福建学者陈第,正是在这样的学术背景之下,致力于古代音韵研究的。后来,方以智继起,更是独辟蹊径,专意讲求古代语音,甚至朦胧地提出了参照西文改革汉字的设想。他说:“字之纷也,即缘通与借耳。若事属一字,字各一义,如远西因事乃合音,因音而成字,不重不共,不尤愈乎!”①明末中外学人的上述尝试和努力,就直接为清初的音韵学研究开了先河。

① ［明］方以智:《通雅》卷一。

第五章　明清更迭与《理学宗传》

万历中叶以后，朱明王朝渐入末世，中国古史进入明清更迭的历史阶段。在将近一个世纪的历史演进中，明亡清兴的社会动荡与理学危机的加剧两位一体，深刻地作用于社会与学术的发展。经历明清更迭，伴随由王返朱声浪的高涨，阳明学营垒中人起而做出回应。于是合会朱王学术之风蔚成，而有孙奇逢《理学宗传》的问世。

一、明清更迭与清初社会

从广义上说，明清更迭并不仅是指崇祯十七年(1644)三月十九日朱明王朝统治的结束，以及同年五月清军的入据北京，乃至四个月后，清世祖颁诏天下，"定鼎燕京"①。它是一个历史过程，这一过程长达一个世纪的时间。其上限可以一直追溯到明万历十一年(1583)，清太祖努尔哈赤以"七大恨"告天兴兵，其下限则迄于清康熙二十二年(1683)，清廷最终清除亡明残余，统一台湾。

中国封建社会发展到明代，随着专制主义中央集权的强化，其腐朽性亦越发显现出来。及至明神宗万历之时，朱明王朝已入末世。其间虽有过张居正历时十年的锐意革新，然而颓势已成，不可逆转。启、祯两朝，更是江河日下，犹如痈疽积年，只待溃烂了。

---

① 《清世祖实录》卷九"顺治元年十月甲子"条。

正当朱明王朝积弱待毙之际，地处我国东北的建州女真崛起，自努尔哈赤兴兵以来，短短半个世纪，雄踞辽沈，虎视关内。皇太极继起，挥师频频叩关，出没于山东、山西、河北，乃至京畿一带，成为终明之世不得摆脱的敌对力量。而置朱明王朝于死地者，则是无路可投的农民大众。天启七年(1627)，陕西白水县农民率先举起义旗。星星之火，倏尔燎原，最终将朱明王朝埋葬。然而由于小生产者的历史和阶级局限，李自成的大顺农民政权没有能够得以巩固，入据北京四十余日，即匆匆西去。明末农民大起义的胜利成果，为拥兵西进的满洲贵族所攫夺。中国封建社会没有发生根本的变革，而只是凭借农民起义的力量，实现了改朝换代的政治变动。

清王朝作为一个全国性的封建政权，自顺治元年(1644)建立，迄康熙二十二年(1683)统一台湾，经历了整整四十年的动乱。入清之初，由于清廷推行民族高压政策，剃发、易服、圈地、投充、逃人等弊政的肆虐，一度激化民族矛盾，酿成长达十余年的大规模抗清斗争。至康熙三年，抗清斗争的一页最终翻过，民族矛盾趋向缓和。此后，一方面是清廷强化其中央集权政治需要的日益迫切，另一方面则是以吴三桂为代表的封建军阀割据称雄欲望的恶性膨胀。矛盾双方力量的消长，演成了自康熙十二年起，长达八年之久，蔓延十余省的三藩之乱。

康熙二十年，三藩之乱平定，两年之后，台湾郑氏势力回归，清王朝最终确立了对全国的有效统治。从此，清廷采取多种有力措施，使业已恢复的经济迅速发展，满汉文化亦从对抗而趋向交融，清初社会逐渐走上由乱而治的历史道路。在康熙二十三年至六十一年的近四十年间，虽然由于旷日持久的储位之争，引起了国家政治生活中的诸多麻烦，为维护国家的统一，清廷还曾两度在西北和西藏采取大规模的军事行动，而且局部的农民起义等也偶有发生。但是就全国范围而言，大体上可以说是政通人和，百废俱兴，出现了一个由安定而趋向繁荣的局面。到康熙末、雍正初，全国耕地面积较之顺治末年成百万顷地增长，接近并逐渐超过明代万历年间的水平。与之相一致，此时的清王朝，国力强盛，瞩目四方。经过一连串的军事行动之后，清廷牢固地确立了对内外蒙古、新疆和西藏的统治，统一的多民族国家的疆域，至此大致奠定下来。

二、清初学术演进之大势

有清一代，顺治、康熙二朝，是一个创辟规模、奠定国基的关键时期。就一代学术思想的发展而言，清初的八十年，也是一个承先启后、开拓路径的重要阶段。这一期间，才人辈出，著述如林，其气魄之博大，思想之开阔，影响之久远，在中国古代学术史上，实足以同先秦时代的百家争鸣后先媲美。

清初学术以晚明学术为先导，是在新的历史环境之下，对宋明学术的批判继承。经历明清更迭的巨大历史变迁，清初学术依然沿着先前学术演进的轨迹，带着历史赋予它的时代特征，合乎逻辑地走下去。

首先，明末由顾宪成、高攀龙倡导的“由王返朱”声浪，入清以后，同“明学术，正人心”的学术反思合流，演为对王阳明心学的猛烈抨击。尽管在顺治及康熙初叶的二三十年间，主持一时学术坛坫风会者，依然是王学大儒孙奇逢、黄宗羲、李颙诸人，然而面对自身学派的深刻危机，尤其是铺天盖地而来的“阳儒阴释”一类的谴责，要固守昔日旧学壁垒，已经成为不可能的事情。于是孙奇逢、李颙不约而同，趋向合会朱陆学术的道路。黄宗羲则以其博大的为学领域和务实学风，在治史以经世的倡导中，摆脱了阳明学的羁绊。迄于康熙中叶，阳明学的衰颓已成定局。随着朱熹学说的日渐深入庙堂，经过清廷的崇奖，突出其伦理道德的约束力量，使之教条化而成为维系封建统治的思想工具。

其次，晚明兴起的经世思潮，在清初知识界对明亡的沉痛反思中空前高涨，形成“天下兴亡，匹夫有责”的历史共识。一时学术界中人，不分东西南北，亦无论治学好尚，为学以经世的精神，皆深入各自的学术实践之中。康熙中叶以后，虽因时移势易，经世思潮越过其高峰而步入低谷，但作为清初学术的主干，其余波则不绝如缕。

再次，晚明“通经学古”的经学倡导，同清初知识界批判理学的思潮相融合，汇为以经学济理学之穷的宏大学术潮流。入清以后，以经学济理学之穷的努力由钱谦益肇其端，经顾炎武、李颙、费密张大其说，至毛奇龄、阎若璩、胡渭而蔚成风气。随着时间的推移，这一学术潮流不惟充溢南北学术界，而且借助儒臣的建言而深入宫廷。还在康熙二十一年(1682)八月，清圣祖便通过与日讲官的论学问对，接受了“道学即在经学中”①的观点。此后，“立政之要，必本经学”②，成为清廷文化决策的一个重要思想依据，深刻地作用于封建国家的文化生活。直到康熙末叶，清圣祖依然一再重申：“治天下以人心风俗为本，欲正人心、厚风俗，必崇尚经学。”③

凡此种种，无一不是对宋明学术的推陈出新。然而经历明清更迭，客观的历史条件毕竟已经发生变化，封建国家的统治者不再是昔日单一的汉族地主阶级，而是以满洲贵族为核心的满汉地主阶级联合政权。满洲贵族为维护自身的统治利益，在政治上、文化上所推行的高压政策，必然要对学术的发展产生影响。因此，客观历史条件的制约，学术演进内在逻辑的作用，两者相辅为用，从而规定了清初学术发展的基本趋势。这就是以经世思潮为主干，从对明亡的沉痛反思入手，在广阔的

① 《康熙起居注》“二十一年八月初八日”条。

② 《清圣祖实录》卷一百一十三“康熙二十二年十二月乙卯”条。

③ 《清圣祖实录》卷二百五十八“康熙五十三年四月乙亥”条。

学术领域去虚就实，尔后又逐渐向以经学济理学之穷的方向过渡，最终走向经学的复兴和对传统学术的全面总结整理。

三、孙奇逢学行述略

孙奇逢，字启泰，号钟元，晚号岁寒老人，学者因其晚年所居而尊为夏峰先生，又以奇逢迭经明清两朝征聘而不出，故称之为孙征君，河北容城人。生于明万历十二年（1584），卒于清康熙十四年（1675），享年九十二岁。他一生与明清更迭的历史过程相终始，早年志存经世，中年奔走国事，晚年著述终老，以其扫除门户、笃实躬行的学风，成为清初北学泰斗。

容城孙氏，世代力农，始居县城东北贾家庄，后迁城北三里许北城村。嘉靖末，孙臣以举人官至河东盐运司运判，是为奇逢祖父。奇逢父丕振未入仕途，以生员名著乡里。承其父祖之教，奇逢十四岁入邑庠就读，万历二十八年（1600）举乡试，年仅十七岁。少年科第，虽可张大一家门声而耀祖光宗，但于登科者本人则非幸事。正如其房师韦石麟所告诫："古人以少年登科为大不幸，稍不自立，未有不败者。"尔后，尽管奇逢铭记师训而益自奋勉，然而历经会试皆迭遭败绩。万历三十三年以后，其父母相继病故。六年庐墓，蛰居不出，直到三十九年秋，始应聘执教京城。迄于四十五年还乡，在京师的六年间，孙奇逢与少年时代的同窗鹿善继问学论难，过从甚密。善继学宗王守仁，万历四十一年登进士第。受其影响，奇逢亦改变了早年恪守朱子学的倾向，朝夕潜心于《传习录》中，成为阳明学的笃信者。岁月流逝，举业无成，由京中归来，不觉已经步入中年。

天启间，宦官祸国，党争如炽。外有后金雄踞辽沈，虎视关门，内有农民揭竿而起，如火如荼。朱明王朝风雨飘摇，朝不保夕。当此多事之秋，奇逢以天下为己任，力图挽狂澜于既倒。天启二年（1622），内阁大学士孙承宗督师蓟辽，鹿善继随军参赞。孙奇逢亦相伴山海关，历时三月。三年，东北局势告急，奇逢未雨绸缪，集合同志，练乡勇于容城。四年六月，左副都御史杨涟历数魏忠贤二十四大罪，疏请严讯以正国法。杨涟首倡，疏劾魏氏者接踵而起，抗章数以十计。国子祭酒蔡毅中，率国学师生千余人相呼应，请惩治魏氏。七月，魏忠贤疯狂反扑，迫使大学士叶向高去职。十月，再罢吏部尚书赵南星、左都御史高攀龙。十一月，又将大学士韩炉、副都御史杨涟、佥都御史左光斗、吏部侍郎陈于廷等逐出朝廷。至此，善类一空，朝政大坏。翌年春，魏忠贤兴起大狱，逮捕杨涟、左光斗、魏大中等，严刑摧残。左光斗、魏大中皆孙奇逢友，光斗弟光明、大中子学伊先后来容城求救。奇逢挺身而出，与鹿善继父正及门人张果中竭力保护二家子弟，一面倡义募集营救款，一面致书孙承宗，以兵谏施加压力。后来营救虽未成功，杨、左诸人皆惨死囹圄，但孙、鹿、张三人的义举，深得朝野称道，一时有“范阳三烈士”之誉。

崇祯改元，思宗朱由检朝纲独揽，虽欲励精图治，但急功近利的治国方略，已难救病入膏肓的腐朽王朝。面对农民军与后金军的内外夹攻，奇逢为国分忧，多次组织义勇，抗击袭扰京畿的后金军。九年（1636）四月，后金改国号为大清。七月，清军再袭畿辅。定兴城破，鹿善继死难。奇逢则在容城集义师固守，一城老幼得保平安。十一年十月，清军再至，奇逢率义勇入易州五公山。高阳城陷，孙承宗死难。十五年十月，清军大举入侵，奇逢再入五公山御敌。翌年三月，清军掳掠山东北返，畿辅再度告警。奇逢率众修葺山寨，据险而守。同年春，奇逢谢绝入京会试的机会，至此，终以一老举人而绝意仕进，时年六十岁。

顺治元年（1644）五月，清王朝定鼎燕京，颁顺治正朔于天下。当此天翻地覆的历史巨变，孙奇逢课徒乡里，百念俱灰，拒不出仕之意更其坚定。九月，清巡按御史柳寅东举荐奇逢，奉旨送内院，吏部启请擢用,令有司敦促就道。奇逢一如既往,推病坚辞不就。二年三月,再经举荐,奉旨送内院考试,依然称病不出。国子祭酒薛所蕴谦然让贤,荐奇逢代主国子学讲席,亦为奇逢婉拒。

清朝入主中原之初,强制推行其落后生产方式,在畿辅大规模圈占民地。顺治三年,孙奇逢家园被占,含恨迁往新安。六年冬,复因新安时局不靖,遂举家南徙。翌年四月,抵达河南辉县苏门山。苏门山位于辉县西北,山光水色,浑然一体,令人留连忘返。山中百泉,尤负盛名,晋人孙登、宋人邵雍等,皆曾隐居讲学于此,高人风致,令人神往。孙奇逢此次南徙,一来是欲南渡黄河,取道金陵,越长江而至浙江归安(今吴兴),践早年与友人王孙蕃缔订的子女婚约。二来确欲寻觅一个隐居讲学的所在,以静观世变。由于年事渐去,老夫妻皆染病在身,一时实难远行,于是就在辉县寄居下来。九年,清工部官员马光裕仰慕奇逢学行,以苏门山夏峰田庐相赠。从此,孙奇逢便以夏峰为第二故乡,聚族而居,讲学著述。

定居夏峰,孙奇逢已届古稀之年。此后的二十余年中,他潜心《易》学,超然物外,取《周易》卦变之意,题夏峰草堂为兼山堂,不间寒暑,与四方求学者讲论其间。除早年师从的高鐈、魏莲陆、王之徵诸河北弟子外,赵御众、张天章等河南、河北学者,亦纷纷求师问业于夏峰。河南睢县学者汤斌,以顺治九年进士官江西岭北道,服丧期满,即负笈从游。大名道耿介,亦经汤斌介绍,问学夏峰。汤、耿二人皆清廷儒臣,亦是奇逢晚年高足。内黄知县张沐,服膺奇逢学术,不惟本人虚心求教,而且还率一县僚属士绅赴行馆受学。他如魏裔介、魏象枢、崔蔚林、许三礼等内外官员,亦多有书札问学请益。崔蔚林且登堂入室,在日讲官任上,秉奇逢之教而与清圣祖论学。流寓扬州的四川新繁学者费密,年近五十,远道师从。奇逢门人如云,弟子遍及南北,于此可见一斑。晚年的孙奇逢,于课徒授业的同时,勤勉著述,先后撰就《理学宗传》

《圣学录》《中州人物考》《畿辅人物考》《两大案录》《四书近指》《书经近指》和《读易大旨》等。成就人才，著述等身，孙奇逢以毕生的学术实践，使之成为清初北学的开创者。

四、《理学宗传》的结撰

《理学宗传》是孙奇逢的代表作品，始刊于康熙五年春，翌年秋蒇事。而结撰过程则历时甚久，据著者于该书初刊时所撰自叙称："此编已三易，坐卧其中，出入与偕者，逾三十年矣。"由康熙五年（1666）上溯三十年，则当崇祯初叶。也就是说，著者中年时代即致力于《理学宗传》的结撰，经历明清易代，迄于八十三岁高龄始克成书。一部二十六卷的著述，三易其稿，出入与偕，可谓萃著者毕身心力于其间。对其结撰过程加以考察，不惟可以看出《理学宗传》成书之艰难，从而认识其文献学上的意义，而且从中亦可窥见它与稍后黄宗羲《明儒学案》之间的一些关系。

关于《理学宗传》的结撰过程，除上引著者"逾三十年"之语外，孙奇逢于《自叙》中，还说过如下一段话："余赋性庸拙，不能副天之所与我者。幼承良友鹿伯顺提携，时证诸先正之语。……初订于渥城，自董江都而后五十余人，以世次为序。后至苏门，益二十余人。后高子携之会稽，倪、余二君复增所未备者，今亦十五年矣。"这段话把结撰该书的基本线索理了出来，不过文中依次所涉鹿伯顺提携、渥城初订、苏门增益、高子携往会稽、倪元瓒等订所未备诸事，则仍然语焉未详。因此，倘若以之为据而论《理学宗传》的结撰，若干细节还是不清楚的。好在孙奇逢的《日谱》尚存，虽间有残阙，但有关《理学宗传》成书过程的许多重要经历，皆保留下来了。取与孙奇逢自订《年谱》比照，则《宗传》结撰所经历的几个阶段，就有了一个比较清晰的脉络。

与鹿善继辑录诸儒论学语录，这是孙奇逢发愿结撰《理学宗传》的第一个阶段。据考，著者与鹿善继订交于万历二十五年（1597），时年十四岁。善继年长于奇逢，一如前述，其学自王阳明《传习录》入，慨然有杀身不悔之意，奇逢父因之评为“古之狂士”。四十一年，鹿氏登进士第，奇逢在京随其读王氏《传习录》。自此服膺王阳明“知行合一”之教，时年三十岁。天启元年（1621）至三年间，孙、鹿二人或同在京城，或共居山海关孙承宗幕署，论学问难，商订鹿著《四书说约》。后善继辞官还乡，崇祯初虽一度复出，三年之后旋即家居。九年（1636）七月，清军陷定兴，鹿氏不屈身死。孙奇逢所云得鹿善继提携，辑录诸儒论学语，当在崇祯初善继居乡的这一段时间。所以孙奇逢故世后，其弟子汤斌等人据其手订稿辑为《孙征君年谱》，于顺治四年（1647）奇逢自拟“纂辑《理学宗传》”语后，即注云：“先生旧与鹿先生搜寻诸儒语录甚多，书帙浩繁，经兵火散佚不全。”汤斌等所云，亦即孙奇逢发愿结撰《理学宗传》的初始阶段事。

顺治四年，整理旧辑诸儒论学资料于河北渥城（今安新），是为结撰《理学宗传》的第二个阶段。据《孙征君年谱》记，此次整理，参与其事者为奇逢弟子高鐈、王之徵、陈鋐及谱主第三子博雅。奇逢旧时所辑诸儒论学语录，皆经高、王等人一一重抄，再由奇逢加以评阅。不过，直到此时，这部经孙奇逢评阅的诸儒论学语录，尚未取名《理学宗传》，而是叫做《诸儒宗旨》。关于这一点，孙奇逢后来在《日谱》中，有过多次追记。据顺治十二年六月二十三日《日谱》记：“予从来喜读儒书，因家贫，生长北方，不能多搆诸家文集，积二十余年始成一选，曰《诸儒宗旨》。自董江都至鹿江村，计五十人。”

苏门再理旧稿，略事增益，定名《理学宗传》，由门人高鐈携往浙江绍兴，奇逢自行携往东昌，分别请正于倪元瓒、张凤翔等，是为结撰《理学宗传》的第三阶段。过一阶段始自顺治七年夏初，孙奇逢定居苏门，迄于顺治十二年春高鐈北归,带回倪元瓒订正稿,历时近五年。

顺治十二年六月至十六年十月,取诸友订正之长,集思广益,将旧稿分为《宗传录》(一名《七子》)、《宗传考》、《五人传忠录》等,是为结撰《理学宗传》的第四阶段。这一阶段,孙奇逢于《理学宗传》用力最勤,最费斟酌,实乃全书结撰过程中一个最为重要的阶段。

据顺治十二年六月二十三日《日谱》记,此时著者以《诸儒宗旨》旧录五十人太多,于是自周敦颐至王守仁,精选十一人,冠以《理学宗传》名。而旧选语录所未收集的方孝孺、黄道周,则合高攀龙、刘宗周、鹿善继为一编,题名《五人传忠录》。后又认为"诸儒各分尼山一得,如川流不息,然亦各有气类,不得强合",遂取《宗传》之十一人分编于四册中。具体分合为:周敦颐、程颢一册,程颐、朱熹、薛瑄一册,陆九渊、王守仁一册,邵雍、陈献章一册。著者如此分合,旨在"同声相应,同气相求,庶不至于牴牾"①。同年七月十四日,孙奇逢复书浙江学人姜希辙,又述及前此所辑《理学宗传》,似有过滥之嫌,因而遂有《七子》之选。信中写道:"某生长北方,见囿一隅,少而有志,老无所成。年来与二三同人辑有《诸儒语录》一编,偶同人携之会稽,得倪献汝评定阐发,匡我不逮。继而念宗传二字,宁严勿滥,颜渊死而孔子之道不传,曾子外余不得与。又于众多人中,标《七子》另为一选。俱无刻本,路远不便寄去,各家之书具在,谨录其姓名暨所评请教。"②

复姜希辙的信搁笔五日之后,孙奇逢又于《日谱》中述及《传宗录》与《宗传考》的区分。他说:"初读儒书,凡于学问有涉者,统汇之为一编,曰《诸儒宗旨》。继思学有浅深,贤有大小,因为《理学宗传》一编,计四十余人。又思宗传非识透本源,学已到家者,未易承当也,故又有

① ［清］孙奇逢:《日谱》卷六"顺治十二年六月二十三日"。
② ［清］孙奇逢:《日谱》卷七"顺治十二年七月十四日"。

《传宗录》一编，止七子。然前所汇诸人语言，见道者颇多，阅之既久，不敢遗忘，标曰《宗传考》。天之生才非易，即如考中人，亦岂可多得哉？嗣有闻见，未得定宗，先以入考，以俟清议之攸归。”①当月二十八日，奇逢致友人书，再次谈及这一问题，他说：“弟于理学诸公为三编，一编四十七子，博而收之，大观也；一编七子，约而取之，传宗也；一编五忠，见理学以纲常为重，不专在言语文字也。”②八月，他给友人薛行屋、于杜若的书札，同样述及正在董理《理学宗传》一事。九月，继上年四月亲往东昌，以所辑《理学宗传》求正于张凤翔之后，又复将近期所得评语，录以请教。十月二十九日，有一书致友人刁包，更把近期工作讲得很明白，信中说：“仆目前功课，诸儒合选外，复有《七子》一编。于明得五忠，理学、忠节合并一身者也，又为一编。容请教。”③可见，顺治十二年的六月至十月，孙奇逢皆倾全副心力于《理学宗传》的结撰之中。

顺治十二年（1655）十一月，《宗传考》撰就，孙奇逢于当月十四日撰为序言一篇，文中写道：“予既辑《理学宗传》，所得人不下五十。继而虑其杂也，又为《传宗录》，止七子。今又为《宗传考》一编，何也？盖衰年无事，日取儒书以销闲昼，偶当于心者，辄命孺子辈录之，渐成帙。然其言皆不谬于前选，故复为此编，以俟同志者取衷焉。”④关于此一时期《理学宗传》在结构上的分合，孙奇逢于翌年四月初四日，有专书告友人张凤翔。信中写道：“某幼而读书，谨守程、朱之训，然于陆、王亦甚喜之。三十年来，辑有《宗传》一编，其人不下四五十，谓识大识小，莫不有孔子之道，小德之川流也。及谒先生，渥领指示，觉人繁派淆，殊非传宗之旨，故止存周、张、二程、朱、陆、王七子，标曰《宗传录》。然于

① ［清］孙奇逢：《日谱》卷七“顺治十二年七月十九日”。
② ［清］孙奇逢：《日谱》卷七“顺治十二年七月二十八日”。
③ ［清］孙奇逢：《日谱》卷七“顺治十二年十月二十九日”。
④ ［清］孙奇逢：《日谱》卷七“顺治十二年十一月十四日”。

旧所汇四五十人者，终不敢有散佚也。……又念宋文宪、方正学根极理要，开我明道学之传，复汇数人为一编，内虽有学焉而未纯者，要皆各具一得，录以备考。”①

迄于顺治十三年闰五月，孙奇逢依然在致力于《理学宗传》的修订。在当月二十五日致倪元瓒的信中，他说：“《宗传》一书，迩在订正。于评笺中，服足下大中至正之教。”②此一时期的修订工作，一直延续到顺治十六年冬始告一段落。十六年十月，孙奇逢将《理学宗传》诸评语与《两大案录》《畿辅人物考》和《中州人物考》诸评语合为一册，题为《兼山堂四评》存之箧中。二十二日，他就此撰为序言一篇，序中写道：“兼山堂，予数年来与诸子聚会之所也。偷时之暇，积有书四种：一、《两大案录》，叙列从古君臣开创、守成之事，明治统也；一、《理学宗传》，叙列从古名儒修德讲学之事，明道统也；一、《畿辅人物考》……；一、《中州人物考》……。辑成，诸子复汇录其评为一册，存予七十岁后一段功课。”③

自康熙四年（1665）夏初开始，《理学宗传》的结撰进入定稿和刊行的最后阶段。上年春，因新安李夔五刻奇逢著《甲申大难录》遭人告讦，奇逢闻讯，为澄清事情真相，离河南北上，以对簿京城。中途事解，遂于康熙四年端午返抵夏峰。此后数月，奇逢即在其子博雅协助之下，集中精力完成《理学宗传》的定稿事宜。至六月初九，全书格局确定，于是孙奇逢撰为《理学宗传序》一篇。九月初八，定稿事宜完成，奇逢于当日所写《寄立儿家书》有云：“自端午抵夏峰，四阅月，日夕与博雅料理《宗传》，目前始就。思录一清本，出入携带，此是老夫饥食渴饮第一快事也。”十月二十五日，他再度给长子立雅去信，信中写道：“近年

---

① ［清］孙奇逢：《日谱》卷八“顺治十三年四月初四日”。

② ［清］孙奇逢：《日谱》卷八“顺治十三年闰五月二十五日”。

③ ［清］孙奇逢：《日谱》卷十二“顺治十六年十月二十二日”。

功课，料理《宗传》一编，共得百四十余人，有主有辅，有内有外，人人有悦心自得之处。日夕玩味，觉无物可以胜此。思录一清册，明岁携之北去，与诸同人共探此中义趣。”①

康熙五年正月十二日，河南内黄知县张沐遣二子从学夏峰，并欣然表示愿意承担《理学宗传》刊行的一应费用。孙奇逢喜出望外，遂于当月二十三日，为《宗传》撰写《凡例》三则。二月中，他应张沐邀，携全部书稿至内黄。之后，《理学宗传》即由汤斌与孙博雅再加校订，在内黄付梓。六年初，张沐解内黄知县任，刻书事中辍，仅成其中之十一子部分。后幸得张氏姻亲卫辉太守程念伊资助，出版移至卫辉。至七月，全书刊行告竣。当月二十三日，孙奇逢致书张沐云：“《宗传》幸已告完，程念老必欲赞其成，皆大君子有以感之也。”②

以上，我们就《理学宗传》的结撰过程，不厌其烦地做了极为琐细的考察。通过这一梳理，至少可以明了如下两点。第一，《理学宗传》自明崇祯初以《诸儒宗旨》发愿结撰，入清以后，几经分合，始而改题《理学宗传》征求友朋评笺，继之以《宗传录》《宗传考》《传忠录》一分为三，最终分而复合，汇归为一，仍以《理学宗传》刊行。数十年间，孙奇逢三易其稿，坐卧与偕，实为萃著者毕身心力的代表之作。第二，《理学宗传》的结撰，其信息顺治间即南传浙东，不惟倪元瓒得读书稿，为之评笺，而且刘宗周的弟子姜希辙，亦详悉其编纂体例及学术倾向，从而为日后姜希辙协助黄宗羲结撰《明儒学案》，提供了有益的借鉴。

五、编纂体例及其影响

《理学宗传》凡二十六卷，前十一卷依次为著者所称之宋明理学十

① ［清］孙奇逢：《日谱》卷十三“康熙四年九月初八日”。
② ［清］孙奇逢：《日谱》卷十三“康熙六年七月二十三日”。

一子，即周敦颐、程颢、程颐、张载、邵雍、朱熹、陆九渊、薛瑄、王守仁、罗洪先、顾宪成。附载张载弟戬、邵雍子伯温及陆九渊二兄九龄、九韶，与十一子共十五人。卷十二至十四则已逾出理学范围，分别为汉、隋、唐儒考十三人。汉儒考著录董仲舒、郑玄，而附以申培、兒宽、毛苌。隋儒考著录王通，其门人董常、薛收、仇璋、姚义附载其后。唐儒考著录韩愈，而附以门人李翱、赵德。卷十五至十八为宋儒考，上起胡瑗，下迄金履祥，共著录程、朱、陆三家诸弟子及学自成家的儒士凡五十四人。卷十九为元儒考，依次著录刘因、许谦、姚枢、许衡诸大儒，附以赵复、黄泽、陈栎等一代学者凡十八人。卷二十至二十五为明儒考，肇自曹端、吴与弼、胡居仁，终以邹元标、刘宗周，共著录一代理学诸儒凡六十四人。卷二十六以"补遗"标题，依次著录宋儒张九成、杨简，明儒王畿、罗汝芳(门人杨起元附)、周汝登凡六人。全书载及历代学者计一百七十人。

对于上述编排次第，孙奇逢在卷首《义例》中有明确解释，他说："是编有主有辅，有内有外。十一子其主也，儒之考其辅也。十一子与诸子其内也，补遗诸子其外也。"至于主辅、内外的区分，孙奇逢有他自己确定的标准，这就是他在《理学宗传叙》中所提出的本天还是本心。奇逢本程颐"圣学本天"之教，认为"儒者之学，乃所以本诸天也"，"不本诸天者，其非善学者也"。关于本天与本心的这一标准，他以《自叙》所论似嫌意犹未尽，于是在《凡例》中列为专条再加阐发。奇逢说："《宗传》成，或疑予叙内本天、本心之说，问曰，虞廷之人心、道心，非心乎？孔子之从心所欲，非心乎？何独禅学本心也？曰，正谓心有人心、道心，人心危而道心微，必精以一之，乃能执中。中即所谓天也。人心有欲，必不逾矩。矩即所谓天也。释氏宗旨，于中与矩，相去正自千里。"这就是说，所谓本心之学，指的是释家禅学。那么《理学宗传》的"补遗"中人是否属于禅学？孙奇逢的回答是否定的，他说："'补遗'诸子皆贤,乌忍外！尝思墨子固当世之贤大夫也,曾推与孔子并,何尝无父！盖为著《兼爱》一篇,其流弊必至于无父,故孟子昌言辟子。愚敢于'补遗'诸公效此忠告。""补遗"中人既非可等同于禅学,又何况置身"十一子"中的一代大儒王阳明？孙奇逢认为,王阳明之学与禅学风马牛不相及,他说:"或问,告子性无善无不善,此禅宗也。阳明大儒,其教旨曰无善无恶心之体,得无疑于禅乎？曰,阳明谓无善无恶,是无善之可名,正是至善。心有人心、道心,而意未动处浑然至善,何尝与性善相悖?"因此,有的研究者说,孙奇逢提出本心、本天的标准,"意味着把本心的陆、王贬为禅学了",就实在是一个误会。

其实,阳明学乃孙奇逢的学术渊源所在,其生平为学,从未有过贬阳明学为禅学的倾向,而归根结底,为阳明学争一席儒学正统地位,恰恰正是《理学宗传》的结撰缘由。关于这一点,除上引王门四句教旨的辨证之外,《理学宗传叙》中亦有明确表述。孙奇逢借用《周易》关于万物演变的元、亨、利、贞循环轨迹,来归纳宋明数百年的理学发展,他指出:"学以圣人为归,无论在上在下,一衷于理而已矣。"这就是说,只要不违背所谓圣人规定的理,那么任何一种学说,都应当是儒学正统中的一个环节。因此,孙奇逢据以设问:"近古之统,元其周子,亨其程、张,利其朱子,孰为今日之贞乎?"随即自行答道:"盖仲尼殁,至是且二千年,由濂洛而来,且五百有余岁矣,则姚江岂非紫阳之贞乎?"他还说:"接周子之统者,非姚江其谁与归?"孙奇逢这一类的表述,非但没有丝毫贬抑阳明学说之意,恰恰相反,正是对阳明学无以复加的推尊。

明清之际,在对阳明学以"阳儒阴释"一类指责此呼彼应的情况下,用这样的学术演进观去总结宋明理学,勾勒数百年的理学脉络,虽然未脱以史昌学窠臼,但是较之深陷门户泥淖,斥阳明学为异端的朱门后学,不仅要高明得多,而且也更接近于历史实际。因此,我们理所当然要肯定孙奇逢所付出的艰辛劳作。

孙奇逢尽管出自阳明学，然而他毕竟不是抱残守阙的人，而是主张“开眼界”“大心胸”的豪杰。一方面他既肯定了王阳明学说在儒学发展中的地位，另一方面又能清醒地正视自身学派所面临的危机。因此，奇逢超然于门户纷争之上，指出：“文成之良知，紫阳之格物，原非有异。”①又说：“两贤之大旨固未尝不合也。”他认为：“陆、王乃紫阳之益友忠臣，有相成而无相悖。”进而主张合朱、王于一堂，倡言：“我辈今日，要真实为紫阳、为阳明，非求之紫阳、阳明也。各从自心、自性上打起全副精神，随各人之时势身份，做得满足无遗憾，方无愧紫阳与阳明。”②于是在合会朱、王学术的努力中，孙奇逢将其学术主张诉诸实践，便产生了萃其毕身心力的精心结撰之作《理学宗传》。

《理学宗传》的学术倾向，既反映在全书的编排次第上，同时也集中表现于各卷著录学者生平学行的编纂体例之中。一方面，它上承朱熹《伊洛渊源录》、周汝登《圣学宗传》开启的路径，变通纪传体史籍中的儒林列传体裁，采取了合传记及学术资料选编于一堂的编纂形式。另一方面，它又发展了《圣学宗传》中的“蠡测”部分，以由眉批、按语、总论合而为一的评笺，构成了传记、学术资料选编、评笺三位一体的编纂新格局。在中国史学史上，如果说《伊洛渊源录》在宋元间的问世，学案体史籍酝酿伊始，雏形略具，无非纪传体史籍的附庸而已。那么经过万历间《诸儒学案》《圣学宗传》的发展，到了清初《理学宗传》刊行，以三段式的格局总结学术史，则一种新的学术史编纂体裁，在中国传统历史编纂学的母体内，已经呼之欲出。

明清之际，面对理学的衰微，孙奇逢以《理学宗传》的结撰，试图通过中国古代学术史，尤其是宋明理学史的总结，寻找儒学发展的新途

---

① ［清］孙奇逢：《四书近指》卷一《大学之道章》。

② ［清］孙奇逢：《夏峰集》卷七《复魏莲陆》。

径。这部著述自康熙初刊行之后,在当时的学术界产生了深远影响。以之为先导,一时学术界中人闻风而起,竞相呼应,从而形成兴盛一时的学术史编纂之风。康熙一朝,学术史著述可谓目不暇接,诸如魏裔介的《理学知统录》、汤斌的《洛学编》、魏一鳌的《北学编》、费密的《中传正纪》、黄宗羲的《明儒学案》、张夏的《洛闽渊源录》、熊赐履的《学统》、范镐鼎的《理学备考》、万斯同的《儒林宗派》、王心敬的《关学编》,等等,比肩接踵,风行一时。其中,尤以黄宗羲著《明儒学案》用力最勤,影响最大。

《明儒学案》的结撰,就其历史编纂学的渊源而言,就直接导源于《理学宗传》。据黄宗羲裔孙黄炳垕所辑《黄梨洲先生年谱》卷下六十四岁条记,孙奇逢生前,与黄宗羲有过一次书札往还。康熙十二年(1673),时值宗羲母八十诞辰,奇逢千里寄诗一章,并所辑《理学宗传》一部,以为祝贺。这件事,黄宗羲自己也有记录,见于《明儒学案》卷五十七《诸儒学案下》。书中写道:"先生之所至,虽不知其深浅,使丧乱之余,犹知有讲学一脉者,要不可泯也。所著大者有《理学宗传》,特表周元公、程纯公、程正公、张明公、邵康节、朱文公、陆文安、薛文清、王文成、罗文恭、顾端文十一子为宗,以嗣孟子。之后诸儒,别为考以次之,可谓别出手眼者矣。岁癸丑(康熙十二年——引者)作诗寄羲,勉以蕺山薪传,读而愧之。"将上述两段记载合而并观,再把《理学宗传》与《明儒学案》的体例做一番检核,我们即可发现,在这两部书之间,有一个继承或者至少说是借鉴的关系。虽然送书一事,黄宗羲在《明儒学案》中,不知是有意还是无意而失载,但是在他撰写《明儒学案》之前,读过《理学宗传》,则应当是没有疑问的。因为只有读了其书,才会有"别出手眼"的评价。

学如积薪,后来居上。在中国史学史上,学案体史籍的得臻完善和定型,无疑是完成于黄宗羲的《明儒学案》。然而倘若溯其渊源,则孙奇逢的《理学宗传》继往开来,确乎功不可没。

第六章 《明儒学案》的里程碑价值

在中国学术史上，黄宗羲的《明儒学案》，是一部影响久远的名著。它在历史学、哲学和文献学等方面，都具有重要的研究价值。该书寓求新于继承之中，既汇集先前《伊洛渊源录》《诸儒学案》《圣学宗传》和《理学宗传》诸书之所长，又匠心独运，别辟蹊径，使学案体史籍臻于完善和定型。我们完全可以这么说，倘若没有《明儒学案》，在中国的传统历史编纂学中，也就无从挺生学案体史籍的新军了。

一、从党争健将到学术巨擘

明清之际，由于诸多社会矛盾的交织，沧桑巨变，天翻地覆，使之成为中国古史中又一个急剧动荡的时代。绵亘半个多世纪的社会大动荡，孕育了众多杰出的历史人物，黄宗羲便是其间的佼佼者之一。他生当明清鼎革，其坎坷生涯与社会动荡相终始，不啻一面时代的镜子。

（一）东浙三黄

黄宗羲，字太冲，号南雷，一号梨洲，学者尊为梨洲先生，浙江余姚人。生于明万历三十八年（1610），卒于清康熙三十四年（1695），享年八十六岁。

宗羲生在仕宦之家，父尊素为明末东林党名士，天启间官至监察御史，以疏劾阉党获咎，削职回乡，后复逮至京，冤死囹圄。宗羲八岁起，即随父宦居宣城、京师等处。天启六年(1626),父死狱中,家道中落。思宗即位,惩治阉党。崇祯元年(1628)春,黄宗羲千里跋涉,赴京鸣冤,时年十九岁。抵京后,得知阉党首领魏忠贤已死,便吁请严惩魏氏余孽曹钦程、李实。五月,刑部会审魏忠贤党羽许显纯、崔应元。在公堂上,宗羲持铁锥直刺许显纯,并拔崔应元胡须以祭奠父灵。会审结束,他又同周延祚、夏承击杀狱卒叶咨、颜文仲。六月,李实以重金贿赂宗羲,他拒不受贿,当即揭露其劣迹,并在刑部会审堂上,以铁锥刺杀李实。冤狱昭雪,正气得伸,他遂于当年秋护送其父灵柩南归。

崇祯二年,黄宗羲遵父遗命,从学于浙江著名学者刘宗周。绍兴素为文物之邦,人文渊薮,明中叶以后,王阳明之学在这里盛极一时。及至明末,王学末流援儒入释,禅风大盛。周汝登首倡于前,陶奭龄继起,与刘宗周各立讲坛,分庭抗礼。黄宗羲年少气盛,邀集远近文士六十余人,力辟陶氏之说,以壮大刘宗周讲坛声势。意气之争,依然党派角逐遗风。

当时,江南文士结社之风甚盛,黄宗羲为一时风气习染,未能潜心力学。在以后的几年间,他离开了刘宗周的讲堂,频繁往来于南京、苏州、常熟、安庆、杭州、绍兴等地。在上述各地,他与几社、复社、读书社的成员多有往还,结识了若干著名文士,如张溥、周镳、杨廷枢、陈子龙、万寿祺、钱谦益、吴伟业、林古度、汪逸等。在这一期间,经沈寿民鼓动,宗羲于崇祯三年开始参加科举考试。从四年起,又秉承其父遗训,历览明十三朝实录和二十一史。崇祯十一年,阉党企图死灰复燃,复社成员一百四十人,在南京联名公布《南都防乱公揭》,攻击阉党余孽阮大铖。黄宗羲与顾宪成从孙顾杲同列揭首。翌年,赴南京应试。时值南都有国门广业社之结集,四方文士,如约而至。宗羲与梅朗中、顾杲、陈贞慧、冒襄、侯方域、方以智等南北俊彦,诗文唱和,形影不离。

崇祯十五年,黄宗羲与周延祚同往北京,应礼部会试,败绩而归。

大学士周延儒有意荐宗羲为中书舍人,他见时势艰危,朝局混乱,力辞不就。南归之后,无意举业,与其弟宗炎、宗会同游四明山。黄氏三兄弟在明清之际都以能文善学著名,一时儒林有“东浙三黄”之称。

(二)抗清生涯

明亡,崇祯十七年四月,黄宗羲随刘宗周至杭州,与故明官员章正宸、朱大典、熊汝霖商议召募义旅事。五月,弘光政权在南京建立,诏起刘、章、熊诸人,此议作罢。黄宗羲随至南京,拟为其父请求追谥。弘光政权为马士英把持,阮大铖借以东山再起,马、阮重修旧怨,于当年八月逮捕昔日《南都防乱公揭》主事者周镳。翌年四月,周镳被害,黄宗羲、顾杲皆被指名抓捕。幸而刑部掌院邹虎臣蓄意拖延,让黄、顾二人得以脱逃。顺治二年(1645)四月,宗羲由南京仓皇而出,取道嘉兴,潜往四明山。

弘光政权灭亡后,清廷于当年六月再颁剃发令,明令“京城内外,限旬日,直隶各省地方,自部文到日,亦限旬日,尽令剃发”①。自剃发令下,大江南北,义师纷起,挺而抗争。闰六月,熊汝霖、孙嘉绩以钱塘为屏障,划江而守。黄宗羲昆仲在余姚黄竹浦召募义勇,声援孙、熊部,时人称为“世忠营”。鲁王政权继起绍兴,颁行宗羲所撰《监国鲁元年大统历》。顺治三年二月,鲁王政权任命宗羲为兵部职方司主事,继任监察御史。这时,在东南沿海号召一方的南明鲁、唐二王政权,为争正统而成水火。鲁王所部,株守钱塘,不思北进。宗羲深为忧虑,力主北渡钱塘,抗御清军。五月,他率孙嘉绩部与王正中部合师渡江,进驻潭山,作攻取海宁态势。同时,暗中遣员前往崇德,约请当地义士为内应,以北联太湖义师。六月,清军冲破钱塘屏障,挺进浙东,鲁王君臣败溃

① 《清世祖实录》卷十八“顺治二年六月丙寅”条。

入海。宗羲收拾余部五百余人,逃入四明山,结寨固守。直至顺治六年,为躲避清军通缉,宗羲皆变姓易名,在四明山内外转徙。

顺治六年六月,渡海追随鲁王政权,官至左副都御史。此时,鲁王政权武将跋扈,文官受屈,已是摇摇欲坠。宗羲故友熊汝霖、钱肃乐,即先后死于悍将郑彩之手。他志不得伸,便于当年八月,潜归故里。返乡以后,黄宗羲与四明山及海上抗清武装时有往来。这件事被告发,清地方当局将宗羲与四明山首领王翊、冯京第画像张贴通衢,悬赏抓捕。顺治七年九月,冯京第兵败被害,黄宗炎被捕。宗羲闻讯,秘密赶往鄞县,与高斗魁等合谋,于行刑当日将宗炎救出。八年七月,清军扫荡四明山,俘获王翊,然后出兵舟山。事前,宗羲侦知敌情,曾派人潜往舟山告警,还一度奉使东渡,乞师日本。顺治十一年,鲁王所属定西侯张名振派人登陆,与宗羲联络。来人在天台被捕,宗羲再被官府通缉。

以后数年,为逃避官府缉拿,黄宗羲隐姓埋名,东徙西迁,在绍兴、杭州间辗转躲藏。顺治十六年夏,郑成功、张煌言率水师攻入长江,直逼南京城下。此时,黄宗羲正在杭州。郑、张兵败,黄宗羲举家避居化安山龙虎山堂。他在这里"残年留得事耕耘,不遣声光使外闻",过着"数间茅屋尽从容,一半书斋一半农"①的避世生活。直到南明永历政权覆灭,郑成功东渡台湾以后,眼见复明大势已去,他才于顺治十八年冬奉母返回故居。

(三)著述经世

经历近二十年的颠沛流离,不觉老冉冉其已至。以顺治十八年至康熙二年间所陆续撰成的《易学象数论》《明夷待访录》为标志,年过半百的黄宗羲满怀家国之痛,开始了晚年的著述和讲学生涯。

---

① [清]黄宗羲:《南雷诗历》卷一《山居杂咏》。

康熙二年(1663)四月,宗羲北渡钱塘,抵达崇德,应友人吕留良的邀请,执教于吕氏梅花阁。吕留良早年曾在浙西参加过抗清斗争,是崇德的著名学者。他们于顺治十七年在杭州相识,即一见如故。此后,直到康熙五年初,黄宗羲于每年春夏间都在梅花阁课徒授业。讲学之余,他与吕留良、吴之振、吴尔尧等人赋诗吟咏,共同编选《宋诗钞》,相处很融洽。康熙三年,他们曾结伴到常熟,拜访著名学者钱谦益。当时,钱氏已经辗转病榻,不久人世,便把丧葬事托付给宗羲,并请代撰《庄子注序》等三篇文章。康熙五年以后,黄、吕二人因学术主张及立身旨趣都存在无法弥合的鸿沟,便逐渐分道扬镳,以致终身不再往来。

康熙六年,黄宗羲辞去吕氏家馆,前往绍兴讲学。在绍兴,他与同门友人姜希辙商议,恢复了刘宗周创办的证人书院讲会。第二年,又在宁波兴立证人讲会。从此,黄宗羲致力于刘宗周遗书的整理,大张旗鼓地宣讲刘宗周的学术主张。在他的倡导和影响之下,陈赤衷等人闻风而起,在宁波创建讲经会。浙东各地,一时才人辈出,经史之学蔚为大盛。

康熙七年起,黄宗羲开始编选《明文案》。为了编选这部书,他四出访求遗籍,日以继夜,辛勤奔忙,历时八年之久,直到康熙十四年始告完成。后来,宗羲将该书增订为四百八十二卷,于逝世前夕脱稿,正式定名为《明文海》。康熙十二年,宗羲母八十寿辰,移居河南辉县的著名学者孙奇逢,寄来所著《理学宗传》一部,以作庆贺。黄宗羲颇受鼓舞,只是当时正纂辑卷帙浩繁的《明文案》,还没有时间与孙奇逢南北呼应。

三藩之乱起,福建告急,波及浙江,四明山内外,一片混乱,于是黄宗羲便奉母避居浙东海滨。康熙十四年夏,四明山恢复平静,始返故居。《明文案》于当年脱稿后,从康熙十五年起,黄宗羲开始撰写《明儒学案》,以与孙奇逢作同调之鸣。同年二月,他再渡钱塘,北抵海宁,应知县许三礼之请,公开讲学。此后,宗羲一直往返于余姚、海宁间,主持海宁讲席达五年之久。

(四)大节无亏

黄宗羲的晚年,弟子林立,声名远播。康熙十六年一月,其弟子董允瑫由北京南返。临行,侍讲学士叶方蔼赋五古一首,交董允瑫转赠宗羲,该诗结句云:“勿着羊裘去,苍茫烟水滨。”试图规劝宗羲结束隐逸生涯,出来为清廷效力。黄宗羲接诗,当即次其韵奉答,以表明不仕清廷的志向。诗的结句,一反叶氏原意,明确写道:“勿令吾乡校,窃议东海滨。”①康熙十七年,清廷议修《明史》,特开博学鸿儒科,以延揽天下名儒。叶方蔼又利用身为经筵讲官之便,举荐黄宗羲。宗羲在京弟子陈锡嘏代为推辞,此事才算了结。叶氏见宗羲执意不出,便在康熙十八年与徐元文一道,以《明史》馆总裁的身份,聘宗羲弟子万斯同、万言入京修书。黄宗羲在送万斯同等北上时,特地赋诗相赠,告诫道:“太平有策莫轻题。”②康熙十九年,徐元文继叶方蔼之后,给黄宗羲发出预修《明史》之请。结果,他依然以老病坚辞。万般无奈,最后则被迫同意徐氏请求,让其子百家北上修史。宗羲就此致书徐元文,不无牢骚地写道:“今吾遣子从公,可以置我矣。”

从叶方蔼、徐元文的连年纠缠中摆脱出来之后,黄宗羲在康熙十九年将旧有文稿加以整理,选取其中一部分付刻,名为《南雷文案》。以后几年中,他虽已年逾古稀,但仍然往来于苏州、昆山、杭州、绍兴、宁波之间,探望故旧,访求古籍。宗羲一生,最喜收藏书籍。早年,他曾遍游江南,凡藏书名家,如钮氏世学楼、祁氏淡生堂、黄氏千顷斋、钱氏绛云

---

① [清]黄宗羲:《南雷诗历》卷二《次叶讱庵太史韵》。
② [清]黄宗羲:《南雷诗历》卷二《送万季野贞一北上》。

楼,无不登临。康熙四年,又在故里自建续抄堂,以藏弆古今书籍。晚年,他更频繁出入于范氏天一阁、郑氏丛桂堂、曹氏倦圃以及徐氏传是楼,校订书目,辛勤抄撮。宗羲告诫一时学人:“当以书明心,不可玩物丧志。”①

康熙二十四年,黄宗羲为已故明遗民谢泰阶撰写墓志铭。文中,宗羲称许谢氏不仕清廷的节操,他写道:“遗民者,天地之元气也。然士各有分,朝不坐,宴不与,士之分亦止于不仕而已。”②正是秉持这样的立身旨趣,黄宗羲终其一生,实践了“止于不仕”的诺言。就其入清以后的全部学行而论,主流可取,大节无亏,无疑应是盖棺论定。

(五)成就斐然

康熙二十七年(1688),黄宗羲将旧刻文稿再加删削改订,以《南雷文定》为名重行刊刻。当时,他已是七十九岁高龄,自知来日无多。于是就在这一年预筑生圹,内设石床,不用棺椁。翌年元旦,黄宗羲兴致勃勃,再登姚江书院讲坛。三十年,他又以八十二岁高龄,登临黄山,毕竟年事已高,哪堪长途劳顿。后重病卧床,几乎不起。病中,从京中传来《明儒学案》将在北方刊行的喜讯,宗羲抱病口授,由其子百家记为《明儒学案序》。

入清以后,黄宗羲勤于著述,讲学不辍。他以其辛勤的劳作,不仅给当时知识界培养了像万斯大、万斯同这样的一些著名经史学家,而且还为后世写下了五十余种、近千卷的著述。《明夷待访录》和《明儒学案》,是他一生的代表作品。黄宗羲在《明夷待访录》中,猛烈地鞭挞了明代的君主专制政治,及其所产生的一系列社会弊端,提出了积极大胆

① [清]全祖望:《鲒埼亭集外编》卷十七《二老阁藏书记》。
② [清]黄宗羲:《南雷文定后集》卷二《谢时符先生墓志铭》。

的变革主张。这部书在当时不胫而走，曾引起有识之士的共鸣。与黄宗羲齐名的学者顾炎武，曾于康熙十五年有书致宗羲，称道有了此书，“百王之敝可以复起，而三代之盛可以徐还”①。后来，该书虽在乾隆年间遭到禁毁，但是到清末，仍然对维新思潮的兴起产生过积极推动作用。《明儒学案》依学派为类，对明代二百七十多年中儒学各流派的传衍，尤其是阳明学的演变源流，作了提纲挈领的叙述。自南宋朱熹著《伊洛渊源录》以来，学案体史籍至此臻于完善、定型。《明儒学案》书成，黄宗羲又着手编纂《宋元学案》，可惜未及完成，他就离开了人世。

黄宗羲之学，近承刘宗周，远宗王守仁。随着时代的变迁，他将王、刘之学廓而大之，逾越心性之学的樊篱，而立足于天崩地解的社会现实。宗羲对明末“天崩地解，落然无与吾事”②的空疏学风，深恶痛绝，认为：“儒者之学，经天纬地。”③主张合学问与事功为一，以期“救国家之急难”④。黄宗羲虽为阳明学后劲，但是他并没有为一时朱、王学术纷争所拘囿。他认为，王守仁的“致良知”说，与朱熹的“格物致知”说，足以“并存天壤”⑤。康熙二十七年，他应邀到昆山徐乾学家中，谈话间议及道学异同，宗羲说：“为盗贼，有对证人不敢为。若道学，任人可讲，谁为的证。”⑥当时，《明史》馆中一度有立《道学传》之议，试图借以贬抑王守仁及其后学。宗羲闻讯，致书驳诘，力主不可沿《宋史》之陋，此议遂告废止。

黄宗羲为学领域博大，凡史学、经学、天文历法、数学、律吕、舆地、

① ［清］张穆：《顾亭林先生年谱》“六十四岁”条。
② ［清］黄宗羲：《南雷文案》卷二《留别海昌同学序》。
③ ［清］黄宗羲：《南雷文定后集》卷三《弁玉吴君墓志铭》。
④ ［清］黄宗羲：《南雷文定五集》卷三《姜定庵小传》。
⑤ ［清］黄宗羲：《南雷文定后集》卷一《先师蕺山先生文集序》。
⑥ ［清］黄炳垕：《遗献梨洲公年谱》“七十九岁”条。

诗文以及版本目录诸学，他皆究心其间，尤以史学造诣最称湛深。他谙熟明史，深晓历代史事，认为："二十一史所载，凡经世之业，亦无不备矣。"①宗羲倡导读史，身历明清易代，抱定"国可灭，史不可灭"②的宗旨，极意搜求明代，尤其是南明历朝史事。所著《行朝录》《思旧录》《海外恸哭记》等书，得之亲历，言而有据，可谓南明实录。他所撰写的碑志传状，大都关涉一时史事。宗羲虽不入《明史》馆，但史局大案，多所商榷，举足轻重。宗羲一生，以其历史编纂学和史料学上的成就，努力转变明末的空疏学风，为清代史学，尤其是浙东史学的发展，开启了健实的发展道路。

二、《明儒学案》成书时间商榷

关于《明儒学案》成书时间的考订，从文献学的角度来说，是一个不可忽视的问题。然而自清末黄炳垕辑《遗献梨洲公年谱》，明确判定成书于康熙十五年（1676）以来，世代相承，俨若定论。其实细致地检核《明儒学案》以及相关故实，即可发现康熙十五年成书说的若干可酌之处。以下，谨就此谈一些不成熟的商榷意见。

（一）如何理解黄宗羲说的"书成于丙辰之后"

黄炳垕之所以判定《明儒学案》成于康熙十五年，其立说依据虽未提出来，但从他当时所能见到的材料而言，由于黄宗羲的自编年谱早已毁于水火，因而无非就是《明儒学案》历次刻本卷首的序言，以及录入黄宗羲文集的《明儒学案序》。在《明儒学案序》中，黄宗羲的确说过：

---

① ［清］黄宗羲:《南雷文定四集》卷一《补历代史表序》。

② ［清］黄宗羲:《南雷文定》卷六《次公董公墓志铭》。

“书成于丙辰之后。”①丙辰，即康熙十五年。问题在于如何理解这句话。我们认为，“书成于丙辰之后”，并不能等同于“书成于丙辰”。按照我国的语言文字习惯，作为一个时间概念，“某某之后”这样一种表达方式，既包括某某本身，也包括其后的一段邻近时间。关于这一点，日常用语中事例甚多，不难理解。譬如我们今天常常说的“开工之后”“开学之后”“开业之后”，等等，人们当然不会把它仅仅理解为开工、开学、开业的那一个时刻，或者是那一天。同样的道理，“书成于丙辰之后”，既有可能是指丙辰这一年，也有可能是指其后的一段时间，而且后一种可能性也许还要更大一些。否则黄宗羲当年为什么不直接说“书成于丙辰”呢？因此，黄炳垕提出的康熙十五年成书说，没有把“丙辰之后”作为一个语言整体来考虑，就是欠妥当的。

（二）关于《明儒学案》的几篇序

以黄宗羲署名的《明儒学案序》，今天所能看到的，一共是文字略有异同的四篇，即《南雷文定四集》卷一的《明儒学案序》，《南雷文定五集》卷一的改本《明儒学案序》，以及康熙间贾润父子刻本和雍正间贾氏后人刻本的《明儒学案序》和《黄梨洲先生原序》。两次贾刻本于宗羲序皆以己意作了文字上的增删，雍正本的妄加改窜，尤为大乖原意。黄宗羲原序云：“书成于丙辰之后，中州许酉山及万贞一各刻数卷，而未竣其事。然抄本流传，陈介眉以谨守之学，读之而转手。汤潜庵谓余曰，《学案》宗旨杂越，苟善读之，未始非一贯也。”而雍正贾氏刻本则改作：“书成于丙辰之后，中州许酉山及万贞一各刻数卷，而未竣其事。然抄本流传，颇为好学者所识。往时汤公潜庵有云，《学案》宗旨杂越，苟善读之，未始非一贯。此陈介眉所传述语也。”在“抄本流传”之前的

---

① ［清］黄宗羲：《南雷文定四集》卷一《明儒学案序》。

改动,属于文字上的归纳,尚无大谬。可是之后的改动,则把基本故实也弄乱了。“陈介眉以谨守之学,读之而转手”被全文删去,汤斌关于《学案》的评语,分明是对黄宗羲亲口所述,也变成了为陈锡嘏“所传述”。这一删一增,把判定《明儒学案》成书时间的重要节目弄得面目全非。每当读至此处,不禁令人生发出“尽信书不如无书”之叹。

(三)黄宗羲与汤斌

黄宗羲与汤斌,这是一个大题目,非三言两语所能谈清楚。在这里,仅就他们之间同《明儒学案》成书有关的往还做一些梳理。一如前述,根据黄宗羲写的《明儒学案序》,汤斌关于《学案》的评价,乃亲口对他所说,而并非由他人转告。据考,黄、汤之间会晤,平生只有一次,地点在江苏苏州。黄炳垕辑《遗献梨洲公年谱》,记此次会晤于康熙二十七年五月。实际上,之前的康熙二十六年十月,汤斌即已故世,因此二十七年会晤之说自属误记。据晚清学者萧穆考订,此次晤面应为康熙二十四年。从汤斌的仕历看,康熙二十三年九月至二十五年三月间,他正在江苏巡抚任上,之前和尔后则均在北京。因而萧穆的考订当是可信的。汤斌对黄宗羲评论《学案》,显然就只可能在这一次会晤中。这也就是说,《明儒学案》至迟在康熙二十四年已经完稿,不然汤斌就无从对全书进行评价了。换言之,黄宗羲所说的“书成于丙辰之后”,这个“之后”的下限,至迟可以断在康熙二十四年。

《明儒学案》的成书时间是否还可以再往上推?从康熙二十四年以前黄宗羲与汤斌的书札往复中,这个问题是很难得到解答的。现存黄、汤二人间的书札一共仅三篇,而且全是汤斌写给黄宗羲的,两通载于《汤子遗书》,一通则附录于《南雷文定》。康熙二十年,汤斌奉命主持浙江乡试,黄宗羲遣子百家专程到杭州拜望,并带去书札一通,请汤斌为其所辑《蕺山学案》撰写序言。公务结束,行期迫促,汤斌未及把这篇序写好，便匆匆启程。后来，还是在返京途中，于船上把文稿拟就，寄给黄宗羲的。汤斌在寄送序稿的信中写道：“承命作《蕺山学案序》，自顾疏陋，何能为役？然私淑之久，不敢固辞。目下匆匆起行，不敢率尔命笔。舟中无事，勉拟一稿请教，得附名简末，遂数十年景仰之私，为幸多矣。”①这一封信说明，迄于康熙二十年，在黄宗羲与汤斌的交往中，并无《明儒学案》这个议题，当时他们之间所讨论的，只是《蕺山学案》。第二年，汤斌又从京中致书黄宗羲，据云：“去岁承乏贵乡，未得一瞻光霁，幸与长公晤对，沉思静气，具见家学有本，为之一慰。《蕺山先生文录》承命作序，某学识疏陋，何能仰测高深？……某生也晚，私淑之诚，积有岁年，但识既污下，笔复庸俗，不能称述万一。惟望芟其芜秽，正其讹谬，不至大有乖误，受赐多矣。……《文录》《学案》何时可公海内？早惠后学，幸甚幸甚。”②这就是说，汤斌不仅给《蕺山学案》写了序，而且还给《蕺山先生文录》写了序。由这封信又可以说明，直到康熙二十一年，汤斌只知道有《蕺山学案》，却并不知道有《明儒学案》。

那么，在康熙二十一年至二十四年间，汤斌又是否有可能从陈锡嘏那里见到《明儒学案》抄本，并通过陈氏把对该书的意见转告黄宗羲呢？这是我们接下去要弄清楚的又一个关键问题。

（四）“陈介眉传述”说纯属臆断

陈介眉，即黄宗羲弟子陈锡嘏，字介眉，号怡庭，浙江宁波人，康熙十五年（1676）进士，生于明崇祯七年（1634），卒于清康熙二十六年，终年五十四岁。锡嘏故世后，黄宗羲曾为他撰写了一篇墓志铭，文中说得很明白，陈氏于康熙十八年即已告假送亲返乡，从此“里居五年，遂膺

① ［清］汤斌：《汤子遗书》卷五《答黄太冲》。
② ［清］汤斌：《汤子遗书》卷五《与黄太冲书》。

末疾,不能出户,又三年而卒”①。可见,在康熙二十一年至二十四年间,陈锡嘏既没有,也不可能离甬北上,去同汤斌晤面。而且据黄宗羲所撰《怡庭陈君墓志铭》记,《明儒学案》的抄本,陈锡嘏是在病逝前不久才见到的。因此,贾氏改窜《明儒学案序》,所谓汤斌对《学案》的评论,是由“陈介眉所传述”云云,就纯属臆断。

为什么会出现这样的错误?平心而论,或许并不是贾氏祖孙有意杜撰,很有可能是误会了黄宗羲在《明儒学案序》中的如下一句话:“抄本流传,陈介眉以谨守之学,读之而转手。汤潜庵谓余曰……。”此处所谓“转手”,指的是陈锡嘏所“谨守”的为学路径的转变,而丝毫没有将《明儒学案》抄本转交他人的意思。这可以黄宗羲为陈锡嘏所撰墓志铭为证。黄宗羲说:“君从事于格物致知之学,于人情事势、物理上功夫,不敢放过,而气禀羸弱。……凡君之所以病,病之所以不起者,虽其天性,亦其为学有以致之也。……故阳明学之而致病,君学之而致死,皆为格物之说所误也。”这就是说,陈锡嘏早年虽从学于黄宗羲,但他的为学路径却与师门宗尚不一致,既没有师法王阳明的“致良知”,也没有继承刘蕺山的“慎独”说,走的是程朱所提倡的由“格物”而“致知”一路。所以,黄宗羲才说他是为“格物”说所误而“致死”。就在这篇墓志铭中,黄宗羲接着又指出:“《明儒学案》成,君读之,以为镛笙磬管,合并发奏,五声十二律,截然不乱者,考之中声也。君从此殆将转手,天不假之以年,惜哉!”这段话清楚地表明,陈锡嘏生前的最后岁月,确曾读到《明儒学案》抄本,而且决意转变早先的为学趋向,可惜天不遂人愿,赍志而殁。足见,把《明儒学案序》同《怡庭陈君墓志铭》校读,“转手”之所指,昭然若揭。

《怡庭陈君墓志铭》,是判断《明儒学案》成书时间的一篇关键文

---

① [清]黄宗羲:《南雷文定后集》卷三《怡庭陈君墓志铭》。

字，文成于康熙二十六年三月，时当陈锡嘏病逝不久。翌年十月《南雷文定后集》刊行，即著录于该集卷三之中。在黄宗羲的现存著述中，除《明儒学案序》之外，直接谈到《明儒学案》成书的文字，就是这一篇。而且这篇文章还先成于《明儒学案序》一年左右的时间。从行文次第看，“天不假之以年，惜哉”之后，紧接着就是“乙丑岁暮，余过甬问病，君以千秋相托”。乙丑，即康熙二十四年，为陈锡嘏逝世前两年。看来，很可能就是此次甬上之行，黄宗羲带去了《明儒学案》抄本，陈氏读后，虽决意转变为学趋向，但无奈病势已深，不得不“以千秋相托”于黄宗羲。翌年，锡嘏病情略有起色，曾经致书宗羲。大概就是在此一信中，表达了转变为学趋向的愿望，所以黄宗羲才会“为之狂喜”，锡嘏病逝，他也才会发出“天不假之以年，惜哉”的喟叹。如果这一揣测能够成立，那么又印证了我们在前面所作的完稿时间至迟在康熙二十四年的判断。

（五）《明儒学案》不可能在康熙十五年成书

以上，通过对同《明儒学案》成书相关故实的考订，我们认为，它的完稿不应该早于康熙二十三、二十四年间。接下去，准备讨论一下该书能否在康熙十五年成书的问题。

首先，康熙十四年七月，黄宗羲才把《明文案》编成，这部长达二百零七卷的书，耗去了他八年的时间。既无三头六臂，要在此后短短一年的时间里，又接着去完成一部六十二卷的《明儒学案》，恐怕是不大可能的。何况当时又正值三藩为祸，烽烟四起，动乱的时局，也没有允许他有安宁的境遇去潜心著述。事实上，从康熙十五年至十九年间，黄宗羲为生计所迫，就一直在浙西同海宁知县许三礼周旋。寄人篱下，岂能随心所欲？

其次，《明儒学案》卷六十一《东林学案四》“吴钟峦”条有云：“某别先生，行三十里，先生复棹三板追送，其语绝痛。……今抄先生学案，去之三十年，严毅之气，尚浮动目中也。”据考，吴钟峦为黄宗羲早年在南明鲁王政权中的同僚，二人在舟山作别，时当顺治六年（1649）秋，“去之三十年”，则已是康熙十八年（1679）。由此至少可以说明，迄于康熙十八年，《明儒学案》中的《东林学案》并未完稿。

再次，《明儒学案》卷六十二《蕺山学案》卷首，黄宗羲解释了他早先之所以不为同门友人恽日初所辑《刘子节要》撰序的道理，末了他说：“惜当时不及细论，负此良友。”黄宗羲在这里所用的“负此良友”四字，一如他在《思旧录》中所惯用的那样，是对已故友人负疚心理的一种抒发。这就说明，黄宗羲纂辑《蕺山学案》时，恽日初已经故世。据考，恽日初，字仲升，号逊庵，江苏常州人，康熙十七年病逝，终年七十八岁。噩耗传至浙东，时间当更在其后。可见，《明儒学案》中的《蕺山学案》，也并非康熙十五年竣稿，至少此后两年，它还在编纂之中。

最后，《明儒学案》的不可能成书于康熙十五年，还可以黄宗羲同时学者陆陇其《三鱼堂日记》为证。据称，康熙二十年“五月初一，仇沧柱（名兆鳌，黄宗羲弟子——引者）以黄太冲《学案》首六卷见赠。其书序述有明一代之儒者，可谓有功，而议论不无偏僻。盖执蕺山一家之言而断诸儒之同异，自然如此”①。参以前引汤斌书札，此处所称《学案》，当即《蕺山学案》无疑。可见，迄于康熙二十年五月，《蕺山学案》并未完稿，只是以前六卷在学者中流传。至于陆陇其故世后，其弟子吴光酉辑《陆稼书先生年谱定本》所记，康熙十七年十月，谱主曾在京中听翰林院学士叶方蔼“言黄太冲《学案》，嫌其论吴康斋附石亨事，不辨其诬，而以为妙用，不可训”②。当亦系就此六卷未完本加以评论。

---

① ［清］陆陇其：《三鱼堂日记》卷七“康熙二十年五月初一”条。

② ［清］吴光酉：《陆稼书先生年谱定本》卷上“四十九岁”条。

综上所述,《明儒学案》成于康熙十五年一说,显然是不能作为定论的。我们罗列诸多依据,所提出的完稿于康熙二十三、二十四年间的看法,严格地说来,也还包含若干推测成分。不过,有一点则可以明确,《明儒学案》初名《蕺山学案》,直到康熙二十年亦未竣稿,仅以前六卷流传。至于改题今名,已经是康熙二十四年至二十六年间的事情了。关于《蕺山学案》的编纂,由于代远年湮,当年汤斌所撰序今天已无从觅得。所幸刘宗周弟子董玚继汤斌之后,亦撰有序言一篇,且完整地保存于《刘子全书》卷首《刘子全书抄述》之中。谨将董序全文过录如后,或许于此一问题的深入考察会有所裨益。

董玚所撰《刘子全书抄述》云:"梨洲黄氏有《刘子学案》之刻,属瑞生(董玚原名——引者)序。序曰:先师刘子,自崇祯丙子在京日,始订诚意之旨以示人,谓意者心之所存。戊寅,瑞生侍师,亲承音旨。时闻者谓与朱子、王子不符,起而争之。其问答之语,往复之书,备载《全书》。瑞生心识是说,未敢有所可否,一时门人后学,亦未有会之者。先师没后,梨洲黄子特阐其义,见于序牍,余亦不敢出一词以应。逮先师辞世三十八年,得一庵王氏栋遗集,内有《会语》及《诚意问答》,云自身之主宰言谓之心,自心之主宰言谓之意。谓自心虚灵之中确然有主者,若以为心之发动,便属流行。与先师之旨吻合。盖先师以心为所存,意为所发,是所发先于所存,岂《大学》知本之旨?又格致者,诚意之功,功夫结在主意中,方为真功夫。(原注:海忠介公瑞尝曰,功在格致,道在诚正。)一庵属泰州门人,夙禀良知之教者,而特揭意旨以示。惜闻者之徒守旧说,而不能深求其在我,博考于诸儒,漫然疑先师之说,而不知前此已有不谋而同焉。而先师为特悉是即周子主静立人极、程子体用一原、显微无间之旨,标尼山秘旨于二千一百余年之后。自先儒以来,未有盛于刘子也。"

案:刘宗周卒于顺治二年(1645),董序称"先师辞世三十八年",则此文撰写，时在康熙二十一年（1682）。可见，迄于是年，黄宗羲所辑，乃《刘子学案》，亦即汤斌所云之《蕺山学案》。

董序又云："先师之学，备在《全书》，而其规程形于《人谱》，采辑备于《道统录》，纲宗见于《宗要》。诸若《学言》、论学诸书、《原旨》、《证学杂解》、《论语学案》、《读易图说》、《大学参疑》、《古易抄》、《仪礼经传》种种，莫非此旨。而学者顾无真诣，援而他附。黄子于生平所得，合之《全书》，精讨而约收之，总以标挈斯旨。此真先师不绝之微言也。先师序《宗要》语曰，读其言，如草蛇灰线，一脉相引，不可得而乱。敢谓千古宗传在是，即数子之书不尽于是，而数子之学已尽于是。黄子纂先师学案成，谓瑞生曰，读其言，如金声玉振，八音迭奏，未尝少有间。敢谓先师亲传在是，即先师之书不尽于是，而先师之学已尽于是。盖学无二致，故言无二致也。"

再云："勉斋状朱子有言，由孔子而后，曾子、子思继其微，至孟子而始著。由孟子而后，周、程、张子继其绝，至先生而始著。所谓得统之正，能使斯道章章者，止一二人。而周、程、张子起孔孟后千有余年，朱子起周、程、张子后未及百年，先师起朱子后四百余年。盖自唐虞执中之统，驯至成周以来，圣贤相传之道，一旦豁然昭晰呈露，已属先师。黄子既尝取其世系爵里、出处言论，与夫学问道德、行业道统之著者述之，而又撮其遗编，会于一旨。以此守先，以此待后。黄子之有功于师门也，盖不在勉斋下矣。世有愿学先师者，其于此考衷焉。"

三、主要内容及编纂体例

在中国学案体史籍的形成过程中，黄宗羲著《明儒学案》，是一部具有里程碑意义的重要著述。梳理这部学案的主要内容，剖析其编纂体例，对于明了学案体史籍的基本特征，无疑具有典型意义。

（一）《明儒学案》举要

《明儒学案》凡六十二卷，上起明初方孝孺、曹端，下讫明亡刘宗周、孙奇逢，有明一代理学中人，大体网罗其中，实为一部明代理学史。全书由五个部分组成，即：一、师说；二、学有授受传承的各学派；三、自成一家的诸多学者；四、东林学派；五、蕺山学派。兹分述如后。

第一部分师说，系辑录著者业师刘宗周论一代诸儒学术语而成，以明全书师承所自。刘宗周论一代儒学，首推方孝孺、曹端。他推许方孝孺之节义，深为其学不彰而鸣不平，认为："考先生在当时已称程、朱复出，后之人反以一死抹过先生一生苦心，谓节义与理学是两事，出此者入彼，至不得与扬雄、吴草庐论次并称。于是成仁取义之训为世大禁，而乱臣贼子将接踵于天下矣。悲夫！"对曹端，刘宗周评价亦甚高，既比之于北宋大儒周敦颐，推作"今之濂溪"，又指出："方正学而后，斯道之绝而复续者，实赖有先生一人。薛文清亦闻先生之风而起者。"方、曹二家之后，继以薛瑄，不过，刘宗周于薛瑄评价并不高。一方面他既指出薛氏闻曹端之风而起，所著《读书录》确有"学贵践履"之意。另一方面，对其身为朝廷重臣而不能伸张正义，又颇有贬辞。吴与弼与薛瑄同时，生前，因替权臣石亨族谱作跋而称门下士，石亨瘐死，遂招致非毁。刘宗周力为辨诬，盛称其学"刻苦奋励，多从五更枕上、汗流泪下得来"，为同时诸家所不可及。一如评薛瑄出处，刘宗周之论陈献章学，亦多微辞。陈献章学宗自然，力倡"静中养出端倪"之说。刘宗周于此颇不以为然，他说："静中养出端倪，不知果是何物？端倪云者，心可得而拟，口不可得而言，毕竟不离精魂者近是。今考先生证学诸语，大都说一段自然工夫，高妙处不容凑泊，终是精魂作弄处。盖先生识趣近濂溪而穷理不逮，学术类康节而受用太早，质之圣门，难免欲速见小之病者也。似禅非禅，不必论矣。"

刘宗周之学，远宗王守仁，却又能不为师门成说拘囿，而独阐诚意，以“慎独”标宗。所以《师说》中论王守仁学，既最能明其精要，亦深识其弊短之所在。刘氏所评之深刻影响于黄宗羲及诸蕺山后学者，主要有如下几点。

其一，阳明学之与朱子学，牴牾集中于释《大学》一书。朱熹主张先格致而后诚意，王守仁则释以即格致为诚意。两家之教虽殊途同归，而《大学》八条目，实无先后之可言，因而又隐然推阳明说为正解。其二，王守仁倡“致良知”说而承亡继绝，其来源虽似在陆九渊本心说，但陆、王之学实有毫厘之分，不可不辨。刘宗周指出，“致良知”说“求本心于良知，指点更为亲切。合致知于格物，工夫确有循持。较之象山混人道一心，即本心而求悟者，不犹有毫厘之辨乎”！其三，王守仁之学，实远接北宋大儒程颢，程颢之后，无人可以与之相比。所以刘宗周评阳明学为：“震霆启寐，烈耀破迷，自孔孟以来，未有若此之深切著明者也。”其四，王守仁过早病逝，未能得享高年，因而他的高明卓绝之见并未尽落实地。其学之弊病在于：“急于明道，往往将向上一几轻于指点，启后学躐等之弊。”因此，刘宗周认为，“范围朱、陆而进退之”，应是王门诸后学的共同职志。

王守仁生前，门人遍天下，而刘宗周认为，王门之众多传人中，以邹守益最称得师门真传。所以他评王门诸弟子，独先之以邹守益，指出：“东廓以独知为良知，以戒惧慎独为致良知之功。此是师门本旨，而学焉者失之，浸流入猖狂一路。惟东廓斤斤以身体之，便将此意做实落工夫，卓然守圣矩，无少畔援。诸所论著，皆不落他人训诂良知窠臼。先生之教，率赖以不敝，可谓有功师门矣。”王门弟子中，刘宗周于王畿最为不满，不惟评作“孤负一生，无处根基”，而且径斥“操戈入室”。他说：“至龙溪，直把良知作佛性看，悬空期个悟，终成玩弄光景，虽谓之操戈入室可也。”究其根源，则在于对王畿所津津乐道的王门四句教的怀疑。刘宗周认为:“四句教法,考之阳明集中,并不经见。”在他看来,所谓“四句教法”,乃“阳明未定之见,平日间尝有是言,而未敢笔之于书,以滋学者之惑”。因此他断言:“其说乃出于龙溪。”

在王守仁讲学的过程中,罗钦顺多有书札商榷,对“致良知”说提出了直言不讳的批评。孰是孰非,成为明代中叶学术史上的一桩公案。刘宗周于此详加评说,一方面他既肯定罗钦顺以本天、本心来区分儒释,评为“大有功于圣门”。另一方面,又指出罗氏将心性截然剖断,宁舍置其心以言性,实是因噎废食。在刘宗周看来,王守仁固然高明卓绝有余而质实不足,但罗钦顺为格物一段工夫所困,终身不能自拔,则更其可悲。由此正可窥见,迄于明代中叶,程、朱之学确已衰微。刘宗周就此指出:“以先生之质,早寻向上而进之,宜其优入圣域,而惜也仅止于是。……盖至是而程、朱之学亦弊矣。由其说,将使学者终其身无入道之日。困之以二三十年功夫而后得,而得已无几,视圣学几为绝德。此阳明氏所以作也。”①

继罗钦顺之后,《师说》于吕柟、孟化鲤、孟秋、张元忭、罗洪先、赵贞吉、王时槐、邓以赞、罗汝芳、李材诸家之学,皆有评述。最终则结以许孚远,以明其师门笃实之学。

《明儒学案》的第二部分,是学有传承的各学派,上起吴与弼《崇仁学案》,下迄湛若水《甘泉学案》,凡四十二卷,占至全书大半篇幅。卷一至四为《崇仁学案》,所录为吴与弼、胡居仁等十人。黄宗羲以阳明学为明代理学大宗,而溯其渊源,吴与弼倡道江西,传学娄谅,而王守仁早年即曾问学于娄谅,吴氏自是开风气大师。因此,在《崇仁学案》卷首总论中,黄宗羲断言,无吴与弼,则无尔后阳明学的大盛。他说:“康斋倡道小陂,一禀宋人成说。言心则以知觉,而与理为二,言工夫则静

① [清]黄宗羲:《明儒学案》卷首《师说·罗整庵钦顺》。

时存养,动时省察。故必敬义夹持,明诚两进,而后为学问之全功。其相传一派,虽一斋、庄渠稍为转手,终不敢离此矩矱也。白沙出其门,然自叙所得,不关聘君,当为别派。于戏!椎轮为大辂之始,增冰为积水所成,微康斋,焉得有后时之盛哉!”卷五、六为陈献章《白沙学案》,所录为陈献章、李承箕、林光等十二人。黄宗羲认为,陈献章早年师从吴与弼,融师说为己有而创为别派,于阳明学兴起多所启发,所以述《崇仁学案》之后,即继以《白沙学案》。他指出:“有明之学,至白沙始入精微,其吃紧工夫,全在涵养。喜怒未发而非空,万感交集而不动,至阳明而后大。两先生之学,最为相近,不知阳明后来从不说起,其何故也。薛中离,阳明之高第弟子也,于正德十四年上疏,请白沙从祀孔庙,是必有以知师门之学同矣。”明代理学,当阳明学崛起之前,朱子学在北方得薛瑄恪守,流播秦晋,濡染一方,而有河东之学与关学之谓。黄宗羲认为,其开派宗师当推薛瑄,所以《明儒学案》卷七、八,以《河东学案》述薛瑄及周蕙、吕柟等十五人学说之传承。随后则于卷九辟为《三原学案》,以述王恕、韩邦奇、杨爵等六位关学大师之学。

阳明学为明代理学中坚,故《明儒学案》第二部分中,述阳明学派最详。从卷十《姚江学案》,至卷三十六《泰州学案》,篇幅达二十六卷之多,所录阳明学派中人则亦至九十八位。黄宗羲认为,有明一代学术,在阳明学兴起之前,大体上是一个“此亦一述朱,彼亦一述朱”的格局。自王阳明指点出“良知”以立教,始开出一条崭新路径。所以他说:“无姚江则古来之学脉绝矣。”一如其师刘宗周,在《姚江学案》卷首总论中,黄宗羲亦议及王门四句教。只是他并未拘泥师门之说,而是认为四句教本无病痛。在黄宗羲看来,问题在于学者误会,一味依己意发挥,以致乖违师门本旨,引向荒谬。他就此评论道:“其实,无善无恶者,无善念恶念耳,非谓性无善无恶也。下句意之有善有恶,亦是有善念、有恶念耳。两句只完得动静二字。他日语薛侃曰,无善无恶者理之静，有善有恶者气之动。即此两句也。所谓知善知恶者，非意动于善恶，从而分别之为知。知亦只是诚意中之好恶，好必于善，恶必于恶，孰是孰非而不容已者，虚灵不昧之性体也。为善去恶，只是率性而行，自然无善恶之夹杂，先生所谓致吾心之良知于事事物物也。”①以此，黄宗羲认为，王畿倡心、意、知、物俱是无善无恶的四无说，篡改了王门四句教法，有违儒者矩矱，确嫌近于释老之学。但他同时又予王畿之学以公允评价，指出：“先生亲承阳明末命，其微言往往而在。象山之后不能无慈湖，文成之后不能无龙溪，以为学术之盛衰。……先生疏河导源，于文成之学固多所发明也。”②

王守仁故世之后，越中诸王门弟子，因对四句教法解说分歧，流弊丛生。黄宗羲认为，独有江西诸阳明门人，最能得师门真传，从而使阳明学赖以传衍。因之《明儒学案》第二部分中的《江右王门学案》，竟多至九卷。黄宗羲于此解释说：“姚江之学，惟江右为得其传，东廓、念庵、两峰、双江其选也。再传而为塘南、思默，皆能推原阳明未尽之旨。是时越中流弊错出，挟师说以杜学者之口，而江右独能破之，阳明之道赖以不坠。盖阳明一生精神，俱在江右，亦其感应之理宜也。”③阳明及门弟子中，汝中、汝止，二王齐名。汝中谓浙东王畿，汝止谓泰州王艮。王艮倡学泰州，以“淮南格物”和“百姓日用即道”之说而立异师门，数传之后，遂掀翻天地，非名教之所能羁络了。黄宗羲于此痛心疾首，为揭露其弊害，列为《泰州学案》四卷，他说：“阳明先生之学，有泰州、龙溪而风行天下，亦因泰州、龙溪而渐失其传。泰州、龙溪，时时不满其师说，益启瞿昙之秘而归之师，盖跻阳明而为禅矣。然龙溪之后，力量无过于龙溪者，又得江右为之救正，故不至十分决裂。泰州之后，其人多

① ［清］黄宗羲：《明儒学案》卷十《姚江学案》。

② ［清］黄宗羲：《明儒学案》卷十二《浙中王门学案二》。

③ ［清］黄宗羲：《明儒学案》卷十六《江右王门学案一》。

能以赤手搏龙蛇，传至颜山农、何心隐一派，遂复非名教之所能羁络矣。”①至此，阳明学遂告盛极而衰，处于非变不可的关头了。

《泰州学案》之后，为《甘泉学案》六卷，所录为湛若水、许孚远、冯从吾等十一人。《明儒学案》何以要立《甘泉学案》？黄宗羲有如下解释：“王、湛两家，各立宗旨。湛氏门人虽不及王氏之盛，然当时学于湛者或卒业于王，学于王者或卒业于湛，亦犹朱、陆之门下，递相出入也。”②也就是说，王、湛两家虽宗旨各异，但为师者既多往还，其弟子又递相出入，殊途而同归。说到底，记甘泉学，无异于表彰阳明学。尔后道光年间，莫晋重刊《明儒学案》，正是由此出发，谓黄宗羲实以大宗归阳明，可谓信然不诬。

《明儒学案》卷四十三至五十七，为《诸儒学案》上、中、下，以此构成全书第三部分。自卷上方孝孺、曹端诸儒，经卷中罗钦顺、王廷相等，迄于卷下霍韬、吕坤、黄道周、孙奇逢辈，入案学者贯穿有明一代，凡四十二人。对于《诸儒学案》的设置，黄宗羲解释得很清楚，他说：“诸儒学案者，或无所师承，得之于遗经者；或朋友夹持之力，不令放倒，而又不可系之朋友之下者；或当时有所兴起，而后之学者无传者，俱列于此。”至于各卷的划分，他亦有解释：“上卷则国初为多，宋人规范犹在。中卷则皆骤闻阳明之学而骇之，有此辨难，愈足以发明阳明之学，所谓他山之石，可以攻玉也。下卷多同时之人，半归忠义，所以证明此学也，否则为伪而已。”③

《明儒学案》的第四部分为《东林学案》四卷，所录为顾宪成、高攀龙等十七人。当明末季，宦官祸国，党派角逐，国运文运皆江河日下。率先起而振颓救弊者，为东林诸君子。黄宗羲于东林诸公的忠烈节义，

---

① ［清］黄宗羲：《明儒学案》卷三十一《泰州学案一》。
② ［清］黄宗羲：《明儒学案》卷三十七《甘泉学案一》。
③ ［清］黄宗羲：《明儒学案》卷四十三《诸儒学案上一》。

赞为“一堂师友，冷风热血，洗涤乾坤”，可谓推崇备至。顾、高诸公，鉴于王学末流的汪洋恣肆，以王门四句教为把柄，矛头所向，不惟以王畿为的，而且直指其师王守仁的“致良知”说。黄宗羲于此深不以为然，故在《东林学案》中多所驳诘。他始而再辩四句教，重申：“其所谓无善无恶者，无善念恶念耳，非谓性无善无恶也。”至于王畿的四无说，则“与阳明绝无干涉”，他就此喟叹：“呜呼！天泉证道，龙溪之累阳明多矣。”①继之针对高攀龙对“致良知”说的批评，黄宗羲指出，不惟高氏格物说与朱子异趣，且因欲自别于王阳明而进退失据。他的结论是：“先生之格物，本无可议，特欲自别于阳明，反觉多所扞格耳。”②最后则借其师刘宗周之言，对高氏学说做了“半杂禅门”“大醇而小疵”③的总评。

在黄宗羲看来，晚明学术界，以修正王学而足称阳明学干城者，则是其师刘宗周。于是《明儒学案》便以《蕺山学案》一卷殿后，既以之总结全书，亦以之对一代理学，乃至整个宋明理学做出总结。黄宗羲认为：“今日知学者，大概以高、刘二先生，并称为大儒，可以无疑矣。”然而若论为学之纯粹、正大，则独推其师。所以他说：“若吾先师，则醇乎其醇矣。”一卷《蕺山学案》，既于案主传略中极意推尊，以刘宗周而直接濂、洛、关、闽和王阳明，又精心选取案主学术精萃，辑录成篇。所录依次为《语录》《会语》《易箦语》《来学问答》《原》《证学杂解》《说》《读易图说》《圣学吃紧三关》《大学杂绎》《论语学案》等凡十一类。宗周学术，精要实在“慎独”，所以黄宗羲总评其师学术云：“先生之学，以慎独为宗，儒者人人言慎独，惟先生始得其真。”④全案以“慎独”说为中

① ［清］黄宗羲：《明儒学案》卷五十八《东林学案一·顾宪成传》。
② ［清］黄宗羲：《明儒学案》卷五十八《东林学案一·高攀龙传》。
③ ［清］黄宗羲：《明儒学案》卷六十二《蕺山学案·总论》。
④ ［清］黄宗羲：《明儒学案》卷六十二《蕺山学案·刘宗周传》。

心，既有对理学诸基本范畴的阐释，又有对诸学术大师学说的评论。其所涉内容之广泛，辑录资料之翔实，不惟为全书其他学案所不可比拟，而且即使是《姚江学案》，亦难免相形而逊色。所以我们说，《蕺山学案》既是对《明儒学案》全书的总结，也是对明代理学和整个宋明理学的总结。

（二）编纂体例及其评价

以上，摘述《明儒学案》的主要内容，实际上已就全书布局反映了著者的编纂原则。接下去拟进一步对这方面的问题再做一些讨论，并从局部具体地来看一看全书的编纂体例。

关于《明儒学案》的编纂原则，卷首所列《发凡》八条，大致皆在其中。第一条评周汝登《圣学宗传》、孙奇逢《理学宗传》，既肯定二书之述理学史，“诸儒之说颇备”，又以“疏略”二字说明两家著述之不能尽如人意。黄宗羲指出，周书“主张禅学，扰金银铜铁为一器，是海门一人之宗旨，非各家之宗旨”。而孙书“杂收，不复甄别，其批注所及，未必得其要领，而其闻见亦犹之海门也”。因此，在黄宗羲看来，二书皆非总结理学史的佳构，于是《明儒学案》不可不作。第二、三条，皆论明代理学的基本特征，即一是宗旨鲜明，二是剖析入微，超迈前代。同样是讲理学，宋明风格，各有千秋。宋儒重渊源，明儒则重宗旨。黄宗羲身为理学营垒中人，却能入乎其里而出乎其外，故深得个中三昧。他说：“大凡学有宗旨，是其人之得力处，亦是学者之入门处。天下之义理无穷，苟非定以一二字，如何约之使其在我？故讲学而无宗旨，即有嘉言，是无头绪之乱丝也。学者而不能得其人之宗旨，即读其书，亦犹张骞初至大夏，不能得月氏要领也。”由此出发，《明儒学案》着意于各家宗旨的归纳绍介，确有“如灯取影”之效。第四条谈全书所辑诸家学术资料的来源。对之前流行的理学诸儒语录，黄宗羲皆不满意，他认为共同的弊病在于“荟撮数条,不知去取之意谓何”,因而不足以反映各家风貌精神。所以《明儒学案》一反其道,“皆从全集纂要勾玄,未尝袭前人之旧本”。第五条谈全书卷帙分合。黄宗羲指出,《明儒学案》之述学术源流,断不如禅家之牵强附会,所遵循的原则是:“以有所授受者,分为各案。其特起者,后之学者,不甚著者,总列诸儒之案。”第六条绍介全书的一条重要编纂原则,即“一偏之见”“相反之论”,皆兼容并蓄,以明儒者之学的同源异流,殊途同归。黄宗羲说得很好:“以水济水,岂是学问!”第七、八条则是一些必要的解释,希望得到读者的谅解。前者说明学贵自得,不轻传授,这是中国古代教学的传统。而《明儒学案》把各家学术宗旨讲得过于明白,担心读者“徒增见解,不作切实工夫”。后者则因囿于闻见,难免缺略,希望得到读者的指教。

遵循上述原则,《明儒学案》在具体的编纂体例上,虽各卷编次未尽全然一致,但大体说来,除个别学案之外,各学案皆是一个三段式的结构。即卷首冠以总论,继之则是案主传略,随后再接以案主学术资料选编。三段分行,浑然一体,各家学术风貌洞若观火。

卷首总论,文字或短或长,短者数十、百余字,长者不过数百、近千字,或述学术承传,或谈论学宗旨,意在说明案主学术在一代理学史上的地位。譬如卷一《崇仁学案》,总论不过百余字,吴与弼及其学派的基本面貌,朗然描绘出来。先之以“康斋倡道小陂,一禀宋人成说。言心则以知觉,而与理为二,言工夫则静时存养,动时省察。故必敬义夹持,明诚两进,而后为学问之全功”。这段话讲的是吴氏的宋学特征。继之述“其相传一派,虽一斋、庄渠稍为转手,终不敢离此矩矱也”。则说明吴氏之学传至娄谅、魏校,它虽略有变化,但终未出其宋学范围。接着再论“白沙出其门,然自叙所得,不关聘君,当为别派”。是在说陈献章虽学出吴门,但融师说为我有而再加发挥,已然别辟蹊径,另创学派。最终结以“於戏! 椎轮为大辂之始,增冰为积水所成,微康斋,焉得有后时之盛哉”！则道出了吴氏学术的历史地位。吴与弼为娄谅师，娄谅又为王守仁师，这就是说，倘若没有吴与弼，又岂能有日后阳明学的大盛局面呢！又如卷九《三原学案》，总论最短，仅寥寥数十字：“关学大概宗薛氏，三原又其别派也。其门下多以气节著，风土之厚，而又加之学问者也。”然而明代关学之渊源河东薛瑄，由王恕而创为别派，一方学者又受传统地域文化影响，合学问与气节为一诸基本特征，则皆在其中。再如卷十之《姚江学案》、卷六十二之《蕺山学案》，其总论皆全书之最长，几近千字。尺短寸长，异曲同工，也无非是要说明：“无姚江，则古来之学脉绝矣”；“若吾先师，则醇乎其醇矣”。

案主传略，文字亦多寡不一，短者数百言，长者则上千言。就传文内容言，先述传主生平行履，后论学术风貌，行履之与论学，一般各占一半篇幅。如果说案主行履的结撰，有历朝实录及碑志传状一类文字可据，尚属并不十分困难的话，那么讨论学术的篇幅，则多无现成文字参考，因之最费斟酌，而亦最能显示著者功力。譬如卷五《白沙学案》之《陈献章传》，文凡一千四百余字，而讨论传主学术占至全篇二分之一。七百余字间，既论陈白沙学术宗旨，又评其在一代学术史中的地位，且兼辩其学近禅的指责。其中，尤以辩陈献章学术之非禅学，文字最多。黄宗羲首先考察了这一指责的由来，将其归结为两个方面，一是人云亦云的庸俗之辈，二是罗钦顺的误会。对于前者，他说：“圣学久湮，共趋事为之末，有动察而无静存，一及人生而静以上，便邻于外氏。此庸人之论，不足辨也。”而对于后者，黄宗羲先是引述罗钦顺的訾议，随后对罗氏议论批评道：“缘文庄终身认心性为二，遂谓先生明心而不见性。此文庄之失，不关先生也。”传末，再引白沙弟子张诩论其师学术语为据，断言：“先生之学，自博而约，由粗入细，其于禅学不同如此。”

又如卷十《姚江学案》之《王守仁传》，讨论传主学术的内容近千言。其中，对于王氏为学的演变过程，传文归纳为：“先生之学，始泛滥于词章，继而遍读考亭之书，循序格物，顾物理吾心终判为二，无所得入。于是出入于佛、老者久之。及至居夷处困，动心忍性，因念圣人处此，更有何道？忽悟格物致知之旨，圣人之道，吾性自足，不假外求。其学凡三变而始得其门。自此以后，尽去枝叶，一意本原，以默坐澄心为学的。……江右以后，专提'致良知'三字，默不假坐，心不待澄，不习不虑，出之自有天则。……居越以后，所操益熟，所得益化，时时知是知非，时时无是无非，开口即得本心，更无假借凑泊，如赤日当空而万象毕照。是学成之后，又有此三变也。"关于王守仁学说演化过程的这一叙述，虽然并非黄宗羲的发明，但是经他如此归纳而载入《明儒学案》，遂成为尔后讨论阳明学说形成问题的不刊之论。

学术资料选编，在各学案中，所占比重皆最大，一部《明儒学案》，此类资料已占至全书三分之二以上篇幅。所辑资料，以反映案主学术风貌为准绳，依类编次，大体以语录为主，兼及论说、书札与其他杂著。凡所辑录，皆注明书名、篇名，以示征信。其间，亦略加按语，以做评论或提示。就全书而论，卷十《姚江学案》、卷五十八至六十一《东林学案》，以及卷六十二《蕺山学案》，所辑资料最为系统、翔实，亦最具典型意义。关于《蕺山学案》所录资料，前面已经谈过，恕不赘述。在此，仅就《姚江》《东林》二学案，来做一些讨论。

《姚江学案》所辑录资料，源出刘宗周崇祯十二年(1639)所辑《阳明传信录》。原录凡作《语录》《文录》《传习录》三个部分，卷首且有宗周跋语一篇。黄宗羲撰《明儒学案》，取以入《姚江学案》，合《语录》《文录》为一，统以《语录》标题。所录凡作《语录》《传习录》两部分，案主"致良知"说精要，囊括无遗。治阳明学而以此为依据，即可得其梗概。尤有可述者，辑录资料中多载刘宗周按语，或提示，或评论，于了解和把握阳明学实质，多所裨益。譬如《语录》部分，首条所录"与辰中诸生"语，刘宗周按云："刊落声华，是学人第一义。""与王纯甫"条，亦有如下按语:“先生恢复心体,一齐俱了,真是大有功于圣门,与孟子性善之说同。”“答顾东桥”条,以按语归纳云:“良知之说,只说得个即心即理,即知即行,更无别法。”类似的评论,还见于“答聂文蔚”条按语,即:“致良知,只是存天理之本然。”关于阳明学的渊源,刘宗周于“与马子莘”条中,重申了远宗程颢的见解,他说:“此是先生的派明道处。”凡此,皆属对阳明学的阐释表彰。而在若干按语中,亦有对阳明学的具体商榷。譬如《语录》所辑“答周道通”条,刘宗周按语即称:“先生之见,已到八九分。但云性即是气,气即是性,则合更有商量在。”又如《传习录》部分,于“格物无间动静”条后,即载有刘宗周大段商榷语。按语云:“此是先生定论。先生它日每言,意在于事亲,即事亲为一物云云。余窃转一语曰,不在于事亲时是恁物?先生又曰,工夫难处全在格物致知上,此即诚意之事。意既诚,大段心亦自正,身亦自修。但正心、修身工夫亦各有用力处,修身是已发边,正心是未发边,心正则中,身修则和云云。先生既以良知二字冒天下之道,安得又另有正修工夫?只因将意字看作已发,故工夫不尽,又要正心,又要修身。意是已发,心是未发,身又是已发。先生每讥宋学支离而躬自蹈之,千载而下,每欲起先生于九原质之而无从也。”

由于刘宗周不赞成王门四句教,认为它是王畿的杜撰,因而不惟通篇不录“天泉证道”语,而且还于资料选辑终篇时,详加按语云:“先生每言,至善是心之本体。又曰,至善只是尽乎天理之极,而无一毫人欲之私。又曰,良知即天理。录中言天理二字,不一而足。有时说无善无恶者理之静,亦未尝径说无善无恶是心之体。若心体果是无善无恶,则有善有恶之意又从何处来?知善知恶之知又从何处来?为善去恶之功又从何处起?无乃语语断流绝港乎!”因此,刘宗周反其道而行之,指出:“蒙因为龙溪易一字,曰:心是有善无恶之心,则意亦是有善无恶之意,知亦是有善无恶之知,物亦是有善无恶之物。”足见,《明儒学案》中的学术资料选编，并非漫无别择、不慎去取，著者的学术倾向，即在资料编选之中。

《东林学案》是黄宗羲用力最勤的学案之一，其父尊素亦在该学案中。案内所辑资料甚富，皆经宗羲精心排比。即以卷五十八之高攀龙学术资料为例，所选已达八类之多，依次为《语》《札记》《说》《辨》《论学书》《杂著》《讲义》《会语》。这些资料辑自案主卷帙浩繁的《高子遗书》中，有一个十分鲜明的特点，即并不避讳案主对阳明学的尖锐批评。譬如《论学书》一类，所载《答方本庵》有云："阳明先生于朱子格物，若未尝涉其藩者。其致良知，乃明明德也，然而不本于格物，遂认明德为无善无恶。故明德一也，由格物而入者其学实，其明也即心即性。不由格物而入者其学虚，其明也是心非性。心性岂有二哉？则所从入者有毫厘之辨也。"《杂著》一类，类似指斥阳明学弊病者更多。所载《崇文会语序》云："姚江之弊，始也扫闻见以明心耳，究而任心而废学，于是乎《诗》《书》《礼》《乐》轻而士鲜实悟。始也扫善恶以空念耳，究且任空而废行，于是乎名、节、忠、义轻而士鲜实修。"《尊闻录序》同样斥阳明学流弊云："《论语》二十篇，不言心。第两言之，曰其心三月不违仁，曰从心所欲不逾矩。是则因有违仁、逾矩之心矣。自致良知之宗揭，学者遂认知为性，一切随知流转，张皇恍惚。其以恣情任欲，亦附于作用变化之妙，而迷复久矣。"关于阳明学说的形成和演化过程，高攀龙的描述，与王门中人多有异同。学案辑其《三时记》语云："余观文成之学，盖有所从得。其初从铁柱宫道士得养生之说，又闻地藏洞异人言周濂溪、程明道是儒家两个好秀才。及娄一斋与言格物之学，求之不得其说，乃因一草一木之说，格及官舍之竹而致病，旋即弃去。则其格致之旨，未尝求之，而于先儒之言，亦未尝得其言之意也。后归阳明洞习静导引，自谓有前知之异，其心已静而明。后谪龙场，万里孤游，深山夷境，静专澄默，功倍寻常，故胸中益洒洒，而一旦恍然有悟。是其旧学之益精,非于致知之有悟也。特以文成不甘自处于二氏,必欲篡位于儒宗,故据其所得,拍合致知,又装上格物,极费工力。所以左笼右罩,颠倒重复,定眼一觑,破绽百出也。”

诋王守仁“欲篡位于儒宗”,这样的批评不可谓不严厉。而学案中《会语》一类,则同样将阳明学排斥于“圣学”正统之外。始而谓:“圣学正脉,只以穷理为先,不穷理便有破绽。”继之则明言:“一向不知象山、阳明学问来历,前在舟中,似窥见其一斑。二先生学问,俱是从致知入。圣学须从格物入,致知不在格物,虚灵知觉虽妙,不察于天理之精微矣。岂知有二哉?有不致之知也。毫厘之差在此。”所有这些资料的辑录,皆说明《明儒学案》的结撰,确实贯彻了黄宗羲于卷首《发凡》所云:“此编所列,有一偏之见,有相反之论。学者于其不同处,正宜着眼理会,所谓一本而万殊也。”这样的编纂原则,无疑是很可贵的。

四、《明儒学案》与《皇明道统录》

黄宗羲之以总论、传略、学术资料选编三位一体,去编纂《明儒学案》,并非文思骤起,奇想突发。就历史编纂学的角度而言,《明儒学案》的出现,正是当时历史学自身的发展状况所使然。明清之际,理学既已进入批判和总结阶段,于是历史学自然要做出反映,这就是《陆杨学案》《诸儒学案》《圣学宗传》《理学宗传》一类著述的接踵而出。而这些著述,黄宗羲皆经寓目,从而给他发愿结撰《明儒学案》提供了有益的启示。关于这方面的情况,就《明儒学案》本身论,确有辙迹可寻。譬如卷首《发凡》的评《圣学宗传》《理学宗传》语,卷二十一《江右王门学案》之取刘元卿以入案,卷三十五《泰州学案》之列耿定向,卷五十七《诸儒学案》之录孙奇逢,卷六十二《蕺山学案》之辑《论语学案》语等,皆是依据。耿定向及刘元卿、刘宗周之以“学案”题名著述,周汝登、孙奇逢二家两部《宗传》日趋明朗的三段式编纂结构，都成为黄宗羲《明儒学案》的先导。尤其应当特别说明者，作为《明儒学案》的取法对象，不仅有上述诸家著述以及更早的朱熹著《伊洛渊源录》，而且于黄宗羲影响最大的，恐怕应是其师刘宗周的《皇明道统录》。

关于《皇明道统录》的情况，由于该书在刘宗周生前未及刊行，后来亦未辑入《刘子全书》之中，因此其具体内容今天已无从得其详。所幸刘宗周高足董玚辑《蕺山先生年谱》中，于其梗概有所叙述。据云："天启七年丁卯，五十岁。《皇明道统录》成。先生辑《道统录》七卷，仿朱子《名臣言行录》，首纪平生行履，次语录，末附断论。大儒特书，余各以类见。去取一准孔孟，有假途异端以逞邪说，托宿乡愿以取世资者，摈弗录。即所录者，褒贬俱出独见。如薛敬轩、陈白沙、罗整庵、王龙溪，世推为大儒，而先生皆有贬辞。方逊志以节义著，吴康斋人竞非毁之，而先生推许不置。（原注略——引者）通录中无间辞者，自逊志、康斋外，又有曹月川、胡敬斋、陈克庵、蔡虚斋、王阳明、吕泾野六先生。"①

这就是说，《皇明道统录》完稿于明天启七年（1627），稿凡七卷。其编纂体例仿照朱熹《名臣言行录》，作三段式结构，即第一段平生行履，第二段语录，第三段断论。录中所载一代儒学中人，凡大儒皆自成一家，其余诸儒则以类相从。而编纂原则亦甚明确，取舍标准为孔孟学说，凡异端邪说，乡愿媚世者，皆摒而不录。诸如薛瑄、陈献章、罗钦顺、王畿等，录中皆有贬责。而于世人竞相非毁的方孝孺、吴与弼，录中则极意推尊。其他如曹端、胡居仁、陈选、蔡清、王守仁、吕楠等，录中亦加以肯定。

倘若取《明儒学案》与董玚所述之《皇明道统录》相比照，即可发现

---

①　［清］刘汋辑，［清］董玚修订：《蕺山先生年谱》卷上"五十岁"条。

其间的若干重要相通之处。首先,《道统录》的三段式编纂结构,亦为《明儒学案》所沿袭,无非将断论移置各案卷首,成为该案之总论罢了。其次,学有承传之诸大家,《明儒学案》亦独自成案,如崇仁、白沙、河东、三原、姚江、甘泉、蕺山等。而其他儒林中人,一如《道统录》之以类相从,编为《诸儒学案》《浙中王门》《江右王门》等。至于以倡"异端邪说"获咎的李贽,以及著《学蔀通辨》,诋王守仁《朱子晚年定论》为杜撰的陈建等人,《明儒学案》亦摒弃不录。再次,《明儒学案》评一代儒林中人,多以其师刘宗周之说为据,各案皆然,不胜枚举。譬如卷首之冠以《师说》,推方孝孺为一代儒宗;卷一《崇仁学案》,以吴与弼领袖群儒;卷十《姚江学案》,全文引录《阳明传信录》;卷五十八《东林学案》,辑顾宪成《小心斋札记》,所加按语云:"秦、仪一段,系记者之误,故刘先生将此删去";同卷辑高攀龙《论学书》,亦加按语云:"蕺山先师曰,辛复元,儒而伪者也;马君谟,禅而伪者也。"凡此等等,无不透露出《明儒学案》承袭《皇明道统录》的重要消息。所以,倘若我们说《明儒学案》系脱胎于《皇明道统录》,进而加以充实、完善,恐怕不会是无稽之谈。

在中国学术史上,自南宋间朱熹著《伊洛渊源录》,而学案体史籍雏形始具。中经数百年蹒跚演进,迄于明末,理学步入批判和总结阶段,于是耿定向以《陆杨学案》为题撰文而开启先路,刘元卿《诸儒学案》、周汝登《圣学宗传》、刘宗周《皇明道统录》诸书接踵而出,学案体史籍有了一个长足发展。入清以后,孙奇逢《理学宗传》于康熙初叶问世,承前启后,沿波而进,学案体史籍的别创一军,已是指日可待。至黄宗羲《明儒学案》出而集其大成,以其鲜明的编纂原则,严整的编纂体例和丰富翔实的史料,最终统摄以著者的卓然睿识,从而使学案体史籍臻于完善和定型。至此,在中国传统历史编纂学中,便挺生出学案体史籍的新军。

第七章　《宋元学案》的纂修

在中国学术史上,继《明儒学案》之后,《宋元学案》是又一部具有重要影响的学案体史籍。该书自清代康熙间黄宗羲发凡起例,其子百家承其未竟而续事纂修,直至乾隆初全祖望重加编订,确立百卷规模,迄于道光中再经王梓材、冯云濠整理刊行,其成书历时近一百五十年。

一、黄氏父子的创始之功

《宋元学案》的结撰,首倡于黄宗羲,续修于其子百家。为山复篑,后海先河,谨述黄氏父子创辟之功如后。

(一)黄宗羲的发凡起例

在完成《明儒学案》之后,黄宗羲以耄耋之年,又致力于《宋元学案》的结撰。据全祖望所撰《梨洲先生神道碑文》记,宗羲"晚年,于《明儒学案》之外,又辑《宋儒学案》《元儒学案》,以志七百年来儒苑门户。……尚未成编而卒"①。虽因代远年湮,我们今天已无从知道黄宗羲当年董理《宋儒学案》《元儒学案》的始末,但是其发凡起例的辛勤劳作,在今本《宋元学案》中,依然留下了清晰的印记。

在宋元两代《学案》的纂修过程中,黄宗羲的创始之功,除编纂体

① [清]全祖望:《鲒埼亭集》卷十一《梨洲先生神道碑文》。

例的一仍《明儒学案》格局之外，主要表现在如下两个方面。

第一，大体确立卷帙次第。

今本一百卷《宋元学案》之中，据道光间整理书稿的王梓材、冯云濠介绍，其卷帙次第，在黄宗羲生前，已经粗具眉目。

关于全书的托始于胡瑗、孙复，王梓材明确地指出，其议即首倡于黄宗羲。王氏于此说："谢山（全祖望——引者）以梨洲编次《学案》托始于安定、泰山者，其意远有端绪。"①之后，康节、濂溪、明道、伊川、横渠五学案，其编次亦皆源自黄宗羲。全祖望将各案一分为二，于《横渠学案》即有称道黄宗羲的疏证之功语，他说："横渠先生勇于造道，其门户虽微有殊于伊洛，而大本则一也。其言天人之故，间有未当者，梨洲稍疏证焉，亦横渠之忠臣哉！"②卷三十三《荥阳学案》，黄宗羲初稿附见于《安定学案》，后为全祖望表而分立。卷三十一《吕范诸儒学案》，黄宗羲初本题作《蓝田学案》。卷三十二《周许诸儒学案》、三十三《王张诸儒学案》，前者原题《永嘉学案一》，后者则附《康节学案》。卷三十六《紫微学案》亦为全氏分立，旧在《和靖学案》之中。卷四十一至四十三《衡麓》《五峰》《刘胡诸儒》三学案，宗羲初稿皆在《武夷学案》中。而卷五十二至五十五《艮斋》《止斋》《水心》三学案，宗羲本亦同置《永嘉学案》中。同样，卷五十六之《龙川学案》，宗羲则题作《永康学案》。而卷五十七、五十八《梭山复斋》《象山》和卷七十四至七十六《慈湖》《絜斋》《广平定川》及卷九十三之《静明宝峰》诸学案，宗羲初稿俱在《金溪学案》中。他如卷四十八、四十九《晦翁学案》之称《紫阳学案》，卷八十二《北山四先生学案》之称《金华学案》，卷八十五《深宁学案》之附于《西山学案》，卷八十六、八十七《东发》《静清》二学案之题《四

① ［清］王梓材：《宋元学案》卷首《序录》第四卷案语。

② ［清］全祖望：《横渠学案》序录，载《宋元学案》卷十七。

明朱门学案》,卷六十九《介轩学案》之题《新安学案》,卷九十、九十一《鲁斋》《静修》二学案之同列《北方学案》。凡此,皆可窥见黄宗羲筚路蓝缕的艰辛劳作。

第二,论定诸家学术。

今本《宋元学案》中,尚存黄宗羲案语五十八条。这些案语论定各家学术,或张大师说,或独抒己见,于探讨黄宗羲结撰《宋元学案》的著述思想,弥足珍贵。谨依卷帙先后,掇其大要,略加引述。

卷十《百源学案下》,黄宗羲于著录高攀龙评邵雍学术"如空中楼阁"之语后,有案语云:"康节反为数学所掩,而康节数学,《观物外篇》发明大旨。今载之《性理》中者,注者既不能得其说,而所存千百亿兆之数目,或脱或讹,遂至无条可理。盖此学得其传者,有张行成、祝泌、廖应淮,今寥寥无继者。余尝于《易学象数论》中为之理其头绪,抉其根柢。"①这一段案语是说邵雍学术,其大旨于《观物外篇》多有阐发,而明初修《性理大全》,不识别择,庞杂无类,以致使之无条可理,黯然不明。所以黄宗羲既撰《易学象数论》理其头绪,又于《宋元学案》中立《康节学案》,载其《观物外篇》,以明邵氏学术。至于邵雍学术的传衍,黄宗羲原将案主门人附载《康节学案》中,全祖望则分立为《王张诸儒学案》和《张祝诸儒学案》。同样是述邵氏门人,黄宗羲于王豫(字悦之,又字天悦)传略后,所加案语则又略异前引。他写道:"康节之学,子文(雍子伯温——引者)之外,所传止天悦,此外无闻焉。盖康节深自秘惜,非人勿传。……天悦无所授,以先生之书殉葬枕中。未百年而吴曦叛,盗发其冢,有《皇极经世体要》一篇,《内外观物》数十篇。道士杜可大贿得之,以传廖应淮,应淮传彭复,彭复传傅立,皆能前知云。"②

① ［清］黄宗羲:《宋元学案》卷十《百源学案下》案语。
② ［清］黄宗羲:《宋元学案》卷三十三《王张诸儒学案》案语。

全祖望正是合此二段案语,多方搜辑,遂将《康节学案》黄氏旧稿分而三之。

卷十二《濂溪学案下》,在全文引录周敦颐《太极图说》之后,黄宗羲案云:“朱子以为,阳之动为用之所以行也,阴之静为体之所以立也。夫太极既为之体,则阴阳皆是其用。如天之春夏,阳也;秋冬,阴也。人之呼,阳也;吸,阴也。宁可以春夏与呼为用,秋冬与吸为体哉?缘朱子以下文主静立人极,故不得不以体归之静。先师云‘循理为静,非动静对待之’。一语点破,旷若发朦矣。”①这就是说,朱熹有误会《太极图说》处,唯有刘宗周之说始是正解。而对于周敦颐学术,黄宗羲在同卷他处,则有总评性的案语,他说:“周子之学,以诚为本。从寂然不动处握诚之本,故曰主静立极。本立而道生,千变万化皆从此出。化吉凶悔吝之途,而反复其不善之动,是主静真得力处。静妙于动,动即是静。无动无静,神也,一之至也,天之道也。千载不传之秘,固在是矣。”②黄宗羲既以诚为周学大本,进而论证“无动无静”乃千载不传之秘,独周敦颐得悟。因此,他不赞成指周氏之学为源于佛老之说。黄宗羲就此指出:“后世之异论者,谓《太极图》传自陈抟,其图刻于华山石,列玄牝等名,是周学出于老氏矣。又谓周子与胡卜恭(胡宿——引者)同师僧寿涯,是周学又出于释氏矣。此皆不食其肉而说味者也。使其学而果是乎,则陈抟、寿涯,周子之老聃、苌弘也。使其学而果非乎,即日取二氏而谆谆然辩之,则范缜之神灭、傅奕之昌言,无与乎圣学之明晦也。”于是宗羲以高攀龙之说为同调,得出了周氏之学“字字辟佛”的结论。他说:“顾泾阳曰,周元公不辟佛。高忠宪答曰,元公之书,字字与佛相反,即谓之字字辟佛可也。岂不信哉!”③

---

① [清]黄宗羲:《宋元学案》卷十二《濂溪学案下》案语。
② 同上。
③ 同上。

卷十五《伊川学案上》，当引述程颐“人既能知见，岂有不能行”的一段语录之后，黄宗羲即加案语云：“伊川先生已有知行合一之言矣。”①寥寥数语，画龙点睛，其弦外之音，无非是说王守仁的“知行合一”之见并非异说，实是远承程颐，渊源有自。程门高足，谢、杨并尊。黄宗羲推许谢良佐（上蔡），于杨时（龟山）则有微辞。在卷二十四《上蔡学案》卷首，他写有类似《明儒学案》总论的一段话，据云：“程门高弟，予窃以上蔡为第一，《语录》尝累手录之。语者谓道南一派，三传而出朱子，集诸儒之大成，当等龟山于上蔡之上。不知一堂功力，岂因后人为轩轾！且朱子之言曰，某少时妄志于学，颇藉先生之言以发其趣。则上蔡固朱子之先河也。”②而卷二十五《龟山学案》之论杨时，便有“为明道（程颢）难，为伊川（程颐）易，龟山固两失之矣”的结论。他说：“朱子言，龟山晚年之出，未免禄仕，苟且就之。然来得已不是，及至，又无可为者，只是说没紧要底事。所以使世上一等人笑儒者，以为不足用，正坐此耳。此定论也。盖龟山学问从庄、列入手，视世事多不经意，走熟援而止之而止一路。若使伊川于此等去处，便毅然斩断葛藤矣。故上蔡云，伯淳最爱中立，正叔最爱定夫，二人气象相似也。龟山虽似明道，明道却有杀活手段，决不至徒尔劳攘一番。为伊川易，为明道难，龟山固两失之矣。”③对杨、谢二家之学如何评价，朱熹学说之是否导源谢良佐，都是可以讨论的问题。宗羲之说虽未可视为定评，但却个性鲜明，其特立独行的学术风貌皆在其中。正如全祖望所说：“谢、杨二公，谢得气刚，杨得气柔，故谢之言多踔厉风发，杨之言多优柔平缓，朱子已尝言之。而东发谓象山之学原于上蔡，盖陆亦得气之刚者也。梨洲先

---

① ［清］黄宗羲：《宋元学案》卷十五《伊川学案上》案语。
② ［清］黄宗羲：《宋元学案》卷二十四《上蔡学案》案语。
③ ［清］黄宗羲：《宋元学案》卷二十五《龟山学案》案语。

生天资最近乎此，故尤心折于谢。”①唯其如此，所以于朱熹批评谢良佐学术语，黄宗羲则多加辩诘，指出：“上蔡在程门中，英果明决。其论仁以觉、以生意，论诚以实理，论敬以常惺惺，论穷理以求是，皆其所独得，以发明师说者也。”他认为，朱熹批评谢氏“杂禅”，实因朱子“终身认理气为二”所使然。在黄宗羲看来，谢良佐之于程门，“其言语小有出入则或有之，至谓不得其师之说，不敢信也”②。

类似的立异朱熹处，四十、四十二、四十八、五十诸卷，案语所在多有。黄宗羲之立异朱子说，固然自有其立论依据，但门户之见实亦隐存其间。过于尊信王守仁的《朱子晚年定论》，朱、陆学术早异晚同之见横亘于胸，自然就会出现偏颇了。不过，黄宗羲毕竟不是门户勃谿者，而是一位见识卓然的史家。因此在卷五十八《象山学案》中，他所留下的大段案语，尽管未脱成见，然而依旧道出了不可拘执门户的主张。他说：“先生之学，以尊德性为宗。……紫阳之学，则以道问学为主。……先生之尊德性，何尝不加功于学古笃行，紫阳之道问学，何尝不致力于反身修德，特以示学者之入门各有先后。……二先生同植纲常，同扶名教，同宗孔孟。即使意见终于不合，亦不过仁者见仁，知者见知，所谓学焉而得其性之所近。”于是宗羲断言：“不睹二先生之全书，从未究二先生之本末，糠粃眯目，强附高门，浅不自量，妄相诋毁。彼则曰我以助陆子也，此则曰我以助朱子也。在二先生，岂屑有此等庸妄无谓之助己乎！”③谈朱熹、陆九渊学术异同，倘能摒弃早异晚同的成见，黄宗羲之所论，亦不失公允持平。

同样的道理，由于黄宗羲是以一个学术史家的理智去讨论学术公案，因而颇能得中肯綮。譬如卷七十四《慈湖学案》之论陆九渊门人杨

① ［清］全祖望：《龟山学案》案语，载《宋元学案》卷二十五。

② ［清］黄宗羲：《宋元学案》卷二十四《上蔡学案》案语。

③ ［清］黄宗羲：《宋元学案》卷五十八《象山学案》案语。

简，黄宗羲留下了两条案语。第一条有云:“象山说颜子克己之学，非如常人克去一切忿欲利害之私，盖欲于意念所起处将来克去。故慈湖以不起意为宗，是师门之的传也。……但慈湖工夫入细，不能如象山，一切经传有所未得处，便硬说辟倒。此又学象山而过者也。”这就是说，杨简虽得陆九渊真传，但放言高论，漫无依据，未免有违师教。第二条则说得更其直截:“慈湖所传，皆以明悟为主。……夫所谓觉者，识得本体之谓也。象山以是为始功，而慈湖以是为究竟。此慈湖之失其传也。”①陆九渊之学，得杨简而传，亦因杨简而失传，这就是黄宗羲对杨简学术的定论。

何基、王柏、金履祥、许谦，史称“北山四先生”。黄宗羲辟为《金华学案》加以考论，以探讨宋元间学术史。后经全祖望修定，改题《北山四先生学案》。在这一学案中，黄宗羲亦留下案语二条。第一条专论宋末何基(北山)之学，指出:“北山之宗旨，熟读《四书》而已。……确守师说，可谓有汉儒之风焉。”第二条合论元人金履祥、许谦，兼及一时浙东学术，宗羲说:“理一分殊，理不患其不一，所难者分殊耳。此李延平之谓朱子也。是时朱子好为笼侗之言，故延平因病发药耳。当仁山、白云之时，浙河皆慈湖一派，求为本体，便为究竟，更不理会事物。不知本体未尝离物以为本体也，故仁山重举斯言，以救时弊。”②

《宋元学案》全书，黄宗羲留下的案语，其最后一条见于卷八十九《介轩学案》。此一学案宗羲原题《新安学案》，系据案主许月卿(号山屋，婺源人)地望命名。而全祖望则改以许氏师董梦程(号介轩)号为据，题作《介轩学案》。案语中，黄宗羲论新安一地元初学风之演变大势云:“新安之学，自山屋一变而为风节。盖朱子平日刚毅之气，凛不

① [清]黄宗羲:《宋元学案》卷七十四《慈湖学案》案语。
② [清]黄宗羲:《宋元学案》卷八十二《北山四先生学案》案语。

可犯，则知斯之为嫡传也。彼以为风节者，意气之未融，而以屈曲随俗为得，真邪说之诬民者也。先师尝言，东汉之风节，一变至道，其有见于此乎！”①

（二）黄百家的续事纂修

黄宗羲晚年，虽发愿结撰《宋元儒学案》，无奈年事已高，时不再与，书稿眉目粗得，即告赍志而殁。其子百家承父未竟，续事纂修，为《宋元学案》的成书，建树了不可磨灭的业绩。

黄百家为宗羲第三子，原名百学，字主一，号耒史。他生当明清鼎革的乱离之中，青少年时代，因其父从事抗清斗争，四方转徙，无暇课督，因而使百家有“失学”②之叹。早年，曾随鄞县武师王来咸习武，于拳法、剑术皆颇得其传。后来，百家于此段经历似感不妥，屡有反省，用他的话来说，就叫作“几失足为狭邪无俚之徒”③。康熙初，其父返乡，息影家园，百家始得朝夕相随，兼习举子业。康熙六年（1667），黄宗羲讲学宁波，百家与甬上诸贤如陈赤衷、陈锡嘏、万斯大、万斯同等共学于讲经会中。从此，绍兴、慈溪、海宁，凡宗羲讲学所至，百家皆得相随，耳濡目染，学业日进。康熙十八年，清廷重开《明史》馆，礼聘黄宗羲。宗羲婉言谢绝，后不堪纠缠，遂让弟子万斯同、万言叔侄北上，入京预修《明史》。康熙二十六年，再命百家入《明史》馆总裁徐元文京邸，同万斯同一道以布衣修史。二十九年夏，徐元文失官南归，百家与万斯同皆为主事者挽留，修史于京中江南会馆。后因黄宗羲年高体衰，百家遂携书稿南还，专意于《天文》《历法》诸志的结撰。三十一年七月，《明儒学案》得河北故城贾润资助刊刻。润死，子朴继承其事。黄宗羲闻讯，抱

① ［清］黄宗羲：《宋元学案》卷八十九《介轩学案》案语。
② ［清］黄百家：《学箕初稿》卷二《赠陈子文北上序》。
③ 同上。

病口授序文，由百家笔录成篇。

黄宗羲故世之后，留下四部未竣遗著，即《宋儒学案》《元儒学案》《宋文案》《元文案》。后来，黄百家虽有志《明史》，却因其父遗志未竟而未再入京修史。康熙三十七年春，万斯同省亲南返，向黄百家转达史馆总裁王鸿绪的聘请，拟约百家于秋间结伴入京。万斯同说："吾学博于汝，而笔不及汝，《明史》之事，乐得子助。"①百家为完成父业，终未得行。晚年的黄百家，致力于《宋元儒学案》和《宋元文案》的纂修，于《宋元儒学案》用力尤勤。后虽一如其父，未能蒇事而去世，但于今本《宋元学案》中，同样留下了他辛勤耕耘的足迹。

黄百家之于《宋元学案》，其辛勤劳作可以归纳为两个主要方面：一是整理父稿，拾遗补阙；二是阐发父说，论定学术。兹举其大要，略述如后。

第一，整理父稿，拾遗补阙。

一部《宋元学案》，经黄百家手所纂辑者，除尔后全祖望补修各案外，可谓无案不然。仅百家自述所及，便已称俯拾即是。譬如卷一《安定学案》，案中著录的众多胡瑗门生弟子，有三十四人的资料即为百家所搜集。他于此写道："安定先生初教苏、湖，后为直讲，朝命专主太学之政。先生推诚教育，甄别人物，有好尚经术者，好谈兵战者，好文艺者，好尚节义者，使之以类群居讲习。先生时时召之，使论其所学，为定其理。或自出一义，使人人各对，为可否之。或就当时政事，俾之折衷。故人皆乐从而有成效。……先生之教法，穷经以博古，治事以通今，成就人才，最为的当。自后濂、洛之学兴，立宗旨以为学的，而庸庸之徒反易躲闪。是语录之学行而经术荒矣。当时安定学者满天下，今广为搜

① ［清］黄百家：《万季野先生斯同墓志铭》，载《碑传集》卷一百三十一。

索，仅得三十四人，然而铮铮者在是矣。”①又如卷九《百源学案》上所著录之邵雍《观物内外篇》《渔樵问答》等，亦出黄百家手。他说：“先生《观物内外篇》，《内篇》先生所自著，《外篇》门弟子所述。《内篇》注释，先生子伯温也。”又说：“《黄氏日抄》云，《伊川至论》第八卷载《渔樵问答》，盖世传以为康节书者，不知何为亦剿入其中。近世昭德先生晁氏《读书记》，疑此书为康节子伯温所作。今观其书，惟天地自相依附数语，为先儒所取，余多肤浅。子文得家庭之说而附益之，明矣。今去其问答浮词并与《观物篇》重出者，存其略焉。”②再如卷十一《濂溪学案》所著录黄宗羲对《通书》的笺注，亦系黄百家所辑录。他于此不惟详加案说于篇末，而且还在卷首解释道：“《通书》，周子传道之书也。朱子释之详矣，月川曹端氏继之为《述解》，则朱子之义疏也。先遗献嫌其于微辞奥旨尚有未尽，曾取蕺山子刘子说，笺注一过。谨条载本文下，间窃附以鄙见。”③他如卷十三《明道学案》、卷十七《横渠学案》，以及卷八十二《北山四先生学案》和卷九十《鲁斋学案》等，黄百家的辛勤耕耘，皆历历在目，不遑备举。

第二，阐发父说，论定学术。

据笔者粗略统计，在今本《宋元学案》中，载有黄百家案语 210 条。其数量之多，不惟成数倍地远逾其父，而且也可媲美全祖望。这些案语，除部分属于考明疑似、辩证是非之语外，多系阐发其父遗说，以论定各家学术，实有类于《明儒学案》之诸家学术总论。譬如前引卷一《安定学案》之评胡瑗学术，即可视为该案总论。又如卷二《泰山学案》之论孙复学术，亦可作如是观。百家于案主孙氏传略后，先于案语中引述黄震之说，以说明“宋兴八十年，安定胡先生、泰山孙先生、徂徕石先

---

① ［清］黄百家：《安定学案》案语，载《宋元学案》卷一。

② ［清］黄百家：《百源学案》案语，载《宋元学案》卷九。

③ ［清］黄百家：《濂溪学案》案语，载《宋元学案》卷十一。

生，始以师道明正学，继而濂、洛兴矣。故本朝理学虽至伊洛而精，实自三先生而始”。继之则陈述己说云：“盖先生应举不第，退居泰山，聚徒著书，以治经为教。先生与安定同学，而《宋史》谓瑗治经不如复。安定之经术精矣，先生复过之。惜其书世少其传，其略见徂徕作《泰山书院记》。”同卷孟宗儒传略后，百家亦有案语一段，在详尽称引其父辩证《明史》不可沿《宋史》之陋，而立《道学传》语之后，即伸以己说云：“先文洁曰，本朝理学，实自胡安定、孙泰山、石徂徕三先生始。朱文公亦云，伊川有不忘三先生之语。即考诸先儒，亦不谬也。”①再如卷四十八《晦翁学案》，朱熹传略后之黄百家案语，亦无异该案总论。他说：“紫阳以韦斋为父，延平、白水、屏山、籍溪为师，南轩、东莱诸君子为友，其传道切磋之人，俱非夫人之所易姤也。禀颖敏之资，用辛苦之力，尝自言曰，某旧时用心甚苦，思量这道理，如过危木桥子，相去只在毫发之间，才失脚便跌下去。可见先生用功之苦矣。而又孜孜不肯一刻放懈。其为学也，主敬以立其本，穷理以致其知，反躬以践其实。而博极群书，自经史著述而外，凡夫诸子、佛老、天文、地理之学，无不涉猎而讲究也。其为间世之巨儒，复何言哉！”②类似总论性的案语，卷八十三《双峰学案》、卷八十七《静清学案》等，所在多有。卷八十六《东发学案》，百家秉其父说，原题《四明朱门学案》二，于黄震传略后，他尽引其父论为案语道：“先遗献曰，嗟夫！学问之道，盖难言哉。无师授者，则有多歧亡羊之叹；非自得者，则有买椟还珠之诮。所以哲人代兴，因时补救，视其已甚者而为之一变。当宋季之时，吾东浙狂慧充斥，慈湖之流弊极矣，果斋、文洁不得不起而救之。然果斋之气魄，不能及于文洁，而《日抄》之作，折衷诸儒，即于考亭亦不肯苟同，其所自得者深也。今但言文洁

① ［清］黄百家：《泰山学案》案语，载《宋元学案》卷二。

② ［清］黄百家：《晦翁学案上》案语，载《宋元学案》卷四十八。

之上接考亭,岂知言哉?”①

此外,黄百家所写案语,于各家学术源流述之甚详,始终有一全局在胸。譬如卷二十五《龟山学案》,于杨时传略之后,百家有案语云:“二程得孟子不传之秘于遗经,以倡天下。而升堂睹奥,号称高第者,游、杨、尹、谢、吕,其最也。顾诸子各有所传,而独龟山之后,三传而有朱子,使此道大光,衣被天下。则大程道南目送之语,不可谓非前谶也。”②如此论杨时予南宋理学的影响,兼及朱熹学术渊源,显然要较其父之推尊谢良佐更接近历史真实。又如卷五十八《象山学案》之述朱、陆学术之争,黄百家亦有摆脱门户之论。他说:“子舆氏后千有余载,缵斯道之坠绪者,忽破暗而有周、程。周、程之后曾未几,旋有朱、陆,诚异数也。然而陆主乎尊德性,谓先立乎其大,则反身自得,百川会归矣。朱主乎道问学,谓物理既穷,则吾知自致,滃雾消融矣。二先生之立教不同,然如诏入室者,虽东西异户,及至室中则一也。何两家弟子不深体究,出奴入主,论辩纷纷,而至今借媒此径者,动以朱、陆之辨同辨异,高自位置,为岑楼之寸木?”③

今本《宋元学案》卷八十二《北山四先生学案》,黄氏父子原题《金华学案》,百家于该案多所究心。他先以案语一段综述金华学术源流云:“勉斋之学,既传北山,而广信饶双峰亦高弟也。双峰之后,有吴中行、朱公迁,亦铮铮一时。然再传即不振。而北山一派,鲁斋、仁山、白云,既纯然得朱子之学髓,而柳道传、吴正传以逮戴叔能、宋潜虚一辈,又得朱子之文澜,蔚乎盛哉!是数紫阳之嫡子,端在金华也。”继之则专辟后人訾议王柏治经立异朱熹之不妥,他说:“鲁斋之宗信紫阳,可谓笃矣。而于《大学》,则以为格致之传不亡,无待于补;于《中庸》,则

---

① [清]黄百家:《东发学案》案语,载《宋元学案》卷八十六。
② [清]黄百家:《龟山学案》案语,载《宋元学案》卷二十五。
③ [清]黄百家:《象山学案》案语,载《宋元学案》卷五十八。

以为《汉志》有《中庸说》二篇，当分诚明以下别为一篇；于《太极图说》，则以为无极一句当就图上说，不以无极为无形、太极为有理也。其于《诗》《书》，莫不有所更定。岂有心与紫阳异哉！……后世之宗紫阳者，不能入郛廓，宁守注而背经，而昧其所以为说，苟有一言之异，则以为攻紫阳矣。然则鲁斋亦攻紫阳者乎？甚矣，今人之不学也。”最后，则假评金履祥的《论孟考证》，进一步抨击盲目尊朱之弊。百家于此写道：“仁山有《论孟考证》，发朱子之所未发，多所牴牾。其所以牴牾朱子者，非立异以为高，其明道之心，亦欲如朱子耳。朱子岂好同而恶异者哉！世为科举之学者，于朱子之言，未尝不锱铢以求合也。乃学术之传，在此而不在彼，可以憬然悟矣。”①

黄宗羲、百家之述《金华学案》，实欲据以论元代之浙东理学。而今本卷九十之《鲁斋学案》，则专述元代北方理学，故原题《北方学案》。在该学案案主赵复传略后，黄百家有案语一段，总论元代北方理学云：“自石晋燕、云十六州之割，北方之为异域也久矣，虽有宋诸儒迭出，声教不通。自赵江汉以南冠之囚，吾道入北。而姚枢、窦默、许衡、刘因之徒，得闻程、朱之学以广其传，由是北方之学郁起，如吴澄之经学，姚燧之文学，指不胜屈，皆彬彬郁郁矣。”②卷九十一之《静修学案》，黄氏父子原以附《北方学案》，百家于案中亦有总论一代学术语。他说：“有元之学者，鲁斋、静修、草庐三人耳。草庐后至，鲁斋、静修，盖元之所藉以立国者也。二子之中，鲁斋之功甚大，数十年彬彬号称名卿材大夫者，皆其门人，于是国人始知有圣贤之学。静修享年不永，所及不远。然是时虞邵庵之论曰，文正没，后之随声附影者，谓修辞申义为玩物，而苟且于文章，谓辨疑答问为躐等，而姑困其师长，谓无所猷为为涵养德性，谓

---

① ［清］黄百家：《北山四先生学案》案语，载《宋元学案》卷八十二。
② ［清］黄百家：《鲁斋学案》案语，载《宋元学案》卷九十。

深中厚貌为变化气质。外以聋瞽天下之耳目，内以蛊晦学者之心思。虽其流弊使然，亦是鲁斋所见，只具粗迹，故一世靡然而从之也。若静修者，天分尽高，居然曾点气象，固未可以功效较优劣也。"①

黄宗羲父子之究心宋元儒学，结撰《宋儒学案》《元儒学案》，就内容而言，一如《明儒学案》，系断代为史，未突破朝代界限。而在编纂体例上，则变通旧作而有所发展。尽管黄氏遗稿今已无从得见，但仅就经全祖望编订的《宋元学案》而论，这一发展已显而易见。大体而言，黄氏父子的《宋元儒学案》，结构依然是三段式，只是三段之中，类似《明儒学案》的总论，或因脱稿尚需时日，并未独立于卷首，而是以随文案语的形式置于案中。取而代之的，则是学术资料选编后的《附录》。凡一完整的学案，皆由此三部分构成，即：案主传略、学术资料选编、附录。附录所载，近承孙奇逢《理学宗传》卷末之小字附注，远袭朱熹《伊洛渊源录》之《遗事》，集中著录案主同时及尔后学者述其学行语。这一新的三段式编纂格局，经其后全祖望编订《宋元学案》而定型，遂合卷首《序录》于一体，成为学案体史籍的圭臬。

二、全祖望与《宋元学案》

黄宗羲、百家父子相继谢世之后，所遗《宋元儒学案》稿本，无人董理，几至散佚。乾隆初，幸得浙东学者全祖望续加补辑，厘定卷帙，拾坠绪于将湮，理遗编于濒失。《宋元学案》之能成完书，全祖望的辛勤劳作，最可纪念。

（一）全祖望学行述略

全祖望，字绍衣，号谢山，浙江鄞县（今属宁波）人。生于康熙四十

① ［清］黄百家：《静修学案》案语，载《宋元学案》卷九十一。

四年(1705),卒于乾隆二十年(1755),得年仅五十一岁。祖望秉性亢直,中年失官之后,绝意宦情,潜心经史,表彰乡邦文献,校勘《水经注》,笺释《困学纪闻》,编订《宋元学案》。不惟以之而名噪于乾隆初叶的学术界,而且还被尔后学者评为兼擅经史词章的全才。

祖望四岁即入塾读书,迄于十四岁补博士弟子,诸经之外,《通鉴》《通考》诸书皆已寓目。十六岁时,以所为古文谒著名文士查慎行,深得查氏推许,比之为北宋散文家刘敞一辈。之后,他留心经史,专意于乡邦文献的董理。浙东藏书之家,如范氏天一阁、谢氏天赐园、陈氏云在楼,皆留下过全祖望抄撮经史的身影。雍正七年,他为浙江学政王兰生所识拔,录为选贡,时年二十五岁。

雍正八年(1730)春,全祖望离乡北上,就读京师国子学。此时,耆儒方苞以治《礼经》而名著京城。祖望读方氏著《丧礼或问》,于其中论大夫丧礼多有未安,于是致书方苞商榷。入京伊始,即以此而崭露头角。后应山东学政罗凤彩聘请,入幕济南,遍游三齐。十年秋,以第一名举顺天乡试。翌年春,会试落第。时值清世宗颁诏,拟再开博学鸿词特科,以罗致人才。全祖望得列名荐牍,遂留京待试。乾隆元年春,以三甲第三十六名成进士。原指望与试特科,一举而跻身翰林院儒臣之列。殊不知因先前忤大学士张廷玉,竟不允与试。翌年五月,又以庶吉士考试下等而不得在翰林院供职,改而听候补选外官,时年三十三岁。失官南归,从此不再复出。

返乡之后,迄于乾隆二十年七月病逝,十八年间,全祖望先后应聘主持绍兴蕺山书院和粤东端溪书院讲席,专意经史,作育人才。晚年贫病交加,寄人篱下,依然不改初衷,献身学术,直到赍志而殁。

《困学纪闻》的笺注,是全祖望中年以后所完成的第一项著述事业。《困学纪闻》为宋元间浙东大儒王应麟所结撰,全书凡二十卷,系著者考证经史百家之学的札记荟萃,博极群书,引据繁富,既集一生学养,亦寓家国忧思,为我国古代学术史中有口皆碑的名著。清初,古学复兴之风起,阎若璩以经史考证之学而睥睨四方,曾为《困学纪闻》作校注,是为清人对此书的初笺。稍后,何焯自炫其词章之学,于《困学纪闻》再加笺注,是为二笺。全祖望继起,时值阎、何二家笺注相继刊行,于二家劳作虽多加首肯,但亦缘不尽惬意而发愿三笺。乾隆六年秋冬间,祖望旅居扬州,取二家笺注合订,删繁就简,补阙正讹,复增三百余条,成《困学纪闻三笺》。翌年二月,撰《困学纪闻三笺序》有云:"深宁王先生《文集》百二十卷,今世不可得见。……碎金所萃,则为《困学纪闻》。顾其援引书籍奥博,难以猝得其来历,太原阎征君潜丘尝为之笺,已而长洲何学士义门又补之。……潜丘详于开索,其于是书,最所致意,然笔舌冗漫,不能抉其精要,时挟偏乖之见,如力攻《古文尚书》,乃其平日得意之作,顾何必哓哓搀入此笺之内,无乃不知所以裁之耶?义门则简核,而欲高自标置,晚年妄思论学,遂谓是书尚不免词科人习气,不知己之批尾家当,尚有流露此笺未经洗涤者。……予学殖荒落,岂敢与前辈争入室操戈之胜?况莫为之前,予亦未能成此笺也。……是书虽经三笺,然阙如者尚多有之,又安知海内博物君子,不有如三刘者乎?予日望之矣。"①

校勘《水经注》,为全祖望晚年的第二项著述事业。《水经》为我国古代历史地理著述,专记南北河道水系。作者其说不一,一说为汉桑钦,一说为晋郭璞,惟证据皆不确凿,故久久存疑。一般认为,当是东汉间的作品。北魏间,郦道元为该书作注,成《水经注》四十卷,穷原竟委,引据浩博,经伴注行,皆成历史地理学名著。宋明以来,《水经注》多有刊行,研究郦书,亦成专门学问。然而代远年湮,今古悬隔,郦书在辗转传抄和刊刻之中,或间有散佚,或错简失序,或经注混淆,鲁鱼豕

① [清]全祖望:《鲒埼亭集外编》卷二十五《困学纪闻三笺序》。

亥，所在多有。校订讹夺，恢复旧观，摭补逸文，是正文字，皆为亟待解决的课题。故宋明数百年，董理其事者代不乏人。入清以后，考证经史之风渐兴，黄仪、胡渭、顾祖禹、阎若璩、何焯、孙潜诸家，各有笺注。乾隆初，古学日盛，沈炳巽、全祖望、赵一清等续事校勘，集前人研究之所得，将《水经注》的整理推进到一个崭新阶段。全祖望之董理《水经注》，工始于乾隆十四年（1749），厘定经注，摭拾逸文，校订文字，用力极勤。迄于逝世，犹未完编。今本《鲒埼亭集外编》所录《水经注泄水篇跋》，即明言"乙亥五月又题"。足见逝世前夕，他依然在其间辛勤爬梳。道光间，祖望遗稿传抄本流出。光绪中，始由薛福成据以刊行。

全祖望留意宋元史事，素有重修《宋史》之志。雍正十一年（1733）在京期间，他曾就陆九渊学术六度致书廷臣李绂，详加商榷。当时，李绂结撰《陆子学谱》，一意表彰陆学。全祖望私淑黄宗羲，于陆九渊学术多所推尊，故引李绂为同调，为使其著述臻于至善而不惮书札往复。

祖望致李绂第一书，专论元明间的合会朱、陆学术之风，辩证发端者之非赵汸。他先是引述元儒袁桷之论，以证明早在南宋末年淳祐间，此风已由番阳汤中民开其先路。元人龚霆松继起，著《朱陆异同举要》，亦是合会朱、陆学术之作。因此，他认为，《陆子学谱》沿前人误说，推元明间人赵汸为合会朱、陆学术先驱，是不妥当的。全祖望在信中指出："圣学莫重于躬行，而立言究不免于有偏。朱、陆之学，皆躬行之学也，其立言之偏，后人采其醇而略其疵，斯真能会同朱、陆者也。若徒拘文牵义，哓哓然逞其输攻墨守之长，是代为朱、陆充词命之使，即令一屈一伸，于躬行乎何预！"书末，全祖望又略述明儒表彰陆学诸家，以补《陆子学谱》之未竟。他说："明儒申东山之绪者，共推篁墩。而又有督学金溪王蓂弘斋，著《陆子心学录》，在嘉靖初年，阁下之乡老也。又有侍郎李堂堇山，四明人也。《陆子粹言》，则出自临海王敬所之手，是亦所当著录者也。”①

全祖望第二书，专就《陆子学谱》中所列陆九渊诸弟子加以考辨。书中，首先考订以徐谊为陆九渊弟子之不妥。全祖望为此而引述叶适所撰之徐氏墓志铭，该志云：“公以悟为宗，悬解朗彻，近取日用之内，为学者开示修证所缘。至于形废心死，神视气听，如静中震霆，冥外朗日，无不洗然，自以为有得也。”祖望认为，这一段话《宋史》不载，而李绂特为表出，实可补其阙略。然而，此文只可证明徐氏之学与陆学相合，却不可据以判定徐谊之为陆九渊弟子。考诸杨简祭徐谊文，称简见陆九渊，乃由徐谊绍介；黄震之《黄氏日抄》亦谓，徐谊见陆九渊“天地之性人为贵论”，因令杨简师事陆氏。全祖望于是得出结论：“然则文忠未尝师陆子矣，而《年谱》有‘文忠侍学’之语，恐未可据。”接着，全祖望又写道：“阁下于徐文忠公而下，牵连书蔡文懿公幼学、吕太府祖俭、项龙图安世、戴文端公溪，皆为陆子弟子，则愚不能无疑焉。”于是逐一质疑之后，祖望断言：“倘以陆子集中尝有切磋镞厉之语，遂谓杨、袁之徒侣焉，则谱系紊而宗传混，适所以为陆学之累也。”最后，全祖望又论定以罗点之子为陆氏再传弟子之不妥。他认为，此系受《考亭渊源录》夸饰门墙之风影响所致，实不可取。在这封信中，还有一值得注意的消息，即全祖望所云：“蒙示《陆子学谱》，其中搜罗潜逸，较姚江黄征君《学案》数倍过之。后世追原道脉者，可以无憾。”②这就是说，迄于雍正十一年(1733)，全祖望已经见过黄氏父子的《宋儒学案》稿本，至少是其中的《金溪学案》稿，否则“数倍过之”云云，也就无的放矢了。

全祖望致李绂的其他四封信，皆为补《陆子学谱》之阙略而作。四书或引官私史籍，或据别集杂著，原原本本，考证周详，皆可见全祖望于

① ［清］全祖望：《鲒埼亭集外编》卷四十四《奉临川先生帖子一》。

② ［清］全祖望：《鲒埼亭集外编》卷四十四《奉临川先生帖子二》。

宋元史事之留意，尤其是对乡邦文献之谙熟。

乾隆二年(1737)冬，祖望取道余姚返乡。时值郑性捐资再刻《明儒学案》，他专为致书商榷。书中所议凡十一条。第一条，议杨简之学在明初的传衍；第二条，议薛瑄的早年师承；第三条，议宜增《镜川学案》；第四条，议《蕺山学案》中“五星聚张”一段当删；第五条，议訾《学案》“私其乡人”之不实；第六条；议史桂芳集可补；第七条，议永嘉诸王门弟子；第八条，议《近溪学案》中之胡宗正、胡清虚非一人；第九条，议《东林学案》所选吴钟峦语录未尽允当；第十条，议《东林学案》录黄尊素述“绕朝赠策”事失当；第十一条，议补阳明山左弟子。全祖望所议十一条，虽多为枝节，无碍大体，郑性及黄氏后人亦未加采纳，但若非通晓宋明学术源流，通读《明儒学案》，亦难将上述意见一一举出。

乾隆四年夏，《明儒学案》刊刻蒇事。黄氏后人又觅得父祖《宋元儒学案》遗稿，亟欲委托一方名儒整理编订。全祖望既有对于宋元学术的深厚素养，又曾读过《宋元儒学案》和《明儒学案》稿本，于是他自然成为最恰当不过的人选。编订《宋元学案》，就这样进入全祖望晚年的岁月。

据全氏门人董秉纯所辑《全谢山先生年谱》记，全祖望之编订《宋元学案》，工始于乾隆十一年春末。当时，他正应友人之邀，由水路北游苏州，黄氏父子《宋元儒学案》遗稿，即置行箧之中。舟中无事，编订《宋元学案》逐日进行。夏，北抵扬州，就馆于当地盐商马氏畬经堂，继续致力于《宋元学案》的编订。经过近一年的努力，至翌年二月，《宋元学案》百卷《序录》写定，于是全祖望又张罗筹资刊刻事宜。为此，他频繁往返于杭州、南京、扬州间，一路携书稿随行，校补不辍。乾隆十三年以后，因迭主蕺山、端溪书院讲席，先是应聘重定黄宗羲遗书，随后又将精力转向《水经注》校勘，故而《学案》编订时辍时续，久未得竣。十八年，全祖望染疾粤东，久病不痊，被迫辞书院讲席北归。七月，返抵故里。十九年春杪,养疴扬州,仍旅居畲经堂,治《水经注》,兼补《宋元学案》。后因病势不减,遂于同年十一月返乡。久病之后,衰弱异常,二十年三月,又伤嗣子夭亡,从此病情转重。七月,溘然长逝。《宋元学案》的编订终成未竟事业,后得慈溪郑氏资助刊行者,仅及全书《序录》及第十七卷之《横渠学案》上卷。

(二) 编订《宋元学案》的业绩

全祖望之于《宋元学案》,主要业绩在于如下三个方面。第一是精心擘画,厘定卷帙;第二是提纲挈领,撰就《序录》;第三是变通旧规,统一体例。兹分述如后。

第一,精心擘画,厘定卷帙。

黄氏父子的《宋元儒学案》遗稿,卷帙分合虽粗具眉目,但不惟未尽合理,且多所阙略。全祖望据以编订,就有大量的拾遗补阙、重加分合的工作要做。据道光间校定全书的王梓材、冯云濠介绍,全祖望在编订卷帙的过程中,所做工作大致可分为修定、补本、次定、补定四类。所谓修定,指黄氏原本所有,而为全氏增损。所谓补本,指黄氏原本所无,而经全氏特立。所谓次定,指黄氏虽有原本,但卷帙分合未尽合理,而为全氏剖分。所谓补定,指黄氏原本所有,全氏又分其卷第而特为立案。用王、冯二氏的话来说,就叫做“次定无所谓修补,补本无所谓原本,修定必有所由来,补定兼著其特立”①。

今本一百卷《宋元学案》中,经全祖望修定者凡三十一卷,依次为《安定学案》《泰山学案》《百源学案下》《濂溪学案下》《明道学案下》《伊川学案下》《横渠学案下》《上蔡学案》《龟山学案》《廌山学案》《和靖学案》《武夷学案》《豫章学案》《横浦学案》《艾轩学案》《晦翁学案

① [清]王梓材、[清]冯云濠:《校刊宋元学案条例》第三条,载《宋元学案》卷首。

下》《南轩学案》《东莱学案》《梭山复斋学案》《象山学案》《勉斋学案》《西山真氏学案》《北山四先生学案》《双峰学案》《介轩学案》《鲁斋学案》《草庐学案》。经全祖望补本者凡三十三卷，依次为《高平学案》《庐陵学案》《古灵四先生学案》《士刘诸儒学案》《涑水学案上、下》《范吕诸儒学案》《元城学案》《华阳学案》《景迂学案》《兼山学案》《震泽学案》《陈邹诸儒学案》《汉上学案》《默堂学案》《赵张诸儒学案》《范许诸儒学案》《玉山学案》《清江学案》《说斋学案》《徐陈诸儒学案》《二江诸儒学案》《张祝诸儒学案》《丘刘诸儒学案》《存斋晦静息庵学案》《巽斋学案》《师山学案》《萧同诸儒学案》《元祐党案》《庆元党案》《荆公新学略》《苏氏蜀学略》《屏山鸣道集说略》。经全祖望所补定者凡三十卷，依次为《荥阳学案》《刘李诸儒学案》《吕范诸儒学案》《周许诸儒学案》《王张诸儒学案》《紫微学案》《衡麓学案》《五峰学案》《刘胡诸儒学案》《艮斋学案》《止斋学案》《水心学案上、下》《龙川学案》《西山蔡氏学案》《南湖学案》《九峰学案》《沧州诸儒学案上、下》《岳麓诸儒学案》《丽泽诸儒学案》《慈湖学案》《絜斋学案》《广平定川学案》《槐堂诸儒学案》《深宁学案》《东发学案》《静清学案》《静修学案》《静明宝峰学案》。经全祖望所次定者凡六卷，依次为《百源学案上》《濂溪学案上》《明道学案上》《伊川学案上》《横渠学案上》《晦翁学案上》。足见，今本《宋元学案》卷帙的厘定，无卷没有全祖望的辛勤劳作。所以王、冯二氏说："梨洲原本无多，其经谢山续补者，十居六七。"①

第二，提纲挈领，撰就《序录》。

黄氏父子的《宋元儒学案》遗稿，上下四百年，所录儒林中人数以百千计。原稿以宋、元二代分行，全祖望合而为一，遂成贯通二代的百卷巨帙。在厘定卷帙的同时，全祖望取《明儒学案》总论遗意，撰为《序

① ［清］王梓材、［清］冯云濠：《校刊宋元学案条例》第三条，载《宋元学案》卷首。

录》百条，冠诸全书卷首。读者初阅《宋元学案》，有全氏《序录》导引，确可收提纲挈领之效。

全氏《序录》，首述开宋元学术端绪诸大儒。一如黄氏父子，他不取周敦颐为宋学开山之说，而是推祖于胡瑗、孙复。祖望说："宋世学术之盛，安定、泰山为之先河，程、朱二先生皆以为然。"①《安定》《泰山》二学案之后，为补黄氏父子之未尽，全祖望特立《高平》《庐陵》《古灵四先生》《士刘诸儒》及《涑水》五学案，以表彰范仲淹、欧阳修、陈襄、郑穆、陈烈、周希孟、士建中、刘颜、司马光诸家学术。于范仲淹，全祖望说："晦翁推原学术，安定、泰山而外，高平范魏公其一也。高平一生，粹然无疵，而导横渠以入圣人之室，尤为有功。"②于欧阳修，他则专意表彰其"因文见道"之功，认为："夫见道之文，非圣人之徒亦不能也。"③论邵雍、周敦颐一辈学术，全祖望亦仍黄宗羲之见，不取朱熹《伊洛渊源录》之说，而是将邵雍置于周敦颐之前。他尤其不满朱门中人排斥司马光于儒学之外的偏见，指出："小程子谓，阅人多矣，不杂者，司马、邵、张三人耳。故朱子有六先生之目。然于涑水微嫌其格物之未精，于百源微嫌其持敬之有歉，《伊洛渊源录》中遂祧之。草庐因是敢谓，涑水尚在不著、不察之列。有是哉？妄也。"④至于二程学术之是否渊源于周敦颐，全祖望亦不取朱熹之说，而是以吕希哲、汪应辰所论为据，予以否定。他说："濂溪之门，二程子少尝游焉。其后伊洛所得，实不由于濂溪。是在高弟荥阳吕公已明言之，其孙紫微又申言之，汪玉山亦云然。今观二程子终身不甚推濂溪，并未得与马、邵之列，可以见二吕之言不诬也。晦翁、南轩始确然以为二程子所自出，自是后世宗之，

---

① ［清］全祖望：《安定学案》序录，载《宋元学案》卷一。

② ［清］全祖望：《高平学案》序录，载《宋元学案》卷三。

③ ［清］全祖望：《庐陵学案》序录，载《宋元学案》卷七。

④ ［清］全祖望：《涑水学案》序录，载《宋元学案》卷十一。

而疑者亦踵相接焉。然虽疑之,而皆未尝考及二吕之言以为证,则终无据。予谓濂溪诚入圣人之室,而二程子未尝传其学,则必欲沟而合之,良无庸矣。"①

朱、陆学术之争,是宋代理学史上的一大公案,历元明诸朝,迄于清初而不绝。全祖望不主张墨守朱子学,所以他在《序录》中写道:"杨文靖公四传而得朱子,致广大,尽精微,综罗百代矣。江西之学,浙东永嘉之学,非不岸然,而终不能讳其偏。然善读朱子之书者,正当遍求诸家,以收去短集长之益。若墨守而屏弃一切焉,则非朱子之学也。"②同样的道理,全祖望亦不赞成朱门中人之群诋陆九渊为异学,于是在《象山学案》的《序录》中,他写下了这样一段话:"象山之学,先立乎其大者,本乎孟子,足以砭末俗口耳支离之学。但象山天分高,出语惊人,或失于偏而不自知,是则其病也。程门自谢上蔡以后,王信伯、林竹轩、张无垢至于林艾轩,皆其前茅,及象山而大成,而其宗传亦最广。或因其偏而更甚之,若世之耳食雷同,自以为能羽翼紫阳者,竟诋象山为异学,则吾未之敢信。"③

宋元之际,陆学衰而朱学盛,和会朱、陆学术之风起,历有元一代而不衰。全祖望于此尤为注意,故而《序录》中多所反映。一如黄宗羲父子,全祖望把陆学的衰微归咎于杨简,他说:"象山之门,必以甬上四先生为首,盖本乾、淳诸老一辈也。而坏其教者实慈湖。"④全祖望认为,元儒吴澄,学虽近朱,亦兼主陆学,实为和会朱、陆学术的大儒。他就此写道:"草庐出于双峰,固朱学也,其后亦兼主陆学。盖草庐又师程氏绍开,程氏尝筑道一书院,思和会两家。然草庐之著书,则终近乎

① [清]全祖望:《濂溪学案》序录,载《宋元学案》卷十一。
② [清]全祖望:《晦翁学案》序录,载《宋元学案》卷四十八。
③ [清]全祖望:《象山学案》序录,载《宋元学案》卷五十八。
④ [清]全祖望:《慈湖学案》序录,载《宋元学案》卷七十四。

朱。”①吴澄之后，郑玉是另一位和会朱、陆的学者，全祖望说：“继草庐而和会朱、陆之学者，郑师山也。草庐多右陆，而师山则右朱，斯其所以不同。”②在全祖望看来，自宋末徐霖谢世，陆学遂告衰微。其后，虽有胡长孺之治陆学，但颓势未振。有元一代，中兴陆学者为江西陈苑和浙东赵偕。于是他特立《静明宝峰学案》，在《序录》中有云：“径畈殁而陆学衰，石塘胡氏虽由朱而入陆，未能振也。中兴之者，江西有静明，浙东有宝峰。”③

第三，变通旧规，统一体例。

一如前述，黄宗羲父子之结撰《宋元儒学案》，在编纂体例上，既沿《明儒学案》成例，亦略有变通。述案主学术的三段式结构虽大体未改，但其总论已为附录所取代。全祖望编订《宋元学案》，沿例而行，再作变通。一方面置《序录》于书首，提纲挈领，评介各家学术，已如前述。另一方面，既在总体上，按时代顺序编次各学案，又围绕各案案主，以讲友、学侣、同调、家学、门人、私淑、续传分目，详尽记述其学术的传承、演变，从而突出了宋元学术讲师承、重渊源的历史特征。试举全书卷首、卷末二案为例，说明如后。

全书卷首之《安定学案》，先以“高平讲友”标目，述案主胡瑗学术。首为胡氏传略，继录案主《论语说》《春秋说》，再辑附录十五条。是为典型之三段式结构。“高平讲友”云者，是说案主为范仲淹讲论学术的友好。胡瑗学行介绍完毕，则以“安定学侣”标目，所记凡三人，即孙复、石介、阮逸。孙复名下有注：“别为《泰山学案》。”意即已为孙氏别立一专门学案。石氏名下亦有注：“别见《泰山学案》。”意即石介的有关情况，载于孙复《泰山学案》中。阮逸则有一极简略的生平梗概。之

① ［清］全祖望：《草庐学案》序录，载《宋元学案》卷九十二。

② ［清］全祖望：《师山学案》序录，载《宋元学案》卷九十四。

③ ［清］全祖望：《静明宝峰学案》序录，载《宋元学案》卷九十三。

后，接以“安定同调”之目，入目者为陈襄、杨适二人。陈氏名下注曰：“别为《古灵四先生学案》。”杨氏名下注曰：“别见《士刘诸儒学案》。”“别为”“别见”之分，已如前述，恕不赘释。其下则是“安定门人”一目，所载为胡瑗弟子四十六人。此四十六人中，所述详略各异。凡属下述三种情况者，皆仅著录其姓名。即一是如程颐、吕希哲二人之“别为”某学案；二是如吕纯、汪澥、欧阳发、饶子仪、张巨、陈贻范、朱光庭之“别见”某学案；三是如范纯祐、范纯仁、管师复、管师常之“并见”某学案。“并见”云者，是说二人同时附载于某学案中。除此三者，其他诸人皆有一文字长短不等的传略，孙觉且有附录一条，徐积更有一完整的三段式学术绍介。继“安定门人”之后，是“节孝同调”一目，载与徐积持同样学术主张的赵君锡。赵氏名下注云：“别见《高平学案》。”随后为“安定私淑”之目，载服膺胡瑗之学的罗适。之后诸目，依次为“节孝门人”“华老门人”“八行家学”“刘氏家学”“刘氏门人”“开府家学”“倪氏门人”“田氏门人”“季节门人”“邹氏家学”“杜氏家学”“莫氏家学”。所载皆为胡瑗之再传、三传弟子。最终则以“安定续传”之目殿后，所录凡二人，即吴徽、汪深。吴氏名下注云：“别见《岳麓诸儒学案》。”汪氏名下注云：“别见《象山学案》。”一个学案之中，案主、嫡传、再传、三传、续传，已达八十余人之多，确乎令人眼花缭乱。而时间跨度就更其惊人，案主胡瑗为北宋初人，卒于仁宗嘉祐四年（1059），而其“续传”汪深，已入宋元之际，卒于元成宗大德八年（1304），相去二百数十年。如此梳理学术源流，长则长矣，而一味求长之中实已失去信史价值。取与《明儒学案》之秩然有序相比，不啻弄巧成拙，简直是一个倒退。

《宋元学案》卷末为《屏山鸣道集说略》，与之前《荆公新学略》《苏氏蜀学略》皆为全祖望所特立。王安石及苏洵、苏轼、苏辙父子皆北宋人，而李纯甫为金人，何以统归卷末？既经著录，又何以不称

"案"而名"略"? 据全祖望解释,王、苏是因其"杂于禅",李氏则缘其"游于异端"。他说:"关、洛陷于完颜,百年不闻学统,其亦可叹也。李屏山之雄文而溺于异端,敢为无忌惮之言,尽取涑水以来大儒之书,恣其狂舌,可为齿冷。然亦不必辩也,略举其大旨,使后世学者见而嗤之。其时河北之正学且起,不有狂风怪雾,无以见皎日之光明也。"①

《屏山鸣道集说略》卷首,先以"王苏余派"标目,述金代文章大家李纯甫传略。其次,录《鸣道集说》中语四条。随后再接以"屏山讲友"之目,载赵秉文传略及《滏水文集》摘编。其后,则依次为"李赵学侣""滏水同调""屏山门人""雷宋同调""滏水门人""蓬门家学""蓬门门人""雷氏家学""周氏门人""神川门人""王氏门人"诸目,凡载李氏后学二十人。一个值得注意的问题是,全祖望于《滏水文集》后,加有一段案语,据云:"滏水本学佛,而袭以儒,其视李屏山,特五十步、百步之差耳。虽然,犹知畏名教之闲,则终不可与屏山同例论也。刘从益、宋九嘉能排佛,可谓豪杰之士,顾其书无传焉。董文甫者,亦滏水之亚也,皆附见之,聊为晦冥中存一线耳。"②这段案语至少可以说明两点,即李纯甫与赵秉文,虽同样援儒入释,但其间亦有区别,不可一概而论。此其一。其二,全祖望当年所附录于李、赵二人之后者,为刘从益、宋九嘉、董文甫三人。因此,"李赵学侣"以下诸目,当系道光间王、冯二人所增补。由此一疑点而推扩开去,笔者实在怀疑今本《宋元学案》之叠床架屋,繁冗标目,恐非全祖望所为,或许出自王、冯二人之手。惟文献无征,姑存疑于此,一则求教于大雅方家,再则俟诸他日详考。

---

① [清]全祖望:《屏山鸣道集说略》案语,载《宋元学案》卷一百。

② 同上。

（三）《深宁学案》与《困学纪闻》校读记

《深宁学案》见于今本《宋元学案》卷八十五。依黄宗羲、百家父子未竟遗稿，王应麟仅存小传一篇，附载于《真西山学案》。后经全祖望增定，始独立而出，自成一卷，题为《深宁学案》。一如学案体史籍定例，《深宁学案》卷首为《序录》，总评案主学术云："四明之学多陆氏，深宁之父亦师史独善以接陆学。而深宁绍其家训，又从王子文以接朱氏，从楼迂斋以接吕氏。又尝与汤东涧游，东涧亦兼治朱、吕、陆之学者也。和齐斟酌，不名一师。《宋史》但夸其辞业之盛，予之微嫌于深宁者，正以其辞科习气未尽耳。若区区以其《玉海》之少作为足尽其底蕴，陋矣。"继之则为案主小传，大体删节《宋史》本传而成，直书其事，简核有法，所增"入元不出"四字，不没大节，洵称实录。随后即是案主学术资料选编，凡二种，一为《深宁文集》，一为《困学纪闻》。前者仅九条，而后者则至百余条之多。道光间，全祖望遗稿经王梓材、冯云濠二人整理，《深宁学案》中所录《困学纪闻》语，尚存六十五条。案末为附录，凡二条。

《深宁学案》选录之《困学纪闻》语，皆出全祖望手，案主之为学旨趣，棱棱风节，凭以足见大体。惟书稿本属蝇头细草，未经整理，祖望赍志而殁，遗稿辗转传抄，迭经众手，难免鲁鱼亥豕，错简误植。经与道光间翁氏集注本《困学纪闻》校读，于今本《深宁学案》之删节失当，句读偶疏，间有所见。谨试举数例如后。

《易说》一类，第八条"法不可变"以下，当另为一条。第九条"观心于《复》"以下，亦当另为一条。《纪闻》皆非同条，合之失当。

《书说》一类，第五、六两条，本属一条，不应分立。"乃命三后"确为《尚书·吕刑》语，而"《小雅》尽废"一语则不出《尚书》，乃《诗·小雅·六月序》语。第五条"入于"下，脱"夷狄"二字。

《诗说》一类,第一条“不畏于天”以下,《纪闻》原作“荆公谓世虽昏乱,君子不可以为恶,自敬故也,畏人故也,畏天故也。愚谓《诗》云‘周宗既灭’”。《学案》既删王荆公语,又将“愚谓《诗》云”四字一并不录,径接以“宗周既灭”。这样一来,本出《小雅·雨无正》之“周宗既灭”,竟被改为不明所自的“宗周既灭”。同条其后的“本心”二字,依《纪闻》当作“人心”,文字亦经改动。

第二条,《纪闻》原作“‘巧言如簧,颜之厚矣’,羞恶之心未亡也。‘不愧于人,不畏于天’,无羞恶之心矣。天人一也,不愧则不畏”。今本《学案》则作“‘不愧于人,不畏于天’。天人一也,不愧则不畏。”删节《纪闻》,固无不可,然如此征引古籍,面目既改,语意亦非。

第四条,《纪闻》原作“《孝经》言卿大夫之孝曰:‘非先王之法服不敢服,非先王之法言不敢道,非先王之德行不敢行。’孟子谓曹交曰:‘服尧之服,诵尧之言,行尧之行。’圣贤之训,皆以服在言行之先”①。《学案》则改作“《孝经》‘非先王之法服不敢服’,《孟子》‘服尧之服,圣贤之训’”。不惟删节失当,且句读亦误。同条下之“不笃敬”,《学案》亦将“笃”字改作“恭”。

第五条,本为《纪闻》注语,非正文。《学案》以正文征引,复改“谨独”作“慎独”。

第六条,《纪闻》原作“卫武公自警曰:‘慎尔出话,敬尔威仪,无不柔嘉。’古之君子,刚中而柔外,仲山甫之德‘柔嘉维则’,随会‘柔而不犯’。韩文公为王仲舒铭曰:‘气锐而坚,又刚以严,哲人之常。与其友处,顺若妇女,何德之光’”。《学案》则不依原文顺序,改作“古之君子,刚中而柔外,仲山甫‘柔嘉维则’,卫武公‘无不柔嘉’,随会‘柔而不犯’”。如此改写旧籍,最当斟酌。

---

① 末字“先”,翁元圻注《困学纪闻》作“则”,误,据《四库全书》本改。

《礼说》一类，第六条，依《纪闻》，“学之始”后，本当作句号，再接以“辩云者”三字。即“一年者，学之始。辩云者，分别其心所趋向也”。而今本《学案》脱“辩云者”三字，故误作“一年者，学之始分别”云云。

第九条，《学案》“余子皆入学，距冬至四十五日始出学”云云，有出学时间而无入学时间，文意不全。依《纪闻》，“余子皆入学”前，脱“新谷已入”四字。

《经说》①一类，第一、二两条，依《纪闻》实属同条，不当分立。上半段引虞溥语，出《晋书》卷八十二《虞溥传》。下引号当在“志不立”后，不当在“入神也”后。下半段引任子语，《纪闻》原注甚明，见《太平御览》卷六百十三。下引号当在“无以为仁”后，不当在“所以治人”后。引述二家语后，王应麟有云：“愚谓此皆天下名言，学者宜书以自儆。”今本《学案》之致误，盖缘于不录王应麟结语。

《考史》一类，第一条，“其惑于佞甚矣”前，依《纪闻》，脱“不惟失于知人”六字，“子陵所以鸿飞冥冥也”后，脱“‘怀仁辅义’之言，岂特规侯霸哉”十二字。两处脱字，难免酿成今本《学案》句读之误。

由以上所举之十一例可见，读书校雠之不能忽视。何况是《困学纪闻》《宋元学案》一类之学术名著，吾侪学人更当严谨精勤，一丝不苟。晚清，张之洞著《书目答问》，于《困学纪闻》诸多版本中，独举二部以示后学，一为万希槐《七笺集证》，一为翁元圻《集注》。《答问》及稍后范希曾先生之《补正》，皆尤为推重翁氏《集注》本，认为：“此注更胜《七笺》本。”前贤甘苦之言，信然可据。

三、《宋元学案》的刊行

全祖望的赍志而殁，使《宋元学案》的编订顿告中断。之后，时日

---

① 今本《宋元学案》作“《说经》”，误。

迁延，董理艰难，直至八十余年之后，始于道光十八年（1838）得以刊行。其间，全氏弟子、黄氏后人以及王梓材、冯云濠等，或庋藏，或抄誊，或补辑，众人劳作，多所用力。

（一）全氏弟子的庋藏和抄誊

全祖望故世之后，所编订之《宋元学案》遗稿，一并为其门人卢镐收藏。卢镐，字配京，号月船，以乾隆十八年举人，官山西平阳府学教谕。祖望病逝，镐辞教职返乡，潜心于其师《宋元学案》遗稿的整理、誊清。他与黄宗羲裔孙璋为友，相约共成《宋元学案》。据所写《和姚江黄稚圭见赠原韵》一诗云："南雷正学源流长，亭林、夏峰遥相望。甬上前贤多入室，蕺山俎豆传馨香。小泉翁既不可作，典型无复如中郎。遗书散漫孰收拾，末学执卷增傍徨。区区校勘力未及，敢效束晳补《诗》亡。覃思幸藉下帷容，助我尚赓求友章。何期双瀑老孙子，枉顾不劳置郑庄。黄茅白苇正弥望，忽见秀干方崇强。秋雨闭门共商榷，足本拟续续抄堂。从今剞劂庶可望，告成五纬重辉煌。"诗中，卢氏有自注云："梨洲先生《宋元学案》，经耒史、谢山两先生续葺，尚未成书，稿本今在余处。久思补完之，不及也。"镐注且称："君力任与余共成《学案》，谋即入梓。且欲续成《宋文鉴》，索余《平园》《攻媿》诸集。"①卢镐因之曾将全祖望撰《序录》及底稿二十册寄黄璋，他亦收到黄璋所寄其祖百家纂辑稿。卢氏虽有志《宋元学案》的编订，但其师遗稿誊录仅及半数，便告去世。后来，镐外孙黄桐孙曾将书稿携往安徽、广东，试图觅得知音，以成祖志。无奈董理乏人，只好璧还卢氏后人庋藏。

全祖望生前，弟子虽多，但往往学成而宦游于外，独蒋学镛家居授

① ［清］王梓材、［清］冯云濠：《宋元学案考略》，载《宋元学案》卷首。

徒。祖望所订《宋元学案》稿，即有一部藏于蒋氏，其中且有全氏手稿，弥足珍贵。据见过这个本子的王梓材称："顾其本多与卢氏本复，然其不复者如张南轩弟子李悦斋真传、徐宏父弟子赵畴隐希锫传，谢山著录甚详。吉光片羽，皆可宝贵，不得以残本少之。其本帙尾有六十卷之目，是谢山未定《序录》时之目，或未史所编之目也。"①

（二）黄氏后人的校补

全祖望尚在编订《宋元学案》之时，黄宗羲裔孙璋曾试图索观，因未成编而不得如愿。黄璋晚年，承全氏弟子卢镐相助，得祖望所撰《序录》及底稿二十册。之后，黄璋及其子孙三代相继，整理抄辑，终成一部八十六卷的家藏本。据璋孙直垕所记："先遗献公于《明儒学案》外，又辑《宋元儒学案》，尚未成编而卒，命季子主一公纂辑之。其后，谢山全庶常又续修之，大父曾向全氏索观而不得。全氏殁，配京卢氏寄示底稿二十册，续寄《序录》一卷。大父得之，欣同拱璧。晚岁里居，为之抄辑者有年。无如辗转抄写，多有阙略舛误，鲁鱼亥豕，更不待言。而全氏手笔，又多蝇头细草，零星件系，几不可识别。先子于归田后，复为之正其舛误，补其阙略，并其件系，命直垕抄录而次第之，是书始克成编。"②

黄氏家藏校补本，虽因所得全氏底稿阙略，卷帙分合未尽允当，以致与书首全祖望百卷《序录》参差。但卢氏藏本所缺，如邵雍、程颐及陆九渊兄弟的资料，则完整地保存在黄本之中。正如深知其价值的王梓材所云："是本亦安可少哉！"③

① ［清］王梓材、［清］冯云濠：《宋元学案考略》，载《宋元学案》卷首。
② ［清］黄直垕：《家藏宋元学案补本跋》，载《宋元学案》卷首。
③ ［清］王梓材、［清］冯云濠：《宋元学案考略》，载《宋元学案》卷首。

（三）《宋元学案》的整理刊行

《宋元学案》在道光间的刊行，首倡者为何凌汉。道光十一年（1831），何氏以工部侍郎主持浙江乡试，试毕，即以学政留浙。翌年春，按试宁波，向士子王梓材询及黄、全二家所修《宋元学案》遗稿事，梓材答以未见。何氏以宁波多藏书之家，嘱梓材勤为访求。十三年春，何氏奉召回京，继任学政陈用光续事寻觅。先得黄氏后人家藏八十六卷校补本，继之又得卢、蒋二氏所藏全氏遗稿，于是统交士子王梓材、冯云濠整理。

王梓材，字艭轩，浙江鄞县（今宁波市）人。冯云濠，字五桥，浙江慈溪人。王、冯二人于《宋元学案》的整理，主要做了如下几个方面的工作。首先，将黄、全二家遗稿详加比勘，以全祖望百卷《序录》为准，厘定全书次第。其次，除将全氏百卷《序录》冠诸书首，又以各学案之《序录》分置该案案端，以示提纲挈领。再次，为各学案补编一表，分置各案《序录》之后，以明各家学术传承。整理者认为："明儒诸家，派别尚少。宋元儒则自安定、泰山诸先生，以及濂、洛、关、闽，相继而起者，子目不知凡几。故《明儒学案》可以无表，《宋元学案》不可无表，以揭其流派。"①复次，自全祖望《鲒埼亭集》及其补编中，摘取考论宋元学术的文字，分置于各案，以补脱略残阙。最后，据全氏《序录》，以《道命录》为底本，补撰卷九十六《元祐党案》、九十七《庆元党案》。又参考史传，补写黄、全二家所阙案中人传略，并就史实考订及校勘等，酌加必要案语于各案之中。

道光十七年春，冯云濠出资，将王、冯整理稿在浙东付刻。翌年夏，王梓材携新刻《宋元学案》印本进京呈何凌汉，何氏欣然作序。一年多

---

① ［清］王梓材、［清］冯云濠：《校刊宋元学案条例》，载《宋元学案》卷首。

后，何凌汉病故。二十二年春，英军肆虐浙东，冯氏书版毁于兵火。同年秋，何凌汉子绍基服阕入都，决意依王氏所呈印本重刊《宋元学案》，以完成其父遗志。王梓材应何绍基请，重加校勘。此时，何绍基在京中集资，于西城慈仁寺内隙地，营建顾亭林先生祠新成，即请王氏下榻其间。何氏且将所庋藏图书凡与《学案》有关者，移置祠内，供梓材查阅。所雇刻工，亦随居慈仁寺内。王梓材精心校勘，补脱正误，刻工则随校随刻，何绍基亦竭力襄事。至道光二十六年夏，重刊《宋元学案》告竣。在此次重校中，王梓材又成《宋元学案补遗》百卷，后以别本刊行。

第八章　从《理学备考》到《学案小识》

重视当代史事梳理，是中国古代史学的一个好传统。自先秦时期《春秋》发轫，汉初司马迁著《史记》而发扬光大，后先相承，历代皆然。入清以后，迄于道光间，伴随二百余年间社会与学术的发展，在学案体史籍的演进过程中，一代又一代的史家，不惟对既往学术进行总结，而且也致力于当代学术的整理。从康熙中叶刊行的《理学备考》，到道光间问世的《国朝学案小识》，留下了两个世纪中史家辛勤耕耘的足迹。

一、康熙间的三部《理学备考》

二十世纪三十年代，徐世昌先生主持编纂《清儒学案》，以山西理学名儒范鄗鼎列于该书卷二十八，题名《娄山学案》。徐先生谓："三晋理学，最称敬轩，复元辛氏实衍其绪。娄山祖、父皆游辛门，渊源既有所自，复能颛精壹意，讲学不倦，巍然为清代山右儒宗。《理学备考》一书，亦夏峰《宗传》之亚也。述《娄山学案》。"①徐先生以范鄗鼎为清代山右儒学开派宗师，名副其实，洵称公论。

（一）范鄗鼎学行述略

范鄗鼎，字汉铭，号彪西，学者称娄山先生，山西洪洞人。生于明天

① 徐世昌：《清儒学案》卷二十八《娄山学案》。

启六年(1626),卒于清康熙四十四年(1705),享年八十岁。

山右为理学之邦。明初,薛瑄倡学河东,悃幅无华,笃守朱子,影响有明一代理学甚巨。当明末季,辛全崛起晋中,近承薛瑄,远绍朱子,以所著《养心录》而作育一方人才。鄗鼎祖弘嗣,字竹溪,父芸茂,字丹虹,俱及辛氏之门受学,理学传家,祖孙接武。芸茂孝友诚笃,尤能力行辛氏所教执敬之学,明亡不出,卒于家。鄗鼎自幼秉承庭训,服膺辛氏学说,步趋父祖,读《毛诗》,好《左传》,兼擅五经。顺治二年(1645),以五经应试,翌年即名列副榜。八年,举乡试。十八年春,在京应礼部试,本已中式,未待发榜,"抱病先归"①。康熙三年(1664),因病未赴殿试。六年,成进士,名列三甲,归班候选。十三年,以母老奏请终养,奉旨允行。从此养母不仕,承欢菽水,不异孺慕。

鄗鼎蛰居乡里,闭户不入城市,承父祖遗志,留意乡邦文献,辑刻嘉言懿行。早在顺治十二年,鄗鼎读其祖所辑《三晋正学编》,即已渐悟:"人不为理学,将为何如人?文不为理学,将为何如文?"于是由辛氏学入门,进而究心濂、洛、关、闽诸先生学,"知淡八股而嗜理学","知主河津而辅余姚"②。终养之后,先以五经书院,继建希贤书院,设讲堂,置学田,聚徒讲学,课徒授业,"合举业、理学而一之"③,以转移一方风气。

自康熙十四年十一月起,范鄗鼎振兴一方儒学的努力引起山西地方当局重视。十七年正月,清廷诏举博学鸿儒,鄗鼎因之而列名荐牍。一如先前告养,此番仍以高堂色养,坚不就征,三上呈词,重申"既列终养,不宜出仕",断不可"破终养之例,行欺罔之私",以"鼎一人而玷国典"④。一时儒林,取鄗鼎与陕西李颙、江西魏禧、浙江应抝谦并称,有

① [清]范鄗鼎:《五经堂文集》卷二《四书反身录序》。

② [清]范鄗鼎:《五经堂文集》卷二《李礼山达天录序》。

③ [清]范鄗鼎:《五经堂文集》卷二《寿平阳石太守序》。

④ [清]范鄗鼎:《五经堂文集》卷一《辞荐举呈词》。

“商山四皓”之比。

康熙十七年以后，为表示对清廷崇儒重道国策的拥戴，顺应开馆纂修《明史》的需要，鄗鼎开始结撰《明儒理学备考》，以表彰明代理学诸儒学行。讫于康熙四十年，主要精力多用于《明儒理学备考》《广明儒理学备考》的纂辑之中。二书告成，自康熙四十一年起，又致力清初理学诸儒学行的表彰。其间，辑刻乡邦贤哲著述，董理大儒嘉言懿行，则始终如一，尽心尽力。据康熙三十八年夏《五经堂既刻书目》记，截至是年，鄗鼎辑刻图书计有《御制劝善要言》《三晋语录》《重订晋国垂棘》《三晋诗选》《薛文清读书全录》《辛复元四书说》等，凡三十余种，数以百卷之多。

康熙四十二年（1703），圣祖西巡，十一月初四日，在洪洞召见鄗鼎。鄗鼎进呈《明儒理学备考》《广明儒理学备考》，并奏正结撰《国朝理学备考》，行将刻竣。圣祖为之欣然，赐手书“山林云鹤”四大字。年届耄耋，抱病著述，最终将鄗鼎晚年心血耗尽。四十三年岁杪，补辑《国朝理学备考》费密学行资料搁笔，即于翌年溘然长逝。

范鄗鼎一生，以振兴三晋儒学为职志，“不别宗派，不分异同”①，光大理学，鞠躬尽瘁。故世之后，门人私谥文介先生，从祀乡贤。所著序记、书札、传状等，辑为《五经堂文集》刊行。《明儒理学备考》《广明儒理学备考》及《国朝理学备考》，则不胫而走，流传有清一代，至今犹为董理理学史学人所重。

（二）两部《明儒理学备考》

鄗鼎著《明儒理学备考》，肇始于康熙十七年（1678）正月。关于是书之撰述缘起，卷端《凡例》首条言之甚明：“闻喜朱小晋（讳裴）先生，

① ［清］曹续祖：《读理学备考后识》，载《理学备考》卷首。

序小刻《纪略》曰:‘予向在台中上封事,有请修《明史》一疏,奉有谕旨。同官顾西巘(□□)先生,有请增从祀一疏,部复可其议。’鼎观近日,又有命礼臣刊《性理大全》之典,有纂修《孝经》之典,私喜昭代崇儒重道,留心理学,非一日矣。”①综观此条所言,鄗鼎修书之举,缘由主要有三:一是廷臣开馆纂修《明史》的呼声,二是朝中新增从祀大儒之议,三是清廷崇儒重道、留心理学决策的日趋明朗。

缘起既明,如何将撰述宗旨付诸实施,便成一关键问题。在这个问题上,鄗鼎有一始终恪守的信念,即“学问只怕差,不怕异”②。也就是说,学问只怕背离正道、出现偏差,而不怕存在认识的不同。具体到有明一代从祀孔庙的四大儒而言,鄗鼎认为,薛瑄、胡居仁之学为一类,王守仁、陈献章之学为另一类。若再加细分,则四家之学皆可各为一类。然而尽管路数不同,却未可轩轾,四家实是相辅相成。鄗鼎的结论是:“薛、胡之学,参以王、陈而薛、胡明;而王、陈之学,亦因薛、胡而益明也。”③秉持此一宗旨,鄗鼎于明清之际诸多理学史著述的偏颇提出批评,指出:“近人汇辑理学,必曰孰为甲,孰为乙,孰为宗派,孰为支流,孰为正统,孰为闰位。平心自揣,果能去取皆当乎?多见其不知量也。”④因此,《明儒理学备考》一反其道,“书名‘备考’,待人以恕”,“不敢云宗,聊以备考焉耳”⑤。

由康熙十七年正月始撰,至十九年十月第二篇序文脱稿,《明儒理学备考》初步编成。二十年,是书首次付梓。书凡十六卷,卷一至六系辑录辛全《理学名臣录》而成,卷七至十为孙奇逢《理学宗传》之传记摘编,卷十一至十六乃鄗鼎本辛、孙二家意,博采诸家传记所作续补。据

---

① ［清］范鄗鼎:《明儒理学备考》卷首《凡例》第一条。

② ［清］范鄗鼎:《明儒理学备考》卷首《序》。

③ 同上。

④ ［清］范鄗鼎:《明儒理学备考》卷首《又序》。

⑤ ［清］范鄗鼎:《明儒理学备考》卷首《凡例》第五、六条。

著者自述，所征引诸书依次为《圣朝名世考》《名臣言行录》《仕国人文》《道学正统》《道学羽翼》《圣学宗传》《京省人物志》及诸家文集等。

康熙二十八年春，鄗鼎得熊赐履著《学统》、张夏著《洛闽源流录》，复取二家所录理学诸儒传记，将《明儒理学备考》增补为二十卷。二十九年冬，黄宗羲弟子仇兆鳌，将黄著《明儒学案》总目寄鄗鼎。三十三年二月，兆鳌复遣专人送新刻《明儒学案》至洪洞。于是鄗鼎再取张、黄二书，续辑《明儒理学备考》为三十四卷。至此，《明儒理学备考》终成三十四卷定本。

《广明儒理学备考》为《明儒理学备考》之姊妹篇。《备考》系明代理学诸儒传记汇编，以人存学，《广备考》则专辑诸家语录、诗文，以言见人，先行后言，相得益彰。两书间的这一关系，《备考》卷首《凡例》有专条说明，鄗鼎谓："辛集止载本传，不载语录。孙集于本传之后，有语录者，或载十余节，或数十余节，言行俱存，诚为完书。余于语录尽删，窃取吾夫子躬行心得之意。或曰，六经皆圣贤之言，此何居？余曰，续有《广理学备考》一书，皆圣贤之言也。在后世视圣贤，非言莫传，而圣贤在当日，先行为急。余所以分本传与语录而二之也，善读者自能一贯。"①可见《明儒理学备考》结撰之初，著者即有纂修《广明儒理学备考》的计划。

康熙十九年（1680）十月，《明儒理学备考》初成，鄗鼎便着手《广明儒理学备考》的结撰。至二十三年九月，《广明儒理学备考》初编告竣，著者于《凡例》首条重申："前刻《理学备考》，有传者止录一传，无传者节取序志，其于嘉言善行，尚多挂漏。余下愚终未得门而入也，此广之不容已也。且前刻纲也，兹刻目也，前刻经也，兹刻纬也，合而读之，理

① ［清］范鄗鼎：《明儒理学备考》卷首《凡例》第十一条。

学之事备矣。”①

一如《备考》,《广备考》亦以薛、胡、王、陈四家冠于书首,领袖群儒。凡于著录诸家,不分门户,无意轩轾,旨在一致百虑,殊途同归。鄗鼎于此有云:“易有太极,是生两仪。一阴一阳,一柔一刚,一动一静,一语一默,处处皆有,物物皆然,何独至于理学而疑之?他不具论,宋有考亭,即有象山,明有薛、胡,即有王、陈。鹿伯顺解由尧舜至汤一章,有曰:‘见知都得两人,政为怕拘一人之见,或见不全也。……人知朱、陆之不同也,而不知朱、陆未尝不同。’鹿公之言如此。生安勉强,殊途同归,德行文章,百虑一致,我思鹿公,实获我心。”②

《广明儒理学备考》的结撰,“见一集乃广一人”③,续得续刻,多历年所。康熙二十七年正月,重订再刻。三十一年九月,三订三刻。尔后再经增补,于三十三年夏,终成四十八卷完书,著录一代理学诸儒凡八十家。

(三)关于《国朝理学备考》

鄗鼎一生精力,几乎皆在两部《明儒理学备考》的纂辑之中,用力勤苦,用心深远。然而于当朝理学,其态度若何?康熙二十九年二月,同年廷臣许三礼有书自京中来,称道鄗鼎董理有明一代理学之功。鄗鼎欣然复书云:“芜刻两《备考》,原不欲使一代正学湮没。今史馆纂修《明史》,其中自有文章巨公,弟不敢望其项背。然论三十余年搜求之苦,刊刻之费,性情在此,瘖瘵在此者,弟亦不敢多让也。”书末且告三礼,拟于日后将许氏《政学合一》诸书录入《本朝理学》④。其实早在之

---

① [清]范鄗鼎:《广明儒理学备考》卷首《凡例》第一条。

② [清]范鄗鼎:《广明儒理学备考》卷首《凡例》第五条。

③ [清]范鄗鼎:《广明儒理学备考》卷首《凡例》第七条。

④ [清]范鄗鼎:《国朝理学备考》之许三礼卷《与范彪西书四》附答书。

前四年，前辈重臣魏象枢来信，即已询及“本朝之讲理学有著作者”，准备如何处理的问题。鄗鼎就此答云：“本朝理学，有志未逮，俟明儒草草就绪，然后可渐举也。”①可见，在致力表彰明代理学诸儒学行的过程中，鄗鼎已对当朝理学的梳理有过考虑。

康熙三十三年（1694），两部《明儒理学备考》最终完成。适逢是年闰五月初六，清圣祖以《理学真伪论》为题，在瀛台考试翰林院众臣。试毕，命大学士张英传旨：“你们做《理学论》，哪知江南总督于成龙是个真理学。”又明示诸臣：“理学原是躬行实践。”②鄗鼎得悉此一重要消息，至为鼓舞。因为一则康熙二十五年秋，他曾就于成龙入祀太原三立祠一事，数度呈书山西地方当局，且于翌年春喜获如愿。再则两部《明儒理学备考》的刊行，根本宗旨与三立祠立德、立功、立言之意，名异而实同。第三是在康熙二十五年七月，于答魏象枢书中，阐述过如下理学观：“小刻《广理学》，仍以理学为主。窃谓理学二字，必得文章、事功、节义，而学始实，而理始著，始可见之行事，而非托之空言矣。”③因此，鄗鼎“私喜腐儒迂见，不悖于圣训如此”④。于是经过数年的搜集资料，《国朝理学备考》的纂修，遂于康熙四十一年秋开始。

《国朝理学备考》为鄗鼎晚年的重大编纂劳作。一如前刻两部《明儒理学备考》，著者开宗明义，即揭出本书之撰述宗旨。一是“愚论理学，但以躬行为主，非此族也，不列集中”。二是“论学归宗，论学归善也，虽谓前后三《备考》，同一迂见可也”。三是“但有一言一行，一念一事，合天理、顺人情者，即登于册”。四是“予之为《备考》也，内而自考，

① ［清］范鄗鼎：《国朝理学备考》之魏象枢卷《又与范彪西书》附答书。

② ［清］范鄗鼎：《国朝理学备考》卷首《自序》。

③ ［清］范鄗鼎：《国朝理学备考》之魏象枢卷《又与范彪西书》附答书。

④ ［清］范鄗鼎：《国朝理学备考》卷首《自序》。

外而考人，既望之《备考》者，并望之读《备考》者”。五是“随得随录，意无轩轾”。①

全书所录凡二十六家，依次为许三礼、熊赐履、陆陇其、党成、汤斌、魏象枢、于成龙、李颙、李生光、刘芳喆、王士祯、李铠、曹续祖、王端、赵侣台、费密、施闰章、陶世征、缪彤、赵士麟、彭珑、施璜、吴肃公、汪佑、窦克勤等。书不分卷，一人一编，若人自为卷，则可视作二十六卷。各编文字多寡不一，最多者为熊赐履，凡二册，可视作上下二卷，最少则赵侣台，仅语录数条，寥寥两页。

是书编纂体例，与前二《备考》略异，系合著录理学诸儒言行为一。所录各家，有已定、未定之别。何谓已定、未定？鄗鼎于卷首《凡例》释云：“昔刻两种《明儒备考》，愚意既见《凡例》中。兹刻愚意同前，而小异者，有已定、未定之别。于已定者，或行状，或志传，或节取名篇，或妄自杜撰，谨成一篇，而并录其著作。此其同也。于未定者，或台阁奏疏，或山林撰述，或诗歌语录，或论序书柬，或长篇，或短札，总录其著作，而状传姑俟之他日。此其异也。”②若于成龙、魏象枢、陆陇其、汤斌、许三礼诸家，即属作古论定者。其他各家，或人尚健在，或所录资料不全，则多属未定。

凡所著录诸儒，大体先为生平简历，并附鄗鼎按语，随后则是学术资料汇编。所录资料凡分四类，一为语录，二为文集，三为诗词，四为诸儒评论。

鄗鼎将《国朝理学备考》付梓，已届七十七岁高龄。虽抱病山中，潜心编纂，无奈风烛残年，不堪重荷，未待全书编成，即告赍志而殁。因此《国朝理学备考》实为鄗鼎未完之书，故而字里行间，每每可见其子翱所作续补。也唯其如此，全书所录各家，未及以年辈先后为序，颇多

---

① ［清］范鄗鼎：《国朝理学备考》卷首《凡例》。

② ［清］范鄗鼎：《国朝理学备考》卷首《凡例》第一条。

参差不齐。与前刻两《备考》不同，前二书流播有年，已成定本，朝野名臣序跋，比肩接踵，同调共鸣。此书则匆匆问世，璞玉待琢，除卷首《自序》《凡例》之外，别无其他序、跋。尽管如此，因为书中所录均系得自各家近刻，或手自抄录，多具文献价值。尤其是诸儒与著者往还之若干书札，多涉一时学术消息，于知人论世弥足珍贵。他如诸家传状之辑录，见闻真切，亦可补官修史书之阙略。因此，考论清初理学，鄗鼎所著依然不失独具之学术价值。

二、朱子学的独尊与僵化

康熙五十一年（1712）正月，清圣祖颁谕："朱子注释群经，阐发道理，凡所著作及编纂之书，皆明白精确，归于大中至正。经今五百余年，学者无敢疵议。朕以为孔孟之后，有裨斯文者，朱子之功最为弘巨。"① 随即明令，将朱熹从祀孔庙的地位升格，由东庑先贤之列，升至大成殿十哲之次。至此，朱子学在清代取得独尊地位。之后，尽管朝廷悬为功令，帝王提倡，士子讲习，然而却久久发展不起来。倒是与性理之学迥异其趣的经学考据，不胫而走，蔚为大国。因此，乾隆初，清高宗已喟叹："近来留意词章之学者，尚不乏人，而究心理学者盖鲜。"②至乾隆中叶以后，遂有戴东原《孟子字义疏证》出，凛然别张一军，"欲夺朱子之席"。③ 迄于乾隆末、嘉庆初，就在朱子故里的徽歙之间，竟然出现"自命通经服古之流，不薄朱子则不得为通人"的局面。④ 这样一种局面

① 《清圣祖实录》卷二百四十九"康熙五十一年正月丁巳"条。

② 《清高宗实录》卷一百二十八"乾隆五年十月己酉"条。

③ 王国维：《观堂集林》卷十二《聚珍本戴校水经注跋》，中华书局 1959 年版，第 580 页。

④ ［清］章学诚：《文史通义》内篇二《朱陆》附《书朱陆篇后》，《章学诚遗书》本，文物出版社 1985 年版，第 16 页。

何以会形成？以下，拟从高宗一朝经筵讲论内容的变迁入手，来做一些探讨。

（一）高宗初政与朱子学的提倡

清高宗在位六十年，自乾隆三年（1738）首举经筵，至乾隆六十年（1795）逊位，经筵讲学凡举五十一次。高宗初政，一遵其父祖旧规，经筵讲学皆于每年春秋各举一次，以示崇儒重道，孜孜向学。自乾隆十二年以后，除十八年举经筵于仲秋，其他各年皆于仲春举行。

乾隆元年正月，高宗改元伊始，即面临御史谢济世著《学庸注疏》，以立异朱子一事。据议政之诸王、大臣称："谢济世进自著《学庸注疏》，于经义未窥毫末。其称明初尊朱之令，以同乡同姓之故，名为表彰圣贤，实则推尊本朝。尤属谬妄无稽，甚为学术人心之害。"疏上，高宗采纳诸王、大臣议，将谢氏所著之书"严饬发还"。[①] 二月，他又就谢济世著述和另一御史李徽奏请将《孝经》与"四书"并列事颁谕，严词指斥。据云：

> 谢济世请用其自注《学庸》，易朱子《章句》，颁行天下。独不自揣己与朱子分量，相隔如云泥，而肆口诋毁，狂悖已极。且谓明代以同乡同姓，尊崇朱子之书，则直如爨下老婢，陈说古事，虽乡里小儿，亦将闻而失笑也。李徽欲以《孝经》与"四书"并列为五，立义支离，属辞鄙浅。于宋元大儒所论《孝经》源流离合，曾未寓目，即欲变乱历代论定，列于学官，数百年不易之旧章，亦不自量之甚矣。[②]

① 《清高宗实录》卷十一"乾隆元年正月乙卯"条。
② 《清高宗实录》卷十三"乾隆元年二月庚辰"条。

乾隆三年正月，高宗服丧期满，颁谕礼部，筹备举行经筵讲学。他说：

> 朕惟“四子”“六经”，乃群圣传心之要典，帝王驭世之鸿谟。君天下者，将欲以优入圣域，茂登上理，舍是无由。我皇祖圣祖仁皇帝，皇考世宗宪皇帝，时御讲筵，精研至道，圣德光被，比隆唐虞。朕夙承庭训，典学维殷，御极以来，勤思治要，已命翰林科道诸臣，缮进经史，格言正论，无日不陈于前。特以亮阴之中，经筵未御。兹既即吉，亟宜举行。所有典礼，尔部其诹日具仪以闻。①

二月二十四日，首举经筵大典。儒臣先讲《论语·为政》，高宗旋宣讲论；儒臣再讲《尚书·舜典》，高宗再宣讲论。此后，除乾隆五十四年皆讲《论语》之外，先“四书”，后“六经”，遂成乾隆一朝经筵讲学之定规。其间，凡讲《论语》二十六次，《孟子》四次，《大学》九次，《中庸》十二次，《周易》二十六次，《尚书》二十四次。

乾隆五年(1740)十月，鉴于理学不振，高宗颁发长篇谕旨，提倡读宋儒之书，研精理学。他说：

> 朕命翰詹科道诸臣，每日进呈经史讲义，原欲探圣贤之精蕴，为致治宁人之本。道统学术，无所不该，亦无往不贯。而两年来，诸臣条举经史，各就所见为说，而未有将宋儒性理诸书，切实敷陈，与儒先相表里者。盖近来留意词章之学者，尚不乏人，而究心理学者盖鲜。即诸臣亦有于讲章中系以箴铭者。古人鉴盘几杖，有箴有铭，其文也，即其道也。今则以词藻相尚，不过为应制之具，是歧

① 《清高宗实录》卷六十“乾隆三年正月癸亥”条。

> 道与文而二之矣。总因居恒肄业,未曾于宋儒之书沉潜往复,体之身心,以求圣贤之道。故其见于议论,止于如此。夫治统原于道统,学不正则道不明。有宋周、程、张、朱子,于天人性命大本大原之所在,与夫用功节目之详,得孔孟之心传,而于理欲、公私、义利之界,辨之至明。循之则为君子,悖之则为小人。为国家者,由之则治,失之则乱。实有裨于化民成俗、修己治人之要。所谓入圣之阶梯,求道之途辙也。学者精察而力行之,则蕴之为德行,学皆实学;行之为事业,治皆实功。此宋儒之书,所以有功后学,不可不讲明而切究之也。今之说经者,间或援引汉唐笺疏之说。夫典章制度,汉唐诸儒有所传述,考据固不可废。而经术之精微,必得宋儒参考而阐发之,然后圣人之微言大义,如揭日月而行也。惟是讲学之人,有诚有伪,诚者不可多得,而伪者托于道德性命之说,欺世盗名,渐启标榜门户之害。此朕所深知,亦朕所深恶。然不可以伪托者获罪于名教,遂置理学于不事,此何异于因噎而废食乎!①

乾隆六年(1741)七月,高宗在训饬诸臣公忠体国的谕旨中宣称:"朕自幼读书,研究义理,至今《朱子全书》未尝释手。"②同年九月,外放湖南督粮道的谢济世于当地刊刻著述,高宗就此颁谕军机大臣,责成湖广总督孙嘉淦予以销毁。他说:

> 朕闻谢济世将伊所注经书刊刻传播,多系自逞臆见,肆诋程朱,甚属狂妄。从来读书学道之人,贵乎躬行实践,不在语言文字之间辨别异同。况古人著述既多,岂无一二可指摘之处?以

① 《清高宗实录》卷一百二十八"乾隆五年十月己酉"条。
② 《清高宗实录》卷一百四十六"乾隆六年七月癸亥"条。

后人而议论前人，无论所见未必即当，即云当矣，试问于己之身心，有何益哉！况我圣祖将朱子升配十哲之列，最为尊崇，天下士子，莫不奉为准绳。而谢济世辈倡为异说，互相标榜，恐无知之人，为其所惑，殊非一道同风之义，且足为人心学术之害。朕从不以语言文字罪人，但此事甚有关系，亦不可置之不问也。尔等可寄信与湖广总督孙嘉淦，伊到任后，将谢济世所注经书中，有显与程朱违悖牴牾，或标榜他人之处，令其查明具奏，即行销毁，毋得存留。①

翌年正月，湖广总督孙嘉淦奏："遵查谢济世所注经书，立说浅陋固滞，不足以欺世盗名，无庸逐条指渎。谨将原板查毁，并通饬收毁已印之本。"高宗于孙氏折批示："所办甚妥，只可如此而已。"②

乾隆八年二月，高宗以"朱子所辑《小学》一书，始自蒙养为立教之本，继以明伦为行道之实，终以敬身为自修之要。于世教民心，甚有裨益"，令各省学臣，以《小学》命题，考试士子。③ 九年十月，翰林院重葺竣工，高宗亲临赐宴，颁谕曰："翰林之职，虽在文章，要贵因文见道。尔诸臣当明体此意。"④宴毕，高宗向翰林院赠书，除自著《乐善堂全集》外，就是其祖当政期间所修《性理精义》。

高宗初政，恪遵其父祖遗规，尊崇朱子，提倡理学。因而从乾隆三年到十八年，在历年所举行的十九次经筵讲学中，不惟讲官笃守朱子之教，而且高宗亦步亦趋，阐发朱子学说，君唱臣和，俨然一派尊崇朱子学气象。

---

① 《清高宗实录》卷一百五十一"乾隆六年九月丁亥"条。
② 《清高宗实录》卷一百五十九"乾隆七年正月庚寅"条。
③ 《清高宗实录》卷一百八十五"乾隆八年二月乙巳"条。
④ 《清高宗实录》卷二百二十七"乾隆九年十月庚午"条。

（二）在经筵讲论中对朱子学的质疑

经过乾隆十九、二十两年的间断，到二十一年二月再举仲春经筵，高宗的讲论却发生了十分引人注目的变化。这便是第一次对朱子的《四书章句集注》提出了质疑。

《中庸》曰："自诚明谓之性，自明诚谓之教。诚则明矣，明则诚矣。"朱子《中庸章句》注云："自，由也。德无不实而明无不照者，圣人之德。所性而有者也，天道也。先明乎善而后能实其善者，贤人之学。由教而入者也，人道也。诚则无不明矣，明则可以至于诚矣。"①在答门人问《中庸》时，朱子又云："'自诚明谓之性'，此性字便是性之也。'自明诚谓之教'，此教字是学之也。此二字却是转一转说，与首章'天命之谓性，修道之谓教'二字义不同。"②

乾隆二十一年（1756）二月初六日，满汉直讲官分别进讲《中庸》该章，重申朱子解说。讲毕，高宗一改早年对朱子学说的推阐，就《中庸章句》及《朱子语类》提出异议。据云："德无不实，而所明皆善，性而有之圣人也。先明乎善，而后实其德，教而入之贤人也。诚者理之当然，明者明其所以然。性即理也，教即所以明理，一而二、二而一者也。"于是进而对朱子之说提出质疑云："是故诚之外无性，明之外无教。圣人浑然天理，无所用其明而明无不照。谓之'所性而有'，尚属强名，则何藉乎教！贤人日月至焉，必待先明乎善而后实之，乃复其性。然明即明此理，实亦实此理而已，夫岂别有所谓教哉！"因此，高宗的结论是："朱子谓与天命谓性、修道谓教二字不同，予以为政无不同耳。"③

---

① ［宋］朱熹：《中庸章句》第二十一章，《四书章句集注》本，中华书局1983年版，第32页。

② ［宋］黎靖德编：《朱子语类》卷六十四《中庸》第二十一章，中华书局1986年版，第1566页。

③ 《清高宗实录》卷五百零六"乾隆二十一年二月甲辰"条。

清高宗讲《中庸》而立异朱子，只是一个偶然之举吗？如果在经筵讲论中出现类似情况仅此一次，抑或可称偶然。可是其后，在迄于乾隆六十年（1795）的三十二次经筵讲学中，明显地向朱子学提出质疑，竟达十七次之多。显然，这就殊非偶然之举了。兹举数例如后。

乾隆二十三年二月的仲春经筵，以《论语・子张篇》"博学而笃志，切问而近思，仁在其中矣"一条为讲题。朱子《论语集注》于该条注云："四者皆学问思辨之事耳，未及乎力行而为仁也。然从事于此，则心不外驰，而所存自熟，故曰仁在其中矣。"①高宗不赞成朱子的解说，他驳诘云："此非四事，盖两事耳。博学而不笃志，则或涉为荒唐；切问而不近思，则或入于无稽。然志也、思也，一心之事耳。仁，人心也，安见笃志近思而心常驰骛于外者哉！故曰仁在其中。朱注以为'未及乎力行而为仁'，此或为下学者言。夫笃志近思而不力行，则又安得谓之笃志近思乎？"②

乾隆二十五年二月的仲春经筵，依然以《论语》为题，讲《阳货篇》"四时行焉，百物生焉"二句。朱子《论语集注》于此二句注云："四时行，百物生，莫非天理发见流行之实，不待言而可见。圣人一动一静，莫非妙道精义之发，亦天而已，岂待言而显哉？此亦开示子贡之切，惜乎其终不喻也。"至于子贡的发问，朱子则认为："子贡正以言语观圣人者，故疑而问之。"③高宗不同意朱子的解说，别出新解云："斯言也，盖孔子知命耳顺以后，所以示学者真实至当之理，非因子贡以言语观圣人，徒为是不待言而可见之语，而别有所谓妙道精义也。且四时行、百物生之中，何一非天乎？而四时行、百物生之外，又何别有可以见天者

① ［宋］朱熹：《论语集注》卷十《子张》，《四书章句集注》本，中华书局 1983 年版，第 189 页。

② 《清高宗实录》卷五百五十六"乾隆二十三年二月己未"条。

③ ［宋］朱熹：《论语集注》卷九《阳货》，《四书章句集注》本，中华书局 1983 年版，第 180 页。

乎？圣人视听言动、昼作夜息之中，何一非妙道精义乎？而圣人视听言动、昼作夜息之外，又何别有所谓妙道精义者乎？”①

乾隆三十二年二月，高宗君臣就《论语・宪问篇》“不逆诈，不亿不信。抑亦先觉者，是贤乎”一节进行讨论。朱子解此节有云：“逆，未至而迎之也。亿，未见而意之也。诈，谓人欺己。不信，谓人疑己。抑，反语辞。言虽不逆不亿，而于人之情伪，自然先觉，乃为贤也。”②高宗同样不赞成朱子说解，他驳诘云：“此语宜与诚明相参看。盖不逆诈，不亿不信，是诚也。抑亦先觉，是明也。人情变幻莫齐，而可以齐之者莫如诚。使事事皆逆其诈而亿其不信，是己先以不诚待人，人亦将以逆者、亿者应之。此亦一不诚也，彼亦一不诚也，蓼扰虚伪，莫可究诘。虽云淈其泥而扬其波，而己已处污浊之内，欲其先觉，抑亦难矣。”③

《论语・雍也》记有孔子与樊迟间的如下问对：

樊迟问知，子曰：“务民之义，敬鬼神而远之，可谓知矣。”问仁，曰：“仁者先难而后获，可谓仁矣。”

朱子《论语集注》解此节云：

知、远，皆去声。民，亦人也。获，谓得也。专用力于人道之所宜，而不惑于鬼神之不可知，知者之事也。先其事之所难，而后其效之所得，仁者之心也。此必因樊迟之失而告之。④

---

① 《清高宗实录》卷六百零六“乾隆二十五年二月壬午”条。

② ［宋］朱熹：《论语集注》卷七《宪问》，《四书章句集注》本，中华书局1983年版，第156、157页。

③ 《清高宗实录》卷七百七十八“乾隆三十二年二月己亥”条。

④ ［宋］朱熹：《论语集注》卷三《雍也》，《四书章句集注》本，中华书局1983年版，第89、90页。

高宗认为,朱子之所解未及孔子告颜渊“克己复礼”语,因而不得要领。于是乾隆三十九年二月的仲春经筵,他就此阐发道:

问仁于孔子者多矣,而所对各有不同。然圣门以颜渊为高弟,孔子所对者,则曰克己复礼。以此知克己复礼,实为仁之最切最要,即所对樊迟者,亦岂外于是哉?盖先难者何?克己也。后获者何?复礼也。夫难莫难于克己。仁者天理也,私欲介于中,其能存天理者鲜矣。故《易》曰“大师克相遇”,必用大师之力,而后能克其私欲,以全天理。故《易》又曰:“颜氏之子,其殆庶几乎?有不善未尝不知,知之未尝复行也”;“不远复,无祇悔,元吉”,皆克己复礼之谓也。董仲舒正谊明道之论,略为近之。而朱子举以为不求后效,又以为警樊迟有先获之病,未尝申明告颜子之意,余故叙而论之。①

乾隆四十六年(1781)二月的仲春经筵,以讲《大学》“此之谓絜矩之道”一句为论题。朱子《大学章句》解“絜矩”云:“絜,度也。矩,所以为方也。”又说:“如不欲上之无礼于我,则必以此度下之心,而亦不敢以此无礼使之。不欲下之不忠于我,则必以此度上之心,而亦不敢以此不忠事之。至于前后左右,无不皆然。”②朱子注分明已得的解,而清高宗却不以为然,他说:

曾子闻夫子一贯之心传,其告门人曰:“夫子之道,忠恕而已矣。”故其释治国平天下,以为有絜矩之道。又申之以上下、前后、

① 《清高宗实录》卷九百五十二“乾隆三十九年二月己丑”条。

② [宋]朱熹:《大学章句》第十章,《四书章句集注》本,中华书局1983年版,第10页。

左右，有所以接之之境，处之之理，而曰“此之谓絜矩之道”。盖矩者境也，絜者理也。理也、境也，不外乎一心。境者，心之接；理者，心之处。中心之谓忠，处理之谓也；如心之谓恕，接境之谓也。一以贯之，岂更外于此乎？然非克己复礼，理境相融，其能与于此者鲜矣。仲弓问仁，而夫子示之以敬恕，此物此志也。①

乾隆五十四年（1789）二月的仲春经筵，高宗君臣两讲《论语》，为乾隆一朝历次经筵所仅见。所讲先为《述而篇》“子在齐闻《韶》，三月不知肉味，曰‘不图为乐之至于斯也’”句；次为《八佾篇》“子谓《韶》尽美矣，又尽善也；谓《武》尽美矣，未尽善也”句。朱子《论语集注》，于《述而篇》句注云：

《史记》“三月”上，有“学之”二字。不知肉味，盖心一于是而不及乎他也。曰不意舜之作乐至于如此之美，则有以极其情文之备，而不觉其叹息之深也。盖非圣人不足以及此。②

于《八佾篇》句注云：

《韶》，舜乐。《武》，武王乐。美者，声容之盛。善者，美之实也。舜绍尧致治，武王伐纣救民，其功一也，故其乐皆尽美。然舜之德，性之也，又以揖逊而有天下。武王之德，反之也，又以征诛而得天下，故其实有不同者。③

① 《清高宗实录》卷一千一百二十四“乾隆四十六年二月己酉”条。

② ［宋］朱熹：《论语集注》卷四《述而》，《四书章句集注》本，中华书局1983年版，第96页。

③ ［宋］朱熹：《论语集注》卷二《八佾》，《四书章句集注》本，中华书局1983年版，第68页。

而朱子答门人问《述而篇》句，还云："子闻《韶》音，学之三月，不知肉味。学之一节，不知如何。今正好看其忘肉味处，这里便见得圣人之乐如是之美，圣人之心如是之诚。"又曰："圣人闻《韶》，须是去学，不解得只恁休了。学之亦须数月方熟。三月，大约只是言其久，不是真个足头九十日，至九十一日便知肉味。"①

对于朱子的说解，清高宗贬抑为"未知乐，且未知夫子"，因之而概予否定。他先是说：

> 咸池六英，有其名而无其乐。非无乐也，无其言，故不传其乐耳。若夫舜之《韶》，则自垂千古。何以故？舜之言垂千古，则乐亦垂千古。夫子在齐，偶闻之耳。必曰在齐始有《韶》，夫子闻之之后而《韶》遂绝，是岂知乐者哉？司马迁增之以"学之"二字，朱子亦随而注之，则胥未知乐，且未知夫子矣。

继之又诋朱子注不得要领云：

> 夫子天纵之圣，何学而不能，而必于《韶》也，学之以三月而后能乎？盖三月为一季，第言其久耳。而朱子且申之以九十一日知味之说，反复论辨不已。吁，其去之益远矣。

最后则径讥朱子说解为"费辞"道：

> 夫乐者何？律声言志而已。无志则无言，无言则无声，无声必

① ［宋］黎靖德编：《朱子语类》卷三十四《子在齐闻韶章》，中华书局1986年版，第878页。

无律。依与永，则行乎其间而不具体者也。是则乐之本在乎志，知在乎志，则知舜之尽美善，而武之未尽善矣。何必费辞！①

在中国古代，经筵讲学为文治攸关，素为帝王所重。清承明制，顺治九年（1652）定，每年春秋仲月，各举经筵一次。其后，经康熙、雍正二朝，历时数十年不改，遂成一代定制。② 高宗即位，一如其父祖，崇儒重道，阐学尊经，因而于经筵讲学尤为重视。乾隆五年（1740）八月，仲秋经筵讲毕，高宗曾面谕经筵讲官曰：

经筵之设，原欲敷宣经旨，以献箴规。朕观近日所进讲章，其间颂扬之辞多，而箴规之义少，殊非责难陈善，君臣咨儆一堂之意。盖人君临御天下，敷政宁人，岂能毫无阙失？正赖以古证今，献可替否，庶收经筵进讲之益。③

乾隆二十五年正月，御史吉梦熊专折奏议经筵事宜，高宗就此重申：

讲官系朕简用大员，经筵讲章本应自行撰拟，期副献纳论思之义。乃故事相沿，竟有由翰林院循例属稿者。朕于讲官呈本时，尚为研讨折衷，著为经、书二论，务在自抒心得。而侍案敷陈者，顾以成言诵习，聊为塞责，可乎？该御史所奏，实为近理，嗣后将此明著为令。④

---

① 《清高宗实录》卷一千三百二十二“乾隆五十四年二月辛卯”条。
② 《清会典事例》卷三百零八礼部十九《经筵》。
③ 《清高宗实录》卷一百二十五“乾隆五年八月甲寅”条。
④ 《清高宗实录》卷六百零五“乾隆二十五年正月乙亥”条。

足见,在清高宗的心目之中,经筵讲学断非虚应故事。尽管诚如他之所见,“帝王之学与儒者终异”,①因而对于其经筵讲论,我们就不当如同学者论学般地去评判其是非。然而他在经筵讲坛上的讲论,实无异朝廷学术好尚的宣示。惟其如此,其影响又绝非任何学者之论学可以比拟。乾隆中叶以后,既然庙堂之上,一国之君屡屡立异朱子,辩难驳诘,那么朝野官民起而效尤,也就不足为奇了。这就叫做“上有所好,下必甚焉”。

(三)从提倡理学到崇奖经学

在乾隆二十一年(1756)以后的经筵讲坛之上,清高宗何以会屡屡立异朱子,心裁别出?这是一个很值得去深入论究的问题。我想,如果从高宗即位,尤其是乾隆五年理学的提倡未见成效之后,其学术好尚所发生的变化来考察,或许能够寻觅出其间的线索来。

如何处理理学与经学的关系?这是入清以后,伴随社会的由乱而治,朝野共同关注的问题。在日趋高涨的以经学济理学之穷的声浪中,清廷于康熙后期的表彰朱子学,就已经显示了融理学于经学之中的发展趋势。所以,清圣祖既说:“朱子注释群经,阐发道理,凡所著作及编纂之书,皆明白精确,归于大中至正。”②又说:“治天下以人心风俗为本,欲正人心、厚风俗,必崇尚经学。”③他明确昭示子孙:“帝王立政之要,必本经学。”提出了“以经学为治法”的一代家法。④

世宗当政,为时过短,崇尚经学的文化举措未及实施,即过早地去世。高宗即位,凭借其父祖奠定的雄厚国基,他所获得的是一个承平安

① 《清高宗实录》卷一千一百零六“乾隆四十五年五月戊子”条。
② 《清圣祖实录》卷二百四十九“康熙五十一年正月丁巳”条。
③ 《清圣祖实录》卷二百五十八“康熙五十三年四月乙亥”条。
④ 《清圣祖实录》卷一百一十三“康熙二十二年十二月乙卯”条。

定的江山。经济的富庶,政局的安定,使他得以从容地去实践其父祖的未竟之志。

乾隆元年(1736)四月,高宗重申"首重经学"的一代家法,命广布圣祖时期官修诸经解,以经学考试生员。他说:"圣祖仁皇帝四经之纂,实综自汉迄明,二千余年群儒之说而折其中,视前明《大全》之编,仅辑宋元讲解,未免肤杂者,相去悬殊。各省学臣,职在劝课实学,则莫要于宣扬圣教,以立士子之根柢。"①清高宗的谕旨表明,此时清廷所尊崇的经学,绝不仅仅限于宋元理学诸儒的解说,而是要由宋明而远溯汉唐,博采历代经师之长以"立士子之根柢"。

乾隆二年三月,高宗命儒臣每日缮写经史奏疏进呈。三年(1738)十月,高宗号召天下士子"究心经学,以为明道经世之本",指出:"学问必有根柢,方为实学。治一经必深一经之蕴,以此发为文辞,自然醇正典雅。若因陋就简,只记诵陈腐时文百余篇,以为弋取科名之具,则士之学已荒,而士之品已卑矣。"②

在清高宗的倡导之下,各地学政闻风而动。四年三月,先是陕西学政崇寿奏:"请于'四书'经义外,摘录本经四五行,令生童作经义一段,定其优劣。童生中有能背诵五经,兼通讲贯者,量行取进。"③随后山东学政徐铎又奏:"荐举优拔,贵乎通经致用。请嗣后报优,注明通晓何经,拔贡改试经解。"④同年六月,安徽学政郑江举荐的优生陶敬信,将所著《周礼正义》一书进呈。高宗以"其注解尚属平妥明顺",颁谕嘉奖,"令其在三礼馆纂修上行走"。⑤

乾隆五年,高宗虽颁谕提倡读宋儒书、研精理学,但无奈未著成效。

---

① 《清高宗实录》卷十七"乾隆元年四月辛卯"条。
② 《清高宗实录》卷七十九"乾隆三年十月辛丑"条。
③ 《清高宗实录》卷八十八"乾隆四年三月丁未"条。
④ 《清高宗实录》卷八十八"乾隆四年三月己酉"条。
⑤ 《清高宗实录》卷九十五"乾隆四年六月丙申"条。

廷臣中以理学而名噪一时者，无论是治朱子学的方苞，还是治陆王学的李绂，皆言不顾行，深令高宗失望。因此，高宗曾颁谕指斥方苞："假公济私，党同伐异，其不安静之痼习，到老不改。"①又在批驳御史张湄奏疏时，言及"方苞造言生事、欺世盗名之恶习"②。至于李绂，高宗认为，其品行不端，实与方苞为同类，他说："朕犹记方苞进见后，将朕欲用魏廷珍之意，传述于外，并于魏廷珍未经奉召之前，迁移住屋，以待其来京。此人所共知者。又李绂曾经召对，朕以君不密则失臣，臣不密则失身之义训谕之。伊称臣断不敢不密，但恐左右或有洩露耳。朕谕云，朕从来召见臣工，左右近地，曾无内侍一人，并无听闻，亦何从洩露。如此二人者，则皆此类也。"③而对以理学为门面的湖北巡抚晏斯盛，清高宗则径斥之为"其人乃一假道学者流"④。

一方面是理学的不振和对理学诸臣的失望，另一方面是经学稽古之风的方兴未艾，二者交互作用的结果，遂成清高宗的专意崇奖经学。乾隆十年(1745)四月，高宗策试天下贡士于太和殿，指出："夫政事与学问非二途，稽古与通今乃一致。"他昭示天下士子："将欲为良臣，舍穷经无他术。"⑤十二年(1747)三月，清廷重刻《十三经注疏》成，高宗特为撰序刊行，向学术界发出"笃志研经，敦崇实学"的号召。他说：

> 我朝列祖相承，右文稽古。皇祖圣祖仁皇帝，研精至道，尊崇圣学，五经具有成书，颁布海内。朕披览《十三经注疏》，念其岁月经久，梨枣日就漫漶，爰敕词臣，重加校正。其于经文误字，以及传注笺疏之未协者，参互以求其是，各为考证，附于卷后，不紊旧观。

① 《清高宗实录》卷九十二"乾隆四年五月戊午"条。
② 《清高宗实录》卷九十八"乾隆四年八月丙子"条。
③ 《清高宗实录》卷一百三十九"乾隆六年三月甲申"条。
④ 《清高宗实录》卷一百八十九"乾隆八年四月癸丑"条。
⑤ 《清高宗实录》卷二百三十九"乾隆十年四月戊辰"条。

> 刊成善本，匪徒备金匮石室之藏而已。《书》曰“学于古训乃有获”；《传》曰“经籍者圣哲之能事，其教有适，其用无穷”。……继自今津逮既正，于以穷道德之阃奥，嘉与海内学者，笃志研经，敦崇实学。庶几经义明而儒术正，儒术正而人才昌。①

经过高宗初政十余年的努力，众山朝宗，百川归海，遂汇为荐举经学的旷典。乾隆十四年（1749）十一月，高宗就此颁谕，令内外大臣荐举潜心经学之士。他说：

> 圣贤之学，行本也，文末也。而文之中，经术其根柢也，词章其枝叶也。翰林以文学侍从，近年来，因朕每试以诗赋，颇致力于词章，而求其沉酣六籍，含英咀华，究经训之阃奥者，不少概见。岂笃志正学者鲜与？抑有其人而未之闻与？夫穷经不如敦行，然知务本，则于躬行为近。崇尚经术，良有关于世道人心。有若故侍郎蔡闻之、宗人府府丞任启运，研穷经术，敦朴可嘉。近者侍郎沈德潜，学有本源，虽未可遽目为巨儒，收明经致用之效，而视獭祭为工，剪彩为丽者，迥不侔矣。今海宇升平，学士大夫举得精研本业，其穷年矻矻，宗仰儒先者，当不乏人。奈何令终老牖下，而词苑中寡经术士也。

于是高宗下令：

> 内大学士、九卿，外督抚，其公举所知，不拘进士、举人、诸生，

① 《清高宗实录》卷二百八十六“乾隆十二年三月丙申”条。

以及退休闲废人员，能潜心经学者，慎重遴访。务择老成敦厚、纯朴淹通之士以应，精选勿滥，称朕意焉。①

高宗谕下，廷臣纷然响应，短短一月，举荐人员之众，已远出高宗意料之外。因此，高宗再颁谕旨："此番大学士、九卿所举，为数亦觉过多。果有如许淹通经学之士，一时应选，则亦无烦特诏旁求矣。"②乾隆十五年十二月，吏部遵旨核定内外大臣举荐之经学诸儒四十九名，检出不合格者八人。保举失当诸臣，皆因之而被罚俸九月。③

乾隆十六年(1751)正月，清高宗首次南巡。此时的江南，领四方学术风气之先，穷经考古，汉学复彰。正是有感于江南经学稽古之风的浓厚，高宗返京，遂在五月于太和殿策试天下贡士时，改变了一年前的估计，欣然宣称："经术昌明，无过今日。"④之后，虽经严格审核，最终为高宗选定的经学名儒仅得陈祖范、吴鼎、梁锡玙、顾栋高等四人，但此次举荐经学，影响则非同一般。正如当时列名荐牍的江南经师惠栋所言："历代选举，朝廷亲试，不涉有司者，谓之制科，又谓之大科。国家两举制科，犹是词章之选，近乃专及经术，此汉魏六朝、唐宋以来，所未行之旷典。栋何人斯，猥膺是举？"⑤

至此，清高宗以其举荐经学的重大举措，纳理学、词章于经学之中，既顺应了康熙中叶以后兴复古学的学术演进趋势，又完成了其父祖融理学于经学之中的夙愿，从而确立了崇奖经学的文化格局。

值得指出的是，清高宗确立崇奖经学格局的过程，也正是他将专制皇权空前强化的过程。高宗初政，鉴于其父为政的苛核寡恩，倡导广开

① 《清高宗实录》卷三百五十二"乾隆十四年十一月己酉"条。
② 《清高宗实录》卷三百五十五"乾隆十四年十二月辛卯"条。
③ 《清高宗实录》卷三百七十九"乾隆十五年十二月己丑"条。
④ 《清高宗实录》卷三百八十八"乾隆十六年五月丙午"条。
⑤ [清]惠栋：《松崖文钞》卷一《上制军尹元长先生书》，《聚学轩丛书》本。

言路,政尚宽大。然而曾几何时,宽松政局已成过眼云烟。乾隆八年二月,翰林院编修杭世骏试时务策,因议及"内满而外汉"的时弊,惹怒高宗,竟遭革职。① 以之为肇始,从乾隆十六年八月至二十一年正月,高宗大张文网,以对伪撰孙嘉淦奏稿案、王肇基献诗案、杨烔昭著书案、刘震宇《治平新策》案、胡中藻《坚磨生诗钞》案、朱思藻辑《四书》成语案等的穷究和严惩,宣告了宽大为政的终结和文化桎梏的形成。正是在这样一个背景之下,清高宗选择崇奖经学、立异朱子的方式,把学术界导向穷经考古的狭路之中。

三、汉宋学术之争与《学案小识》

清代道光年间,与《宋元学案》的刊行同时,另一部以"学案"题名的史籍亦在北京问世,这就是唐鉴所著《国朝学案小识》。以下,拟就这部史籍产生的历史背景,以及它的主要内容和编纂体例等,做一些讨论。

(一)汉宋学术之争的由来及其发展

清代的汉宋学术之争,是一代学术史上的重要公案。它自清朝初叶肇始,经乾嘉时代的汉学鼎盛,至嘉庆、道光间争议加剧,形同水火。

就为学蹊径而论,乾嘉汉学与宋明理学风格各异。宋学旨在阐发儒家经典所蕴涵的义理,而汉学则讲求对经籍章句的考据训诂。在中国古代学术史上,初无所谓汉、宋学术之分,有之则自清人始。正如近代学者刘师培所论:"古无汉学之名,汉学之名始于近代。或以笃信好古该汉学之范围,然治汉学者未必尽用汉儒之说,即用汉儒

---

① 《清高宗实录》卷一百八十四"乾隆八年二月癸巳"条。

之说，亦未必用以治汉儒所治之书。是则所谓汉学者，不过用汉儒之训诂以说经，及用汉儒注书之条例以治群书耳。”①康熙间，毛奇龄治经力辟宋人旧说，表彰汉儒经说，始揭“汉学”“宋学”②之称。其后全祖望继起，尊汉儒“修经之功”，赞刘向“集诸经之大成”③，所著《经史问答》，为乾嘉汉学家评作“继古贤，启后学，与顾亭林《日知录》相埒”④。乾隆初，惠栋潜心经术，承其父祖未竟之志，以穷究汉《易》为家学，先后撰为《易汉学》《周易述》《九经古义》诸书。他倡言：“汉经师之说，立于学官，与经并行。五经出于屋壁，多古字古音，非经师不能辨。经之义存乎训诂，识字审音，乃知其意。是故古训不可改也，经师不可废也。”⑤虽然惠氏梳理汉代经学源流未尽实录，混淆了今古文学之分野，但他的唯汉是尊，唯古是信，则在当时的学术舞台上率先扬起汉学之旗帜，开了兴复“古学”的先河。稍后的朴学大师钱大昕评价惠栋学风的影响时，认为：“汉学之绝者千有五百余年，至是而粲然复章矣。”⑥

惠栋故世，戴震崛起。他承其乡先辈江永之教，于三吴惠学兼收并蓄，主张“由声音文字以求训诂，由训诂以寻义理”⑦，游学南北，名噪京城。后应聘入四库全书馆，与邵晋涵、周永年、纪昀等馆中众多名儒肆力经史，辑佚钩沉，校理群籍。经史考据因之而蔚成风气，书馆亦不啻“汉学家大本营”⑧。汉学得清廷优容，大张其军，如日中天。就连朝中显贵亦附庸风雅，“皆以博考为事，无复有潜心理学者。至有称颂宋、

① 刘师培：《左庵外集》卷九《近代汉学变迁论》。
② ［清］毛奇龄：《推易始末》卷一。
③ ［清］全祖望：《鲒埼亭集外编》卷三十九《前汉经师从祀议》。
④ ［清］阮元：《揅经室二集》卷七《全谢山先生经史问答序》。
⑤ ［清］惠栋：《松崖文钞》卷一《九经古义述首》。
⑥ ［清］钱大昕：《潜研堂文集》卷三十九《惠先生栋传》。
⑦ ［清］钱大昕：《潜研堂文集》卷三十九《戴先生震传》。
⑧ 梁启超：《中国近三百年学术史》三《清代学术变迁与政治的影响》。

元、明以来儒者，则相与诽笑”①。于是朝野官绅，“竞尊汉儒之学，排击宋儒，几乎南北皆是矣”②。

汉学大行，宋学几不成军。虽当汉学初起，江南诗人袁枚即唱为别调，致书惠栋加以商榷，指出：“足下与吴门诸士厌宋儒空虚，故倡汉学以矫之，意良是也。第不知宋学有弊，汉学更有弊。宋偏于形而上者，故心性之说近玄虚；汉偏于形而下者，故笺注之说多附会。”③然而势单力薄，汉学方兴未艾之势实非个人意志所能转移。尔后，面对汉学风靡，一味复古，宋学营垒中人目击其弊，亦不乏起而颉颃者。程晋芳、姚鼐、翁方纲，皆为四库馆臣，而指斥一时学风之弊，则异口同声。程晋芳认为：“古之学者日以智，今之学者日以愚。古之学者由音释训诂之微，渐臻于诗书礼乐广大高明之域；今之学者琐琐章句，至老死不休。”因此他喟叹：“海内儒家，昌言汉学者几四十年矣。其大旨谓，唐以前书皆尺珠寸璧，无一不可贵。由唐以推之汉，由汉以溯之周秦，而‘九经’、《史》《汉》，注疏为之根本，宋以后可置勿论也。呜呼！为宋学者未尝弃汉唐也，为汉学者独可弃宋元以降乎！”④姚鼐、翁方纲皆主张分学问为义理、考订、词章三途，力倡以义理为依归，反对专走考据一路。翁方纲指出：“墨守宋儒，一步不敢他驰，而竟致有束汉唐注疏于高阁，叩以名物器数而不能究者，其弊也陋。若其知考证矣，而骋异闻，侈异说，渐致自外于程朱而恬然不觉者，其弊又将不可究极矣。”⑤姚鼐则更诋汉学为“异道”，他说：“近时阳明之焰熄，而异道又兴。学者稍有志于勤学法古之美，则相率而竞于考证训诂之途，自名汉学，穿凿琐屑，驳

---

① ［清］姚莹：《东溟文外集》卷一《复黄又园书》。

② ［清］袁枚：《随园诗话》卷二。

③ ［清］袁枚：《小仓山房文集》卷十八《答惠定宇书》。

④ ［清］程晋芳：《勉行堂文集》卷一《正学论四》。

⑤ ［清］翁方纲：《复初斋文集》卷十一《与曹中堂论儒林传目书》。

难猥杂。其行曾不能望见象山、阳明之伦,其识解更卑于永嘉,而辄敢上诋程朱,岂非今日之患哉?”①

乾隆末、嘉庆初,汉学日过中天,盛极将衰,不惟宋学中人诋斥其病痛无异词,而且汉学中人于自家学派积弊亦多所反省。凌廷堪、焦循、王引之诸儒,不谋而合,此呼彼应,皆有高瞻远瞩之论。

凌廷堪为徽州戴门后学,早在乾隆五十八年(1793)夏,他即予一时学风痛下针砭,指出:“读《易》未终,即谓王、韩可废。论《诗》未竟,即以毛、郑为宗。《左氏》之句读未分,已言服虔胜杜预。《尚书》之篇次未悉,已云梅赜伪《古文》。甚至挟许慎一编,置九经而不习。忆《说文》数字,改六籍而不疑。不明千古学术之源流,而但以讥弹宋儒为能事,所谓天下不见学术之异,其弊将有不可胜言者。”②焦循随之而起,力辩考据名学之非,他说:“近之学者,无端而立一考据之名,群起而趋之。所据者汉儒,而汉儒中所据者,又唯郑康成、许叔重。执一害道,莫此为甚。”③焦循尤其不赞成以考据补苴来代替经学研究,一如凌廷堪之所为,他亦假梳理一代经学源流,以鞭挞一时学风病痛。焦循就此写道:

> 本朝经学盛兴,在前如顾亭林、万充宗、胡朏明、阎潜丘。近世以来,在吴有惠氏之学,在徽有江氏之学、戴氏之学。精之又精,则程易畴名于歙,段若膺名于金坛,王怀祖父子名于高邮,钱竹汀叔侄名于嘉定。其自名一学,著书授受者,不下数十家,均异乎补苴掇拾者之所为。是直当以经学名之,乌得以不典之称之所谓考据者,混目于其间乎!④

① [清]姚鼐:《惜抱轩文后集》卷十《安庆府重修儒学记》。
② [清]凌廷堪:《校礼堂文集》卷二十三《与胡敬仲书》。
③ [清]焦循:《先府君事略》,载《焦氏遗书》附录。
④ [清]焦循:《雕菰楼集》卷十三《与孙渊如观察论考据著作书》。

王引之致书焦循，唱为同调，有云："惠定宇先生考古虽勤，而识不高，心不细，见异于今者则从之，大都不论是非。说《周礼》丘封之度，颠倒甚矣，他人无此谬也。来书言之，足使株守汉学而不求是者爽然自失。"①

继惠、戴之后，凌、焦、王皆一时经学大儒。以汉学俊彦而群起批评一己学派之弊短，说明一个学术转变的新时期已经来临。当此风气转换之际，惠栋的再传弟子江藩，独坚守汉学壁垒，鼎力撑持，且以他为一方，演为空前激烈的汉宋学术之争。

（二）江藩与《国朝汉学师承记》

江藩，字子屏，号郑堂，晚号节甫，江苏甘泉（今扬州）人。生于乾隆二十六年（1761），卒于道光十年（1830）②，终年七十岁。他早年随父客居苏州，自十二岁起，相继师从于薛起凤、汪缙。薛、汪皆好佛学，会通儒佛，自辟蹊径。藩父亦学佛有年，惟不取"儒佛一本"之说，主张则与薛、汪有异。江藩尔后的为学，虽不入佛学窠臼，但谨守庭训，终身不忘，既不辟佛，亦不佞佛。十五岁以后，得苏州名儒余萧客、江声导引，从此步入经史考据门槛。

余、江二人皆惠栋弟子。余萧客字仲林，别字古农，以所著《古经解钩沉》而名噪南北。乾隆四十三年，余氏病殁。逝世前，以改订《古经解钩沉》寄厚望于江藩，叮嘱道："《钩沉》一书，汉、晋、唐三代经注之亡者，本欲尽采，因乾隆壬午四月得虚损症，危若朝露，急欲成书，乃取旧稿录成付梓，至今歉然。吾精力衰矣，汝能足成之，亦经籍之幸

---

① ［清］王引之：《致焦里堂书》，载《焦氏遗书》卷首。

② 江藩卒年，自闵尔昌《江子屏先生年谱》以降，均作道光十一年。据漆永祥教授《江藩与汉学师承记研究》考证，当为道光十年。可信可据。

也。”①余萧客故世，江藩一度泛滥诸子百家，如涉大海，茫无涯涘。后幸遇江声，教其读七经三史及许氏《说文解字》，进而究心惠栋所传汉儒《易》学。秉江声之教，江藩于十八岁时，即著《尔雅正字》，后经改订，题为《尔雅小笺》，成为他的代表作品之一。乾隆四十九年，江藩承惠栋未竟之志，撰为《周易述补》五卷，将惠书所阙一一补足，引证精博，羽翼师说，同样是他生平代表之作。

青年时代的江藩，返归扬州故里，先后受知于廷臣朱筠、王昶，广交南北俊彦如汪中、李惇、阮元、焦循等，经史之学，与日俱进。乾隆五十年父卒，家道中落，迫于生计，作幕四方。

嘉庆、道光间，老师宿儒，凋谢殆尽。江藩以布衣而为一时掌故之宗，与扬州学者焦循齐名，郑堂、里堂比美学坛，一时有“二堂”之目。江藩晚年所撰《国朝汉学师承记》，成为他一生最重要的代表作品。

关于《汉学师承记》的始撰年月，已不得详考。惟据书中自述及汪喜孙跋语等所记，则成书时间可以大致确定。该书卷二《余古农先生传》，在引述传主嘱订《古经解钩沉》语后，江藩有云：“藩自心丧之后，遭家多故，奔走四方，雨雪载途，饥寒切体，不能专志一心，从事编辑。今年已五十，忽忽老矣，叹治生之难，蹈不习之罪，有负师训，能不悲哉！”②著者五十岁，时当嘉庆十五年（1810）三月。汪中子喜孙跋《汉学师承记》称：“吾乡江先生，博览群籍，通知作者之意，闻见日广，义据斯严，汇论经生授受之旨，辑为《汉学师承记》一书。异时采之柱下，传之其人，先生名山之业固当附此不朽。或如司马子长《史记》、班孟坚《汉书》之例，撰次《叙传》一篇，列于卷后，亦足屏后儒拟议窥测之见，尤可与顾宁人、钱晓征及先君子后先辉映者也。喜孙奉手受教，服膺有

① ［清］江藩：《国朝汉学师承记》卷二《余古农先生》。
② 同上。

年,被命跋尾,不获固辞,谨以所闻质诸坐右,未识先生以为知言不也。”汪跋所署时间,为嘉庆十七年五月七日。① 而著者嗣子江茂钧跋《国朝经师经义目录》亦云:“家大人既为《汉学师承记》,之后,复以传中所载诸家撰述,有不尽关经传者,有虽关经术而不醇者,乃取其专论经术而一本汉学之书,仿唐陆元朗《经典释文》传注姓氏之例,作《经师经义目录》一卷,附于记后。”语末则署嘉庆十六年十月。② 可见,《汉学师承记》之成书,至迟应在嘉庆十六年十月至翌年五月之间。二十三年夏,江藩应两广总督阮元聘,作幕羊城。同年除夕,阮元为《汉学师承记》撰序,将该书在岭南刊行。

《汉学师承记》以纪传体史籍之《儒林传》为圭臬,上起清初黄宗羲、顾炎武、阎若璩、胡渭,下迄嘉庆间尚健在的阮元、焦循、刘逢禄,一代经师皆著录其中。全书八卷,大致以传主世次为序,取阎若璩、胡渭、张尔岐、马骕冠诸卷首,以示述清代汉学,当溯源于清初诸儒。继以惠周惕、惠士奇、惠栋祖孙及余萧客、江声诸家,意在说明著者学术宗主之所在。卷三以下,依次著录王鸣盛、钱大昕、王昶、朱筠、江永、戴震、汪中、凌廷堪等乾嘉时代诸经学大师。一代经学源流,即据诸家传记汇编而得其脉络。惟清初学术大师黄宗羲、顾炎武及算学家陈厚耀,则属例外。陈厚耀为康熙间人,记中则置于卷七,与乾嘉诸经师同编。而开一代学术风气的黄宗羲、顾炎武,更在卷八而为全书殿后。

江藩何以要结撰《汉学师承记》?该书卷首自序,言之甚明。序中,表彰汉儒传经之功,于宋明诸儒,则概斥为“乱经非圣”。江藩写道:“宋初,承唐之弊,而邪说诡言,乱经非圣,殆有甚焉。如欧阳修之《诗》,孙明复之《春秋》,王安石之《新义》是已。至于濂、洛、关、闽之

① [清]汪喜孙:《汉学师承记跋》,载《汉学师承记》卷末。
② [清]江茂钧:《国朝经师经义目录跋》,载《国朝经师经义目录》卷末。

学,不究礼乐之源,独标性命之旨,义疏诸书,束置高阁,视如糟粕,弃等弁髦。盖率履则有余,考镜则不足也。元明之际,以制义取士,古学几绝。而有明三百年,四方秀艾困于帖括,以讲章为经学,以类书为博闻,长夜悠悠,视天梦梦,可悲也夫!"在历数清代帝王的文治盛业之后,江序又云:"藩绾发读书,授经于吴郡通儒余古农、同宗艮庭二先生,明象数制度之原,声音训诂之学,乃知经术一坏于东、西晋之清谈,再坏于南、北宋之道学。元明以来,此道益晦。至本朝,三惠之学盛于吴中,江永、戴震诸君继起于歙,从此汉学昌明,千载沉霾,一朝复旦。暇日诠次本朝诸儒为汉学者,成《汉学师承记》一编,以备国史之采择。"①这就是说,《汉学师承记》的结撰,是为了表彰汉学,拔宋帜而立汉帜,以供纂修《国史儒林传》的参考。由此可见,江藩此书,乃是同嘉庆十四、十五年间,陈寿祺、阮元在国史馆创编《儒林传》的努力相呼应的。

继《汉学师承记》之后,江藩又于嘉庆十六年撰《国朝经师经义目录》一书,附于《师承记》后。《目录》以《易》《书》《诗》《礼》《春秋》《论语》《尔雅》《乐》为序,将一代经师主要著述汇为一编。著录标准甚严,一以汉学为依归,凡"言不关乎经义小学,意不纯乎汉儒古训者,固不著录"②。譬如《易》一类,黄宗羲、宗炎兄弟的《易学象数论》《图书辨惑》,皆以"不宗汉学"而剔除。《书》一类,胡渭的《洪范正论》亦因"辟汉学五行灾异之说"而不录。《诗》一类,朱鹤龄的《毛诗通义》、陈启源的《毛诗稽古编》、顾栋高的《毛诗类释》等,或以"好博而不纯",或以"怪诞不经",或以"多凿空之言",同样予以斥黜。至于宋学中人的经学著作,则一概不予著录。雍正、乾隆间,方苞以治《礼》学名世,江藩则以"更不足道"四字为总评而不屑一顾。

---

① [清]江藩:《国朝汉学师承记》卷首《序》。

② [清]江茂钧:《国朝经师经义目录跋》,载《国朝经师经义目录》卷末。

上述二书蒇事，江藩复撰《国朝宋学渊源记》二卷，于道光二年刊行。《渊源记》编纂体例，与《师承记》相同，皆为人物传记汇编。全书以地域为类，卷上著录孙奇逢、刁包以下诸北方宋学中人，卷下则专记刘汋、张履祥等。卷末附以沈国模、史孝咸及著者早年业师薛起凤、汪缙等，意欲据以明儒释之分。一如《汉学师承记》之扬汉抑宋，《宋学渊源记》虽本惠士奇“六经尊服、郑，百行法程、朱”之教，但终难脱门户成见。

由于江藩门户之见甚深，所以《汉学师承记》初出，龚自珍即致书商榷，历数以“汉学”题名的诸多不妥，主张改题《国朝经学师承记》。而方东树则宗主程、朱，固守宋学，于江书并汉学痛加驳诘，以致酿成炽烈的汉宋学术之争。

（三）方东树与《汉学商兑》

方东树，字植之，晚号仪卫老人，安徽桐城人。生于乾隆三十七年（1772），卒于咸丰元年（1851），终年八十岁。东树幼承家范，受一方风气习染，学从古文词入。年二十二，师从同里姚鼐，与梅曾亮、管同、刘开并称姚门四杰。此后，潜心义理，讲求心性之学，一以朱子为依归。秉其师教，于一时汉学考证之风，深不以为然。

嘉庆二十四年（1819），两广总督阮元拟修《广东通志》，方氏应聘作幕羊城。当时，江藩亦以佐阮元辑《皇清经解》而同在幕署，且江氏《国朝汉学师承记》又刊行伊始。《师承记》的扬汉抑宋，激起方东树强烈不满，于是他改变不与论辩的故态，起而痛加驳诘，于道光四年撰为《汉学商兑》三卷。稿成，方氏试图谋求幕主的支持，誊为清本，呈书阮元。在《上阮芸台宫保书》中，方氏取阮元与唐代贤哲韩愈相比，赞美道：“阁下道佐苍生，功横海望，岁路未强，学优而仕，归墟不舍，仕优复学。……三十年间，中外咸孚，万口一舌，虽使退之复生，且将穷于言句，又岂晚进小生所能扬榷其大全者哉!”接着,又以之与汉唐经学大师马融、郑玄、孔颖达、贾公彦并论,指出:“惟阁下早负天下之望,宜为百世之师,齐肩马、郑,抗席孔、贾,固以卓然有大功于六经而无愧色。”经此一番溢美推崇,始道出以《汉学商兑》“质疑”“请业”之想。他说:“今日之汉学,亦稍过中矣。私心以为,于今之时,必得一非常之大儒,以正其极,扶其倾,庶乎有以挽太过之运于未敝之先,使不致倾而过其极,俾来者有以考其功焉。以此求之当今之世,能正八柱而扫粃糠者,舍阁下其谁与归!”①然而求非其人,阮元本无意宋儒义理,实为一时汉学主盟,所以《汉学商兑》并未能如同《汉学师承记》那样,得到阮元的资助而刊行。

道光六年(1826),阮元调任云贵总督,方东树亦分道扬镳,返乡投靠安徽巡抚邓廷桢。同年四月,《汉学商兑序》成。序中,方氏于汉学昌言排击,指出:“近世有为汉学考证者,著书以辟宋儒,攻朱子为本,首以言心、言性、言理为厉禁。海内名卿巨公,高才硕学,数十家递相祖述。……名为治经,实足乱经;名为卫道,实则畔道。”②尔后,复经改订,《汉学商兑》终在道光十一年得以刊行。

《汉学商兑》凡三卷,卷上追溯汉学家立说渊源,卷中辨析汉学中人主要学术主张,卷下集矢《国朝经师经义目录》,总论汉学流弊。全书仿照朱熹《杂学辨》体例,摘选汉学家语,逐条加以驳难。矛头所向,黄宗羲、顾炎武以下,迄于惠栋、戴震、钱大昕、江藩,汉学中人几乎无一幸免。南宋大儒黄震,不知是何缘由,竟为方氏訾议。早先为方东树所推崇的阮元,转眼之间已成讥弹对象。方氏说:“顾、黄诸君虽崇尚实学,尚未专标汉帜。专标汉帜,则自惠氏始。惠氏虽标汉帜,尚未厉禁言理。厉禁言理,则自戴氏始。自是宗旨祖述,邪诐大肆,遂举唐宋诸

① [清]方东树:《仪卫轩文集》卷七《上阮芸台宫保书》。
② [清]方东树:《汉学商兑》卷首《序例》。

儒已定不易之案,至精不易之论,必欲一一尽翻之,以张其门户。江氏作《汉学师承记》,阮氏集《经解》,于诸家著述,凡不关小学,不纯用汉儒古训者,概不著录。……欲扫灭宋儒,毒詈朱子,鼓怒浪于平流,振惊飙于静树,可已而不已。斯风一煽,将害及人心学术。"①阮元有云:"朱子中年讲理,晚年讲礼,诚有见于理必出于礼也。如殷尚白,周尚赤,礼也。使居周而有尚白者,以非礼析之,则人不能争;非理析之,则不能无争矣。故理必附于礼以行,空言理,则可彼可此之邪说起矣。然则《三礼》注疏,学者何可不读!"方东树不顾先前以阮元与汉唐经学大师并称之论,独拈此条痛加批驳,认为:"此之宗旨,盖欲绌宋学,兴汉学,破宋儒穷理之学,变《大学》之教为考证之学。非复唐、虞、周、孔以礼垂教经世之本,并非郑、贾抱守遗经之意。"甚至将阮说与王阳明《朱子晚年定论》齐观,诋为:"邪说害正,其端甚微,其流甚巨。"②书末,方东树引清高宗惩治谢济世非议朱子学的上谕为己张目,宣称:"煌煌圣训,诚天下学者所当服膺恭绎,罔敢违失者也。"③意欲假手清廷淫威以压制汉学,用心可谓良苦。

《汉学商兑》于道光初叶的问世,实非偶然。嘉道之际,国家多故,世变日亟,汉学日过中天,盛极而衰,学随世变,时代使然。如同《汉学师承记》和《皇清经解》一样,《汉学商兑》亦是对乾嘉汉学进行总结的著作。所不同者,只是前者为肯定式的褒扬,而后者则是否定式的批评罢了。汉学中人,沉溺考证训诂,远离世事,如醉如痴,为历史潮流淘汰势所必然。《汉学商兑》的批评,确能击中其病痛之所在,故而该书一经问世,便迅速激起共鸣。稍后,唐鉴《国朝学案小识》的结撰,即为一强烈反应。

---

① ［清］方东树:《汉学商兑》卷上。
② ［清］方东树:《汉学商兑》卷中之上。
③ ［清］方东树:《汉学商兑》卷下。

(四)唐鉴生平学行述略

唐鉴,字栗生,号敬楷,又号镜海。湖南善化(今长沙)人。生于乾隆四十三年(1778),卒于咸丰十一年(1861),终年八十四岁。故世之后,清廷赐谥确慎。

著者出身于官宦世家。鉴祖焕,乾隆初,以举人官至山东平度州知州。父仲勉,乾隆五十八年进士,由知县官至陕西布政使。嘉庆十年(1805),唐鉴以廪生入赀为临湘县学训导。十二年,举乡试。十四年,成进士,为翰林院庶吉士。十六年散馆,授翰林院检讨,充国史馆协修。二十三年,迁浙江监察道御史,疏劾湖南武陵知县顾焬圻贪劣,一时称快。后因疏奏淮盐事宜失当,以六部员外郎改补。道光改元,得诸城刘镮之荐,出知广西平乐府。道光四年(1824)之后,连遭父母丧,守制庐墓,后应聘主持山东泰安书院讲席。九年进京,仍补广西旧任。之后十余年间,历任安徽徽宁池太广道、江安粮道、山西按察使、贵州按察使、浙江布政使、江宁布政使。所至革除陋规,百度毕张,以清廉著称一时。道光二十年,奉旨内转太常寺卿,入都供职。鸦片战争起,疏劾琦善、耆英等,直声震天下。二十五年,遇车祸伤肘。翌年,即以老病奏请回籍。晚年,历主江苏尊经、钟山及江西白鹿洞诸书院讲席。后病殁于湖南。

唐鉴早年研摩文史,中年勤劳民事,乞假家居,潜心理学,以朱子为宗,笃信谨守而不移。生平著述有《朱子学案》八十卷、《国朝学案小识》十五卷、《畿辅水利备览》八卷、《读易反身录》二卷、《易牖》二卷、《读易识》二卷、《读礼小事记》二卷、《四书拾遗》四卷、《省身日课》十四卷等。其诗文杂著,后人辑为《唐确慎公集》十卷刊行。

湖湘地区为理学之邦,北宋中叶,周敦颐开风气于先,两宋之际,胡安国、胡宏、胡寅父子传洛学于衡麓，湖湘学统奠定。南宋间，张栻、朱熹讲学于岳麓书院，湖湘理学为之大振。历元、明诸朝，理学在湖湘地区久传不衰，终于在明清之际孕育出杰出的学术大师王夫之。乾嘉以还，复以地理环境的制约，理学独能世代相承。唐鉴承其家学，步入仕途之后，将理学风气带至京中。据其嗣子尔藻所撰《镜海府君行述》记，还在初任职翰林院时，公事之余，唐鉴即与戚人镜、贺长龄等以理学相切磋。道光二十年后再次供职京都，他又时常与倭仁、何桂珍、窦垿等，讲求性理体用之学。唐鉴论学，深嫉陆九渊、王阳明，一以二程、朱子为依归。他认为："圣人之学，格致诚正、修齐治平而已。离此者畔道，不及此者远于道也。"又说："夫学之所以异，道之所以歧，岂有他哉！皆由不识格致诚正而已。习空谈者，索之于昭昭灵灵而障于内；守残编者，逐之于纷纷藉藉而蔽于外。斯二者皆过也。"由此出发，他于乾嘉考据学深不以为然，斥之为"以剩余糟粕，夸为富强"的务外之学。唐鉴就此阐述道：

> 圣人之言典章也，莫大于颜子之问为邦，曰夏时、殷辂、周冕、韶乐；曰放郑声，远佞人。是必有顺天应人，长治久安，大经济，大功业，以运用于两间。岂惟推天文，考舆服，讲求乐律而已哉！其言政事，莫大于哀公之问政，曰达道五，行之者三；曰九经，行之者一。是必有事亲知天，明善诚身，真本原，真学问，以弥纶于无际。岂惟考官禄，别等差，讲明礼节而已哉！

所以他断言："沾沾焉辨论于粗迹者，不知圣人之学也，外之故也。"在唐鉴看来，唯有一秉朱子之教，格致诚正，合内外于一体，始是圣人之道。他说："《中庸》曰，成己仁也，成物知也。性之德也，合内外之道也,故时措之宜也。治国平天下之事,岂在外哉！不障于内,不蔽于外,惟格致诚正者能之。”①以此为准绳,自道光二十三年初开始,唐鉴对前此二百年的清代学术进行总结,宗主程朱,卫道辨学,于道光二十五年夏,完成了《国朝学案小识》的结撰。稿成,经儒臣曾国藩、何桂珍及著者外甥黄倬等校核,于同年冬在京中刊行。

唐鉴平生所结撰的两部学案体著述,即《朱子学案》与《国朝学案小识》,后者刊行在先,故得以流传于世。而《朱子学案》虽纂修有年,咸丰初,唐氏应召入京,还曾就此奏报于登极伊始的清文宗。据称:“臣读朱子全集,别为义例,拟分格致、诚正、修齐、治平为八大案,而以朱子之文分隶之。则学者缕析条分,了然心目。”文宗亦欣然面谕:“尔书出时,必呈朕览为要。”②但终因卷帙浩繁,未及刊行。著者故世后,遗稿又为后人遗失,仅有《朱子学案目录序》留存于今本《唐确慎公集》中。

（五）《国朝学案小识》举要

《国朝学案小识》由五大学案组成,即《传道学案》《翼道学案》《守道学案》《经学学案》和《心宗学案》。全书凡十五卷。卷一、二为《传道学案》,著录陆陇其、张履祥、陆世仪、张伯行等四人学行。卷三、四、五为《翼道学案》,著录汤斌、顾炎武、张尔岐、王夫之等十九人学行。卷六、七、八、九为《守道学案》,著录于成龙、魏象枢、李光地等四十四人学行。卷十、十一为《守道学案》之《待访录》,著录应扮谦、张贞生、刁包等六十八人学行。卷十二、十三、十四为《经学学案》,著录黄宗羲、朱鹤龄、梅文鼎等一百零四人学行。后附《待访录》,著录张惠言、金

① ［清］唐鉴:《国朝学案小识》卷首《自序》。
② ［清］唐尔藻:《镜海府君行述》,载《唐确慎公集》卷首。

榜、王鸣盛等八人学行。卷末为《心宗学案》，著录张沐、潘用微、赵宽夫等三人学行。后附《待访录》，著录邵廷采、魏一鳌、彭绍升等六人学行。全书著录二百年间学者，凡二百五十六人。卷末一案虽未称做卷十五，实独立为一大案，故全书实应为十五卷。

《国朝学案小识》何以要作五大学案的区分？著者于卷首撰有《提要》一篇以作解释。于《传道》一案，唐鉴开宗明义即云：

> 传何由而得其道乎？曰孔、孟、程、朱。道何由而传得其人？曰述孔、孟、程、朱。述孔、孟、程、朱何由而遽谓之传乎？曰孔、孟、程、朱之道晦，而由斯人以明；孔、孟、程、朱之道废，而由斯人以行。孔、孟、程、朱之道何由而遽明、遽行乎？曰辨之严，异说不能乱；行之力，同志服其真。虽未必遽能大明与行，而后之学者，可由是而进于明、进于行也。则谓之明可，谓之行可，谓之传可。

这就是说，所谓传道者，指的是传承孔、孟、程、朱之道。换句话说，也就是陆九渊、王阳明之学，皆不在此道之中。于此，著者接下去说得很清楚，他说："明自正、嘉以后，讲新建者大肆狂澜，决破藩篱，逾越绳检。人伦以坏，世道日漓，邪说诬民，充塞仁义。逮及鼎革，托为老师宿儒者，尚欲以诐淫邪遁，淆乱人心，伤何如哉！"因而唐鉴认为："世有欲正人心以熄邪说者，即谓之孟子可也，即谓之朱子可也。道之传也，非斯人其谁与归！"

于《翼道》一案，著者的解释是：

> 传道者少，未尝不为道忧；翼道者众，又未尝不为道喜。非翼道之重于传道也，翼之则道不孤矣。道不孤，则乱道者不能夺其传矣。不能夺其传，而后统纪可一，法度可明。学术正而人心端，教

> 化肃而风俗美，人道与天道、地道并立矣。然则道之传也，传者传之，翼者亦相与传之也。

意即因有翼道诸人，传道者其势始得不孤。为此，唐鉴取南宋朱熹之与张栻、吕祖谦为例，指出："孔子尚矣，曾子、子思、孟子尚矣，朱子又岂易得耶？"

著者认为，道之所以不绝于天下，除传道、翼道诸儒外，尚有守道而不渝诸儒。于是他于《守道》一案论道：

> 今夫救时者人也，而所以救时者道也。正直可以慑回邪，刚健可以御强梗，庄严可以消柔佞，端悫可以折侵侮，和平可以息横逆，简易可以综繁颐，抱仁戴义可以淑心身，周规折矩可以柔血气，独立不惧可以振风规，百折不回可以定识力，守顾不重乎哉！

因此，唐鉴于守道诸儒亦至为推崇，表示："吾每得一人焉，未尝不正襟而起敬，端坐而缅思也。虽其人已往，而其流风余韵愈久而愈真，炳炳焉在天壤间也。"

以上三案，为全书主干，占至三分之二以上篇幅。相形之下，《经学》《心宗》二案，或轩轾早定，或意存贬抑，实则无足轻重，陪衬而已。所以于《经学》一案，著者借题发挥，对乾嘉考据学痛下针砭，指出：

> 得其一字一句，远搜而旁猎之，或数十百言，或数千百言，曼衍而无所底止。……乃或以辞意之别于今，度数之合乎古，遂至矜耀，以为得所未得，而反厌薄夫传圣人之道以存经者。是其所以自处，亦太轻矣。

由此而进，著者引秦人论尊师之道为喻，对崇汉抑宋的学风加以抨击，认为:“秦人有敬其老师而慢其师者，或问之，曰老师衣紫，师衣褐。或曰然则非敬其老师也，敬紫也。今之尊汉经师而诋朱子者，是亦敬紫之类也，又乌足与校哉!”

著者视陆王心学为异己，于《心宗》一案，则上起王阳明，下讫孙奇逢，皆以唱心学而有异朱子，遂同遭诋斥。他说:“天泉一会，为阳明之学者，推阐师说，各逞所欲，各便所私。此立一宗旨，彼立一宗旨，愈讲愈诞，愈肆愈狂，愈名高而愈无礼。沦澌流荡，无所底极，而人心亡矣。人心亡，世教裂，而明社亦遂墟矣。有征君孙先生者，与鹿伯顺讲学于明者也。入国朝，年已七十，遁影韬形，枯槁以终其身宜矣，而乃移讲席于苏门山，仍以其旧闻号召天下，是亦不可以已乎!”①

（六）编纂体例及其评价

《国朝学案小识》是继《明儒学案》和《宋元学案》之后，在清中叶问世的一部学案体著述。这部史书虽为门户之见拘囿，于《明儒学案》和《宋元学案》蓄意贬抑，诋为“千古学术之统纪由是而乱，后世人心之害陷由是而益深”②。但是，自《明儒学案》以来所确立的学案体史籍编纂格局，却是欲超脱其外而不能。该书卷首的《提要》，实脱胎于《明儒学案》各案之总论，无非变通旧规，取以为全书之冠冕而已。与《宋元学案》卷首之《序录》相比，则如出一辙。各学案案主学行的编纂，则又合《明儒学案》及《宋元学案》之案主传略及学术资料选编为一体，而以学术资料介绍为主干，一分一合，形异而实同。以下，仅以《传道学案》为例，略加剖析。

---

① ［清］唐鉴:《国朝学案小识》卷首《提要》。

② ［清］唐鉴:《国朝学案小识》卷十二《经学学案·余姚黄先生》。

《传道学案》卷首为《提要》一段，其内容已如前所述，兹不复赘。全案著录凡四人，卷一为陆陇其、张履祥，卷二为陆世仪、张伯行。《平湖陆先生》一传，先以二十余字略述传主字号开篇，随即大段征引传主论学主张，凡足以反映其学术风貌者，诸如《评定四书大全自序》《太极论》《学术辨》等，皆详加引述。接着才是传主政绩介绍。最后则以“门人”为目，附列王前席等四人姓名，以示学术传衍。一如《陆陇其传》，《桐乡张先生》一传，亦先是数十字的字号一类内容，以下即接以传主论学语要。由于著者对传主的倾心推崇，所以这一部分篇幅几多于陆氏一传二倍。随之才是张履祥生平梗概的介绍。传末，且立论一段，盛赞张履祥为“朱子后之一人”。最后，则分别以“同学”“从游诸子”为目，附列颜士凤等七人姓名。《太仓陆先生》亦然。全篇以传主所著《思辨录》前后集的引述为中心，比较突出地体现了学案体史籍的基本特征，即以汇编案主论学资料为主干，辅以小传及论断。篇末，同样以“同学”“从游诸子”为目，附列盛圣传等二十四人姓名。《仪封张先生》一传，与之前三传无异，传主论学语要亦占全传四分之三以上篇幅。篇末，且有评论云：“自稼书、杨园两先生倡正学于南，天下之误入姚江者，稍知所趋向，而独河洛间断断焉竟而不为之屈，则以夏峰之主持故也。先生能不惑溺于乡先生，而卓然归于至正，兢兢以程朱为守法，则今日之有志于洛学者，非先生之师而谁师乎。”①

《传道学案》中诸人传记，所引资料一般皆指明出处，而《经学学案》以下，因非著者表彰所在，所以引录资料皆不标所出。著者于此指出：“经学三卷，有本《四库书目》者，有采取先辈文集者，有就本人所著书论次者。参互成篇，未便揭明所出。”②唐鉴以短短两年的时间，理董

① ［清］唐鉴：《国朝学案小识》卷二《传道学案・仪封张先生》。

② ［清］唐鉴：《国朝学案小识》卷十二《经学学案题注》。

二百年间数以百计的学者著述，加以深陷门户之中，固执己见，一意表彰程朱一派，故粗疏漏略实亦在情理之中。所以，一部《国朝学案小识》，于《守道》《经学》《心宗》三案，皆有《待访录》一目。著者就此解释说："一时搜求未得其著述，则于别集之所论及者，随详随略，录以待访。"①可见，《待访录》一目之所辟，在编纂体例上并无新意，无非据以藏拙而已。

就具体编纂次第而言，《国朝学案小识》虽意在表彰道学，但《传道》《翼道》《守道》三案之分，其间根据何在，理由并不充分。而既不顾历史实际，又不问学术造诣，仅据卫道之勇，即拔陆陇其于全书卷首，亦多可商榷。为官清廉，鲠直不阿，固是陆陇其高风。但陆氏之学，执拗偏狭，拘守门户，比之于陆世仪为学的博大通达，志存经世，相去简直不可以道里计。因此，二陆并编，实是不伦。事实上，陆陇其的尊朱黜王，并非一时首倡，张履祥、吕留良的表彰朱熹学说，都要先于他，据私淑于陆陇其的吴光酉所辑《陆稼书先生年谱定本》载，直到四十岁前后，陆陇其尚在朱王学术间徘徊。后来在康熙十一二年，他四十三四岁时，结识吕留良，受张、吕二人学术影响，始成为朱子学笃信者。对于这一层关系，陆陇其本人也并不讳言。康熙二十二年（1683）十月，当他在京中获悉吕留良逝世的噩耗，曾撰文遥为祭奠。据称："陇其不敏，四十以前，以尝反复程朱之书，粗知其梗概。继而纵观诸家语录，糠秕杂陈，珷玞并列，反生淆惑。壬子、癸丑（康熙十一、十二年——引者），始遇先生，从容指示，我志始坚，不可复变。"可见吕留良的为学主张对陆氏学术趋向影响之大。文中，陆陇其还对吕氏于阳明学的"破其藩，拔其根"备加推崇，指出："先生之学，已见大意。辟除榛莽，扫去云雾，一时

① ［清］唐鉴：《国朝学案小识》卷十二《经学学案题注》。

学者获睹天日，如游坦途，功亦巨矣。”①颇具讽刺意味的是，同样为黜王尊朱的学者，陆陇其因为清廷所用，遂于其身后，以理学名臣而获从祀孔庙的殊荣。吕留良却因不与清廷合作，而被清世宗斥为：“狎侮圣儒之教，败坏士人之心，真名教中之罪魁也。”②以致故世四十一年之后，还为文字冤狱祸及，惨遭戮尸枭首。唐鉴于此当然十分清楚，正因为对专制淫威心存余悸，所以《国朝学案小识》不敢存片言只字涉及吕留良。这一点，我们当然不必苛求于他。但是，陆陇其并非清初大儒，其学本受张履祥、吕留良影响，唐鉴也不会不知道。因而，仅以清廷好恶为转移，拔陆陇其于全书卷首，显然是不足取的。

清初理学界，在顺治及康熙初叶的二三十年间，主持一时学术坛坫风会者，实为王学大儒。这便是以孙奇逢为代表的北学，以李颙为代表的关学和以黄宗羲为代表的南学。而《国朝学案小识》无视历史实际，既以入清以后首倡“心宗”而黜孙奇逢于不录，又强学宗陆、王的李颐入程朱“翼道”者之列以张大门墙，于黄宗羲则贬入《经学学案》之中。如此编次史籍，以门户之见而淆乱历史真相，其谬误是显而易见的。汤斌、耿介、魏一鳌，同为孙奇逢弟子，恪守师教，终身不渝，而《国朝学案小识》则分三人于三案。汤斌以《翼道》首席而居正统之列，耿介次之，得入《守道》一案，而魏一鳌则黜置程朱对立面，编于《心宗学案》。著者如此任意分割，亦不识根据何在。他如颜元、李塨师弟，并入《经学学案》已属不妥，而弟子李塨则擢至前列，其师颜元反名落乾嘉诸经师后。颠倒错乱如此，实是令人不解。

清代学术，以经学为中坚。经过清初诸儒的倡导，迄于乾嘉之世，遂呈鼎盛之势。其间，理学虽不绝如缕，但强弩之末，非同往昔，作为一

---

① ［清］陆陇其：《三鱼堂文集》卷十二《祭吕晚村先生文》。

② 《清世宗实录》卷八十一“雍正七年五月乙丑”条。

种学术体系,实已失去发展生机。总结既往学术,表彰理学可,而歪曲历史,贬抑经学则不可。《国朝学案小识》先入为主,意存轩轾,每每强人就我。譬如顾炎武、王夫之,虽然皆有引据程朱以排击陆王的倾向,但是两家精深的经学造诣以及博大的为学体系,已远非理气心性的论究所能拘囿。江藩著《国朝汉学师承记》,强顾炎武入汉学营垒固属不当,而唐鉴的《国朝学案小识》一反其道,强顾、王二家入程朱"翼道"者之列,同样并不实事求是。唐鉴学案,既以经学命名,就当介绍清初以来诸经学名家大师,此本情理中事,不言而喻。然而两卷《经学学案》,则遗漏太多,殊不可解。乾嘉以还,大师辈出,如段玉裁、王念孙、王引之、焦循、庄存与、刘逢禄等,皆影响一代经学甚巨,尽人皆知。而唐书只字不录,视若不见,真不知如何取信于人!

综观《国朝学案小识》全书,虽力图变通《明儒学案》编纂格局,但亦未能尽脱旧轨,无非学案体史籍的变异而已。这种变异带着由学案向纪传体史籍之儒林传回归的色彩,就历史编纂学而论,应当说并不是一种前进。所以清亡以后,徐世昌主持《清儒学案》的纂修,便否定了《国朝学案小识》的变异,以对《明儒学案》和《宋元学案》的继承,为中国古代学案史做了一个名副其实的总结。

第九章　学案体史籍的殿军

在中国学术史上，由徐世昌主持纂修的《清儒学案》，卷帙浩繁，网罗宏富。有清一代，举凡经学、理学、史学、诸子百家、天文历算、文字音韵、方舆地志、诗文金石，学有专主，无不囊括其中。它既是对清代二百六十余年间学术的总结，也是对中国古代学案体史籍的总结，具有十分重要的学术价值。

一、会通汉宋以求新之晚清学术

道光中叶的鸦片战争，给中国社会带来了亘古未有的历史巨变。道咸以降，讫于二十世纪初叶的中国学术，在激剧动荡的社会变迁之中，跌宕起伏，滚滚向前。讲中国学案史，通过认识《清儒学案》这一部重要史籍，去探讨中国古代学案体史籍的最终归宿，自然不能离开对晚清七十年的社会和学术变迁历史的准确把握。

晚清七十年间的学术，有一潮流行之最久，亦最可注意，这便是会通汉宋，推陈出新。民国初年的著名学者王国维先生论清代学术，有一句很有名的话，他说："国初之学大，乾嘉之学精，而道咸以来之学新。"①王先生所说的"新"，既指当时方兴未艾的西学，同时亦应包括中国传统学术在会通汉宋中的自我更新。

① 王国维：《王静安先生遗书》卷二十三《沈乙庵先生七十寿序》。

（一）曾国藩与晚清理学

晚清理学，枯槁狭隘，已非宋明时代之可同日而语。惟得一曾国藩，以其事功学业相济，几呈中兴之势。曾国藩（1811—1872），原名子城，字伯涵，号涤生，湖南湘乡人。道光十八年（1838）进士，以翰林院检讨累官至大学士兼直隶、两江总督。他一生既以功业显，为洋务派重要领袖，亦以学业著，实为晚清学术界一承前启后之关键人物。

曾国藩之学术，既承桐城姚鼐遗绪，又得乡先辈唐鉴熏陶。自道光二十三年初开始，唐鉴对前此二百年的清代学术进行总结，于道光二十五年夏完成了《国朝学案小识》的结撰。稿成，经曾国藩、何桂珍等校勘，于同年冬在京中刊行。

曾国藩为学，既承唐鉴之教，又不拘门户。多方采获，遂终能由博返约，自成一家。乾嘉以还，汉学脱离社会实际的积弊，到曾国藩的时代已经看得很清楚。所以，在为《国朝学案小识》作跋时，曾国藩对汉学病痛进行针砭，指出：

> 近世乾嘉之间，诸儒务为浩博，惠定宇、戴东原之流，钩研诂训，本河间献王实事求是之旨，薄宋贤为空疏。夫所谓事者非物乎？是者非理乎？实事求是，非即朱子所称即物穷理者乎？名目自高，诋毁日月，亦变而蔽者也。①

这就是说，乾嘉学派中人引为学的之“实事求是”，在曾国藩看来，同朱子主张的“即物穷理”并无二致。

---

① ［清］曾国藩：《曾文正公全集》文集卷二《书学案小识后》。

然而于汉学中人所擅长的“博核考辨”，曾国藩则并不一概抹煞。他表示：“国藩一宗宋儒，不废汉学。”①又说：“于汉宋二家构讼之端，皆不能左袒以附一哄。于诸儒崇道贬文之说，尤不敢雷同而苟随。”②对于一时朝野每以太平天国民变归咎汉学，曾国藩则持异议，他说：

> 君子之言也，平则致和，激则召争。辞气之轻重，积久则移易世风，党仇讼争而不知所止。曩者良知之说，诚非无蔽，必谓其酿晚明之祸，则少过矣。近者汉学之说，诚非无蔽，必谓其致粤贼之乱，则少过矣。③

他说：

> 乾嘉以来，士大夫为训诂之学者，薄宋儒为空疏，为性理之学者，又薄汉儒为支离。鄙意由博乃能返约，格物乃能正心。必从事于礼经，考核于三千三百之详，博稽乎一名一物之细，然后本末兼该，源流毕贯。虽极军旅战争，食货凌杂，皆礼家所应讨论之事。故尝谓，江氏《礼书纲目》、秦氏《五礼通考》，可以通汉宋二家之结，而息顿渐诸说之争。④

由此出发，曾国藩以转移风俗、陶铸人才为己任，极意表彰礼学，主张以之去经世济民。他说：

---

① ［清］曾国藩：《曾文正公全集》书札卷二十《复颍州府夏教授书》。
② ［清］曾国藩：《曾文正公全集》书札卷一《致刘孟蓉》。
③ ［清］曾国藩：《曾文正公全集》文集卷一《孙芝房侍讲刍论序》。
④ ［清］曾国藩：《曾文正公全集》书札卷十三《复夏弢甫》。

> 先王之道,所谓修己治人,经纬万汇者,何归乎? 亦曰礼而已矣。秦灭书籍,汉代诸儒之所掇拾,郑康成之所以卓绝,皆以礼也。杜君卿《通典》,言礼者十居其六,其识已跨越八代矣。有宋张子、朱子之所讨论,马贵与、王伯厚之所纂辑,莫不以礼为兢兢。我朝学者,以顾亭林为宗,国史儒林传,褎然冠首,言及礼俗教化,则毅然有守先待后、舍我其谁之志,何其壮也。厥后张蒿庵作《中庸论》,及江慎修、戴东原辈,尤以礼为先务。而秦尚书蕙田,遂纂《五礼通考》,举天下古今幽明万事,而一经之以礼,可谓体大思精矣。①

对于曾国藩在晚清学术史上的地位,已故钱宾四先生早年著《中国近三百年学术史》,有过专题讨论。宾四先生指出:"涤生论学……虽极推唐镜海诸人,而能兼采当时汉学家、古文家长处,以补理学枯槁狭隘之病。其气象之阔大,包蕴之宏丰……有清二百余年,固亦少见其匹矣。"②大师定评,实是不刊。

(二)黄式三的实事求是之学

黄式三(1789—1862),字薇香,号儆居,晚号知非子,浙江定海人。式三早年为岁贡生,屡应乡试不售,遂绝弃举业,专意治经。他毕身为学,"以治经为天职"③,主张会通汉宋,实事求是。他说:"经无汉宋,曷为学分汉宋也乎! 自明季儒者疏于治经,急于讲学,喜标宗旨,始有汉学、宋学之分。"④又说:"学者分汉宋为二,誉矛忘盾,誉盾忘矛,读沈征

① [清]曾国藩:《曾文正公全集》文集卷二《圣哲画像记》。
② 钱穆:《中国近三百年学术史》第十二章《曾涤生》。
③ [清]黄式三:《儆居集》经说二《上达说》。
④ [清]黄式三:《儆居集》经说三《汉宋学辨》。

君《果堂集》而知其非矣。……惠征君定宇,治汉学者之所宗也,志君之墓则曰:‘自古理学之儒,滞于禀而文不昌;经术之士,汩于利而行不笃。君能去两短,集两长。’然则士苟志学,何不取汉宋之所长者兼法之也邪!”①因之式三倡言:“天下学术之正,莫重于实事求是,而天下之大患,在于蔑古而自以为是。”②

黄式三早年,即本“实事求是”为学的,撰为《汉郑君粹言》一书,以推尊郑玄学说。书中有云:

> 世推北海郑君康成为经学之祖,辄复以短于理义而小之。郑君果短于理义乎哉?……夫理义者,经学之本原;考据训诂者,经学之枝叶、之流委也。削其枝叶而干将枯,滞其流委而原将绝。人苦不自知,而诩诩焉以其将枯绝者,矜为有本有原,鄙意所不信。而谓好学如郑君,无本而能有枝叶,无原而能有流委,尤不敢信之矣。③

而对于一时学术界中人宗汉宗宋,分门别户,黄式三深不以为然,他说:“自治经者判汉宋为两戒,各守专家,而信其所安,必并信其所未安。自欺欺人,终至欺圣欺天而不悟,是式三所甚悯也。”④因此,黄式三既肯定江藩著《国朝汉学师承记》“可以救忘本失源之弊”,同时又指出:“江氏宗郑而遂黜朱,抑又偏矣。”他的结论是:“江氏宗师惠、余,揽阎、江诸公为汉学,必分宋学而二之,适以增后人之惑也。”⑤

式三晚年,尤好礼学,认为:“礼者理也。古之所谓穷理者,即治礼

① ［清］黄式三:《儆居集》读子集四《读果堂集》。
② ［清］黄式三:《儆居集》读子集三《读顾氏心学辨》。
③ ［清］黄式三:《儆居集》杂著一《汉郑君粹言叙》。
④ ［清］黄式三:《儆居集》杂著一《易释叙》。
⑤ ［清］黄式三:《儆居集》杂著一《汉学师承记跋》。

之学也。尽性在此，定命在此。”①式三治礼，谨守郑学，不废朱子，于封建、井田、兵赋、郊禘、宗庙、学校、明堂、宗法诸大节目，凡有疑义，多所厘正。所撰《复礼说》《崇礼说》《约礼说》三篇，荟萃一生治礼心得，提纲挈领，最得礼意。《复礼说》集中讨论礼之渊源流变，一以孔子“克己复礼为仁”为依归，他说：

> 礼也者，制之圣人，而秩之自天。当民之初生，礼仪未备，而本于性之所自然，发于情之不容已，礼遂行于其间。……孔圣言克己复礼为仁。复礼者，为仁之实功也，尽性之实功也。②

《崇礼说》论证“礼即为德性”，进而主张以“崇礼”为根本，融尊德性与道问学于一体。文中指出：

> 君子崇礼以凝道者也，知礼之为德性也而尊之，知礼之宜问学也而道之，道问学所以尊德性也。……后世君子，外礼而内德性，所尊或入于虚无；去礼而滥问学，所道或流于支离。此未知崇礼之为要也。不崇礼即非至德，何以能凝至道！③

《约礼说》则阐发《论语》博文约礼旨趣，并据以驳难“以心之臆见为理”“以本心之天理言礼”的诬枉。式三说：

> 《论语》緟言博文约礼，圣训章矣。礼即先王之《礼经》也。王阳明《博约说》，博其显而可见之礼曰文，约以微而难见之理曰礼。

---

① ［清］黄家岱：《嬹艺轩杂著》卷下《礼记笺正叙》。
② ［清］黄式三：《儆居集》经说一《复礼说》。
③ ［清］黄式三：《儆居集》经说一《崇礼说》。

岂圣人之教，必待王氏斡补而后明乎？礼一也，分显微而二之。文与礼二也，以礼之显者为文而一之。其所谓理，谁能明之乎？……以心之臆见为理，而理已诬；以本心之天理言礼，而礼又诬。①

（三）黄以周会通汉宋学术的努力

黄以周（1828—1899），字元同，号儆季，晚号哉生，浙江定海人。定海黄氏，世代力农。至以周祖兴梧，有志经学，以治《易》《诗》著名庠序。② 以周父式三继起，潜心经学，遍治群经，晚专以治礼名家。以周幼承庭训，为学伊始，即在式三课督之下奠定经学藩篱。他六岁入塾识字，七岁便开始读《小戴记》，初知礼学。后依次读《尚书》《诗经》《周易》，打下坚实经学根柢。道光二十年（1840），英国侵略军蹂躏定海，以周随父避兵镇海之海晏乡。迄于式三病逝，二十余年间，一门朴学，治经传家。式三晚年，笃志礼学。以周亦步亦趋，专意读礼。他先是读秦蕙田《五礼通考》，病秦氏书言吉礼之好难郑玄说，军礼又太阿康成意，于是每一卷毕，皆有札记。自咸丰十年（1860）起，开始全面整理和总结历代礼学，结撰《礼书通故》，从此走上会通汉宋、表彰礼学的为学道路。时年三十三岁。

以周治礼，一秉其父之教，扫除门户，实事求是。他说：“六经之外无所谓道，六书之外无所谓学。故欲谭道者先通经，欲通经者先识字。”③又说：“离故训以谈经而经晦，离经以谈道而道晦。”④因此，以周主张：“去汉学之琐碎而取其大，绝宋学之空虚而核诸实。”⑤他读《汉书·艺文志》，就《孝经》《尔雅》共编一家，成札记一篇，有云：“凡解经

① ［清］黄式三：《儆居集》经说一《约礼说》。

② ［清］黄以周：《儆季杂著》文钞五《先考明经公言行略》。

③ ［清］黄以周：《儆季杂著》文钞二《说文解字补说叙》。

④ ［清］黄以周：《儆季杂著》文钞二《经训比义叙》。

⑤ ［清］黄以周：《儆季杂著》文钞三《答刘艺兰书》。

之书，自古分二例，一宗故训，一论大义。宗故训者，其说必精，而拘者为之，则凝滞章句，破碎大道；论大义者，其趣必博，而荡者为之，则离经空谈，违失本真。博其趣如《孝经》，精其说如《尔雅》，解经乃无流弊。《汉志》合而编之，乃所以示汉世读经之法。惜今之讲汉学、讲宋学者，分道扬镳，皆未喻斯意。"①以如是之见而论《汉志》，可谓读书得间，别具只眼。

同治元年（1862），黄式三病逝，以周居丧守制，读礼不辍。至光绪四年（1878），历时十九年，《礼书通故》撰成，以周已然年逾半百。全书一百卷，自礼书、宫室、衣服、卜筮，至六书、乐律、车制、名物诸通故，附以仪节、名物二图及叙目，凡作五十目。以周所撰该书叙，梳理礼学源流，阐发著述大旨，最可见其礼学思想。他说：

> 夫礼唐修其五，虞典以三，夏造殷因，周礼犹醲。东迁以后，旧章云亡，孔子赞修，犹苦无征，言、曾讨论，又复错出。礼学难言，由来久矣。战国去籍，暴秦焚书，先王典章，尽为湮没。抱残守缺，汉博士之功也。分门别户，又汉博士之陋也。宣帝忧之，遂开石渠，以为不讲家法，无以明其宗旨，专守家法，又恐戾乎群经。于是令其法之异者，各陈师说，博观其义，临决称制，以定一尊。小戴次君，爰作奏议，执两用中，有合古道。白虎之论，聿追前徽，班氏孟坚，又纂通义，乃专取一己所好，尽扫群贤之议，大义虽存，师法莫考。许君叔重，裒入异议，拾戴议之遗，砭班论之锢，淆陈众见，条加案语。郑君康成，又驳其非而存其是，古礼以明。
>
> 夫西京之初，经分数家，东京以来，家分数说。一严其守，愈守愈精；一求其通，愈通愈密。诸博士，其守之精者也；戴、许二书，其

① ［清］黄以周：《儆季杂著》史钞二《读汉艺文志》。

通者也；郑所注书，囊括大典，网罗众家，其密者也。唐宋以来，礼学日微，好深思者或逞臆说，好述古者又少心得。究其通弊，不出两轨。以周不揣谫陋，缀入异闻，不敢立异，亦不敢苟同，为之反复群书，日夜覃思。贤者识大，不贤识小，道苟在人，何分扃途。上自汉唐，下迄当世，经注史说，诸子杂家，谊有旁涉，随事辑录。昔者高密笺《诗》而屡易《毛传》，注《礼》而屡异先郑，识已精通乎六艺，学不专守于一家。是书之作，窃取兹意，以为按文究例，经生之功，实事求是，通儒之学。或者反以不分师说为我诟病，甘作先儒之佞臣，卒为古圣之乱贼，惴惴自惧，窃有不敢。①

《礼书通故》成，一时经学大师俞樾欣然撰序，备加称道。俞先生说：

国朝经术昌明，大儒辈出，于是议礼之家日以精密。……而荟萃成书，集礼家之大成者，则莫如秦味经氏之《五礼通考》。曾文正公尝与余言，此书体大物博，历代典章具在于此，三通之外，得此而四，为学者不可不读之书。余读之诚然。惟秦氏之书，按而不断，无所折衷，可谓礼学之渊薮，而未足为治礼者之艺极。求其博学详说，去非求是，得以窥见先王制作之潭奥者，其在定海黄氏之书乎！……君为此书，不墨守一家之学，综贯群经，博采众论，实事求是，惟善是从。……洵足究天人之奥，通古今之宜，视秦氏《五礼通考》，博或不足，精则过之。②

晚近著名经史学家胡玉缙先生为其师《礼书通故》撰写提要，亦给了该

① ［清］黄以周：《礼书通故》卷末《叙目》。

② ［清］俞樾：《礼书通故序》，载《礼书通故》卷首。

书以“体大思精”的至高评价。①

《礼书通故》刊行，已是光绪十九年（1893），以周年届六十六岁。晚年的黄以周，表彰先秦诸子，沟通孔孟学说，依然专意兴复礼学。对于颜子，他表彰道：“颜子之所乐者天，而乐天之学由好礼始。……颜子所见之大，虽无容轻拟，要不越《中庸》所谓‘优优’之礼矣。……颜子有王佐才，要亦不出乎礼。”由表彰颜渊而及赵宋诸儒，以周又说：“朱子论程门高第弟子，如谢上蔡、游定夫、杨龟山皆入禅学，惟吕与叔不入禅。吕氏初学于张子横渠，湛深礼学者也。朱子之门，群推黄子勉斋为冠，黄子亦深于礼。”②以周认为：“古人论学，详言礼而略言理，礼即天理之秩然者也。”因此，他的结论是：“考礼之学，即穷理之学。”本此认识，黄氏论曾子有云：“曾子之穷理，本末兼彻，经权并明，故卒能得孔孟一贯之传，又何间焉！”③

对于子游、子夏，黄以周亦有专文表彰，他说：

> 《仪礼》之记，先儒多以为子夏作。子游之言，亦多散见于《戴记》中。二子之学，实于礼为尤长。……学士之习礼者，专尚繁文缛节，务外而遗内，不知礼意所在。子游欲挽末流之失，独作探本之论。……子夏谨守礼文而不夺其伦，子游深知礼意而不滞于迹，一沉潜，一高明，学各得其性之所近。④

一谨守礼文，一深知礼义，一沉潜，一高明，黄以周之表彰子夏、子游学说，其着眼点亦在礼学。

---

① 胡玉缙：《许庼学林》卷十七《礼书通故跋》。
② ［清］黄以周：《儆季杂著》文钞一《颜子见大说》。
③ ［清］黄以周：《儆季杂著》文钞一《曾子论礼说》。
④ ［清］黄以周：《儆季杂著》文钞一《子游子夏文学说》。

黄以周晚年最为精意者，则是表彰子思子。为此，他以六十九岁之年，辑为《子思子辑解》七卷。以周考证："子思困于宋作《中庸》，归于鲁作《表记》。"不惟若此，黄氏还推阐先儒旧说，以论证今本《礼记》之《坊记》《缁衣》诸篇，皆出子思手。他说：

> 《旧唐书》载沈约之言曰，《中庸》《表记》《坊记》《缁衣》，皆取诸子思子。王伯厚《艺文考证》，径引沈言。夫子思子作《中庸》，史有明文。《文选注》引子思子"民以君为心"二句及《诗》云"昔有先正"四句，今皆见《缁衣篇》。则《缁衣》出于子思子，可信。且小戴辑记，以《坊记》厕《中庸》前，《表记》《缁衣》厕《中庸》后，与大戴类取《曾子》十篇正同。《坊记》《表记》《缁衣》，皆以"子言之"发端，其文法尤相类，则休文之言益信。①

近者湖北郭店楚简出，时贤多有表彰子思学说者，黄儆季先生之说，考信不诬。黄先生九泉有知，当可安息矣。

（四）简短的结语

晚清七十年，中国社会经历了一场亘古未有的历史巨变，一时朝野俊彦，站在时代的前列，为中国社会之走出困境，为中国学术之谋求发展，殊途同归，百家争鸣。晚近著名学者王国维先生论清代学术，以一"新"字而言晚清，得其大体，实是不刊。七十年间，先是今文经学复兴同经世思潮崛起合流，从而揭开晚清学术史之序幕。继之洋务思潮起，新旧体用之争，一度呈席卷朝野之势。而与之同时，会通汉宋，假《公羊》以议政之风亦愈演愈烈，终成戊戌维新之思想狂飙。晚清的最后

---

① ［清］黄以周：《儆季杂著》礼说六《坊记》。

一二十年间,“以礼代理”之说蔚成风气,遂有黄以周《礼书通故》、孙诒让《周礼正义》出而集其大成。先秦诸子学之复兴,后海先河,穷源竟委,更成一时思想解放之关键。中山先生三民主义学说挺生其间,以之为旗帜,思想解放与武装抗争相辅相成,遂孕育武昌首义而埋葬清王朝。

有清一代学术,由清初顾炎武倡“经学即理学”开启先路,至晚清曾国藩、陈澧和黄式三、以周父子会通汉宋,兴复礼学,揭出“礼学即理学”而得一总结。以经学济理学之穷的学术潮流,历时三百年,亦随世运变迁而向会通汉宋以求新的方向演进。腐朽的清王朝虽然无可挽回地覆亡了,然而立足当世,总结既往,会通汉宋以求新的学术潮流,与融域外先进学术为我所有的民族气魄相汇合,中国学术依然在沿着自己独特的发展道路而曲折地前进。跟在别人的后面跑,是永远不会有出路的,这不就是晚清七十年的学术给我们所昭示的真理吗!

二、徐世昌倡议修书

《清儒学案》纂修,工始于民国十七年(1928),迄于民国二十七年(1938)中,由北京文楷斋刊刻蒇事,并于翌年七月,在京中修绠堂书店发售,①历时达十余年之久。这部书虽因系徐世昌主持而以徐氏署名,实则是一集体协力劳作的成果。

徐世昌,字菊人,一字卜五,号东海,又号弢斋,水竹邨人、退耕老人等,天津人。生于清咸丰五年(1855),卒于民国二十八年(1939),终年八十五岁。世昌为光绪十二年(1886)进士,以翰林院编修兼任国史馆协修、武英殿协修。清末,一度协助袁世凯督练新建陆军于天津。后历

① 容媛:《清儒学案》,载《燕京学报》第二十七期,1940 年 6 月。

任东三省总督，军机大臣，民政部、邮传部尚书，内阁协理大臣等。民国初建，三年，出任国务卿。七年十月，由“安福国会”选为总统，十一年六月下野。之后，即戢影津门，究心文史，著述终老。

徐世昌为清末词臣出身，素工诗文，留心经史，注意乡邦文献的整理、表彰，博涉古今，为经世之学。任民国大总统期间，曾在总统府内举晚晴簃诗社。社中成员多显宦，亡清遗老亦吟咏其间。后即聘诗社中人选编清诗，辑为《晚晴簃诗汇》二百卷刊行。

民国十七年，复网罗旧日词臣友好，倡议纂修《清儒学案》。九月，初拟《清儒学案目录》，时年七十有四。从此，世昌的晚年精力，则多在《清儒学案》纂修之中。据贺培新辑《水竹邨人年谱稿》记，十八年一月，《清儒学案概略》稿成，徐氏即亲为审定。入春以后，《学案》已有初稿一批送津请阅。翌年三月，夫人席氏病逝。经晚年失偶之痛，十月，世昌即又按日续阅《清儒学案》稿本，多所订正。当时，因预修诸公皆在京城，徐氏日阅《学案》稿本，凡有商榷，则随手批答，故函札往还一直不断。徐世昌当年书札，虽经数十年过去，多有散佚，但所幸中国历史博物馆史树青老先生处尚有珍藏。二十余年前，承史老先生不弃，尽以所藏予笔者一阅，至今感念不忘。去秋，惊悉史树老病逝噩耗，失此文史大师，痛哉！

迄于民国二十三年，徐世昌已届八十高龄。他不顾年高，始终潜心于《清儒学案》稿本审订。逐日批阅，书札往还，备殚心力。同年六月，京中主要纂修人夏孙桐来书，商定《学案》事宜。徐世昌是冬作复，并以撰写《清儒学案序》拜托代劳。徐世昌此札，幸为夏先生后人刊布，弥足珍贵，谨过录如后。

> 闰枝我兄同年阁下：久不晤，甚念。得惠书，知体气冲和，为慰。《学案》得公主持，已成十之九，观成有日，欣慰无似。序文非公不办，实无他人可以代劳。三百年之全史皆公手订，三百年之儒

学又由公综核成书。此种序文，非身历其事者，不能道其精蕴，希我兄勿再谦让也。至“长编”二字，恐非《学案》所宜引用。唐确慎当国家鼎盛之时，欲编学案，不能不加“小识”二字。梨洲《明儒学案》成书，已入清代。此时编辑《学案》，深惧三百年学术人文，日久渐湮，深得诸君子精心果力，克日成书。案之云者，不过引其端绪，综合诸儒，使后之学者因此而考其专书，则一代之学术自可永存天壤间也。斯时与梨洲著书之时大略相同，则“长编”二字似不必加入也。仍请卓裁。《凡例》拟出，先请示阅，诸劳清神，心感无似。此颂健安，冬寒尤希珍卫不宣。弟昌顿首。①

徐世昌此札，颇涉《清儒学案》纂修故实。观札中所述，至少可以明确如下诸点。自 1928 年倡议修书，历时六年，全书已得大半。此其一。其二，《清儒学案》的京中纂修主持人，实为夏孙桐。其三，该书是否在书名后加“长编”二字，徐、夏二氏意见相左，夏提议加，徐则否定。其四，徐世昌以黄宗羲之于故明自况，将其眷念亡清的阴暗心理一语道出。最后，修书既已六年过去，全书《凡例》初稿始迟迟拟出，可见先前工作之粗疏。因之，徐氏之“观成有日”云云，未免盲目乐观。

之后，徐世昌以年入耄耋，亟待《清儒学案》早日成书，于是按日批阅稿本益勤，阅定即送京中付梓。民国二十六年新春，世昌因之而悉谢贺客，闭门批阅《学案》。同年四月，全书已近告成。二十七年正月，傅增湘由京中来津，议定刻书事宜。三月，徐世昌将《清儒学案序》重加改订。就这样，卷帙浩繁的《清儒学案》，终于在徐氏生前得以问世。

---

① 过溪:《清儒学案纂辑记略》，载《艺林丛录》第七编。

三、夏孙桐与《清儒学案》

《清儒学案》的纂修，徐世昌不惟提供全部经费，而且批阅审定书稿，历有年所，并非徒具虚名者可比。而纂修诸人，辛勤董理，无间寒暑，同样功不可没。据当年主持撰稿事宜的夏孙桐氏后人介绍，《清儒学案》的具体纂修者，前后共十人。最初为夏孙桐（闰枝）、金兆蕃（篯孙）、王式通（书衡）、朱彭寿（小汀）、闵尔昌（葆之）、沈兆奎（羹梅）、傅增湘（沅叔）、曹秉章（理斋）、陶洙（心如）等九人。后因金兆蕃南归，王式通病逝，复聘张尔田（孟劬）。临近成书，夏孙桐以年力渐衰辞职，张尔田应聘三月，即因与沈、闵、曹不和，拂袖而去。诸人分工大致为，夏、金、王、朱、闵、沈分任撰稿，傅为提调，曹任总务，陶任采书、刻书。此外，另有抄写者若干。[①] 撰稿诸人中，以夏孙桐学术素养最高，又长期供职史局，故不啻京中撰稿主持人。

夏孙桐，字闰枝，号悔生，晚号闰庵老人，江苏江阴人。生于清咸丰七年（1857），卒于民国三十一年（1942），终年八十五岁。孙桐于光绪八年（1882）举乡试。徐世昌亦于同年中举，故前引徐氏致夏闰枝书，始以“同年”相称。不过，夏氏成进士则晚于徐氏六年，直到光绪十八年，方得通籍。之后，即长期供职于翰林院。光绪三十三年，外任浙江湖州知府。五年间，转徙于湖州、杭州、宁波三郡，无所建树，遂以病谢归。清亡，避地上海。民国初，应聘入清史馆，预修《清史稿》。嘉、道、咸、同四朝诸列传及《循吏》《艺术》二汇传，多出其手。后又佐徐世昌编选《晚晴簃诗汇》。民国十七年以后，再应徐世昌之请，主持《清儒学

---

① 过溪：《清儒学案纂辑记略》，载《艺林丛录》第七编。夏先生生平学行，多承夏武康先生赐教，谨致谢忱。

案》撰稿事宜。前引徐氏札以《清儒学案序》的撰写相请，并云："《学案》得公主持，已成十之九。"足见对其倚重之深。

夏孙桐虽因年事已高，深恐《清儒学案》难以克期蒇事，遂于民国二十三年秋致函徐世昌，"乞赐长假"而辞职。但孙桐于《清儒学案》的纂修，其功甚巨。他的基本主张，皆保存于《拟清儒学案凡例》和《致徐东海书》中。谨详加引录，略事评述如后。

夏孙桐所撰《拟清儒学案凡例》共十条。第一条云："清代学术昌明，鸿硕蔚起。国史合理学、经学统列《儒林传》，实兼汉儒传经、宋儒阐道之义。而史学、算学皆超前代，以及礼制、乐律、舆地、金石、九流百家之学，各有专家。大之有裨经世，小之亦资博物，史传虽或列其人于《文苑》，揆以通天地人之谓儒，是各具其一体。谨取广义，并采兼收，以备一代学史。"此条概述全书宗旨，入案标准，意取宽泛，勿拘门户。逾越以往诸家学案专取理学旧规，以之述一代学术史，无疑更接近于历史实际。

第二条云："学重师法，故梨洲、谢山于宋、元、明诸家，各分统系，外此者列为《诸儒》。清初，夏峰、二曲、梨洲，门下皆盛，犹有明代遗风。亭林、船山，学贯古今，为一代师表，而亲承授受者，曾无几人。其后，吴中惠氏，皖南江氏、戴氏，高邮王氏，传派最盛。而畿辅之颜氏、李氏，桐城之方氏、姚氏，奉其学说者，亦历久弥彰。盖以讲习为授受，与以著述为渊源，原无二致。至于闳通硕彦，容纳众流，英特玮材，研精绝学，不尽有统系之可言，第能类聚区分，以著应求之雅。大体本于黄、全前例，而立案较繁，不得不因事实为变通也。"此条论立案原则，既大体沿黄宗羲、全祖望《明儒》《宋元》二学案旧例，又从清代学术实际出发而加以变通，不失为务实之见。

第三条云："唐确慎《学案小识》，虽兼列经学，而以理学为重。理学之中，以服膺程朱为主，宗旨所在，辨别綦严。今既取广义，于理学之朱、王，经学之汉、宋，概除门户，无存轩轾。推之考订专门，各征心得，异同并列，可观其通。但期于先正之表彰，未敢云百家之摒黜。折衷论定，别待高贤。故叙列不分名目，统以时代为次。”此条推阐首条立意，论定编次先后，一以时代为序，亦是允当之论。

第四条云：“清代三百年，学派数变，递有盛衰。初矫王学末流之弊，专宗朱子，说经则兼取汉儒。继而汉学日盛，宋学日衰，承其后者，调停异派，稍挽偏重之势。又自明季以来，西学东渐，达识者递有发明。海禁既开，其风益畅。于是汉学、宋学之外，又有旧学、新学之分。有清一代，遂为千年来学术之大关键。综其先后，观之变动之机，蜕化之迹，可以觇世变矣。”此条鸟瞰一代学术递嬗，既言汉、宋，又述新、旧，最终则归结于以之反映社会变迁。立意甚高，难能可贵。

第五条云：“学派渊源，每因疆域。淳朴之地，士尚潜修；繁盛之区，才多淹雅。巨儒钟毓，群贤景从，疏附后先，固征坛坫之盛。亦有官师倡导，风气顿为振兴。如李文贞之治畿辅，张清恪之抚闽疆，阮文达之于浙、粤，张文襄之于蜀、粤、鄂，其尤著者。文翁治化而兼安定师法，所关于学术兴替甚巨。此类谨详识之。至于辟远之区，英贤代有，而道显名晦，著述或少流传。虽加意搜求，宽为著录，终虑难免遗珠也。”地理环境之于学术文化，虽非决定因素，但其影响毕竟不可忽视。此条所言，虽尚可商榷，但“淳朴之地，士尚潜修；繁盛之区，才多淹雅”，夏氏此见，不无道理。

第六条云：“此采诸人，以《国史儒林传》为本，以《文苑传》中学有本原者增益之。唐氏《学案小识》中，有史传所未载，而遗书可见、仕履可详者，并收焉。江氏《汉学师承记》《宋学渊源记》，李氏《先正事略》，及各省方志，诸家文集，并资采证。加以搜访遗籍所得，为前诸书所未及者，共得正案若干人，附案若干人，列入《诸儒》案中若干人，共若干人。”此条意在说明入案诸家传记资料来源，用力不为不勤。

第七条云:“编次仿《宋元学案》而稍有变通。首本传,仕履行谊,以史传为根据,兼采碑志传状,不足再益以他书。学说有正案所难详者,括叙入传。凡著述俱详其目。次正案,凡著述可摘录者,存其精要,难以节录者,载其序例。次附录,载遗闻佚事,有关系而未入传者,他人序跋有所发明者,后人评骘可资论定者。”此条论定各学案首本传、次正案、次附录之编纂体例,仿《宋元学案》而稍有变通。择善而从,前后划一,确能收眉清目朗之效。

第八条云:“附案亦仿《宋元学案》诸名目,略从简括。首家学,以弟从兄,子孙从父祖,疏属受学者并载之。次弟子,以传学为重,其科举列籍,非有讲学关系者,不载。次交游,凡同学、讲友等,皆在其中。次从游,凡交游年辈较后,或从学而无列弟子籍确据者,入此项。次私淑,或同时未识面而相景慕,或不同时而承学派者,并入此项。附案中又有所附,别标其目,列于诸项之后。凡所引据,悉注书名,以资征信。”此条专论附案编纂体例,既取法《宋元学案》,又去其繁冗,除“从游”一类尚属累赘之外,其余皆切实可行,实为一个进步。“凡所引据,悉注书名”,尤为可取。

第九条云:“史传附见之人,或以时地相近,或以学派相同,牵连所及,而其例较宽。学案附见者,必其渊源有自,始能载入。凡潜修不矜声气,遗书晦而罕传者,既未能立专案,苦于附丽无从,皆列诸儒案中。其例虽出黄、全二编,取义略有差别。”此条论定《诸儒学案》立案原则,既出黄、全二编而例有所本,又略异二家《学案》及史传,实是当行之论。徐东海先生云“非身历其事者,不能道其精蕴”,即此之谓也。

第十条云:“梨洲一代大儒,荟萃诸家学说,提要勾玄,以成《明儒学案》,故为体大思精之作。《宋元学案》梨洲创其始,谢山集其成,网罗考订,先后历数十年。几经董理,而后成书,如是之难也。清代学派更繁,著述之富过于前代,通行传本之外,购求匪易。辗转通假,取助他山，限于见闻，弥惭谫陋。徒以一代文献所关，不揣末学，勉为及时搜辑。窃等长编之待订，仅供来哲之取材。海内明达加之补正，是私衷所企望者也。”①此条言《清儒学案》实一代学术史之资料长编，无非供来哲取材而已。言而由衷，无意掩饰，著述者能坦白如此，令人钦敬。

《致徐东海书》与《拟清儒学案凡例》为姊妹篇，信中，夏孙桐云："前奉复谕，垂念四十年交谊，当日黄垆旧侣，仅存公及下走二人。勖以炳烛余光，岁寒同保，读此语不禁为之感叹，难以傲然拒命。而自顾孱躯，能否勉力从事，殊无把握。姑先清理积稿，择其较完整者，随手收拾，陆续交出。其有应改作者，加签待商。约于四月正可毕，再开清单呈阅。乞赐长假，薪款以腊月截止，请勿再施。至公笃念故旧之深情，幸勿拘于形迹。津门咫尺，明春和暖之时，冀得躬诣崇阶，以申十年阔绪。"以上是说辞职意坚，不可商量。接下去，便是对沈兆奎所拟《凡例》的商榷。

夏孙桐云："再顷见羹梅所拟各节，煞费苦心，当有可采。其言增取之人，亦有早经议及，觅书未得，悬以有待者。要以征集原书阅过，方能确定去取，此时尚是虚拟。鄙见不尽同处，仍有数端。"孙桐所商榷者，为如下三条。

> 一、生年次序。羹梅系从正、续《疑年录》开出，间有见于本书者。按现编原以时代为序，然只能论大段，如最初皆明遗老，次则顺、康间人。凡记清代先儒之书，无不以夏峰、亭林、南雷、船山、二曲、杨园、桴亭数人居首，即《诗汇》亦取其例。若以沈国模、陈确数人驾于其上，似其未安。（沈国模案，初稿仅有一传，无一文可录，并本案尚难成立，正议设法销纳。说详将来清单，阅之可悉。）

① 夏孙桐：《观所尚斋文存》卷六《拟清儒学案凡例》。

曩时,国史馆续修《儒林传》,列船山名次较后,为众论所不及。时公方在枢庭,当尚忆之。窃谓首数案,断难厕入此类之人。至以后有此目印证,不致大有颠倒,其有益不少。而不必尽拘年岁,盖学案非齿录可比也。

一、诸儒一类不可少。初拟草例之时,与书衡详商,黄、全两家皆有此类,以收难入附案之人。原出于不得已,何必不从!编到无可位置之时,自能了然此义。

一、学问之道无穷。无论大家、名家之著作,其毫无遗议者,殊不多见。不必因有一二人之批驳,轻加裁抑。公于此类素持广大主义,愿守此宗旨,以示标准。惟《学案》究以理学为主体,其稍具规模者,自宜多收。(如《学案小识》中,此类最多。)而非有诸儒一类,不能位置也。至《文苑传》中人物,非实为专家之学,具有本末者,不宜过多。勿使喧宾夺主,亦宜慎之。①

夏孙桐此书,其大要有三。以时代先后为编纂次第,这是《清儒学案》的一个大原则,不过其间仍可变通,未可拘泥。此其一。其二,《清儒学案》中,《诸儒学案》之设立,系以《明儒学案》和《宋元学案》为本,并非别出心裁,标新立异。凡难入附案诸人,《诸儒学案》实一最恰当的归宿。其三,以理学为主体,此乃学案体史籍的基本特征。因而凡学有规模者,皆可编入。至于《文苑传》中人,则宜慎选。

观夏氏所撰《拟清儒学案凡例》及《致徐东海书》,孙桐在《清儒学案》编纂中的举足轻重地位,确乎无可置疑。正如夏氏后人所云:“开始拟具编纂方案,商榷体例案名,然后各人分担功课,由夏氏持其

① 夏孙桐:《观所尚斋文存》卷六《致徐东海书》。

总。”①虽然今本《清儒学案》卷首《凡例》，未能尽采孙桐拟稿，但其主要原则，皆已大体吸收。至于《学案序》，不知是何种原因，夏氏始终未有见允。今本《学案序》，系先由张尔田草拟。尔田所拟本非精心，未能副一代学史之重，徐世昌自然不会用它。惟定本序之稿出何人，文献无征，只有俟诸来日读书有得，再行考订。

四、《清儒学案》举要

《清儒学案》共二百零八卷，上起明清之际孙奇逢、黄宗羲、顾炎武，下迄清末民初宋书升、王先谦、柯劭忞，一代学林中人，大多网罗其间。不惟其内容之宏富超过先前诸家学案，而且其体例之严整亦深得黄宗羲、全祖望之遗法。尽管其主持者徐世昌未可与黄宗羲、全祖望这样的一代大师比肩，然而书出众贤，合诸家智慧于一堂，亦差可追踪前哲，相去未远。

《清儒学案》卷首，有《凡例》十七条，全书主要内容及编纂体例，皆在其中。兹逐条分析，以观全书概貌。

第一条云："是编以从祀两庑十一人居前，崇圣道也。自高汇旃以下，则以生年为次。不得其年者，则以其生平行谊及与交游同辈约略推之。不以科第先后者，例不能括也。《全唐诗》以登第之年为主，于是文房远在李、杜之前，浩然远在李、杜之后，岂其所哉！"在旧时代，从祀孔庙，乃儒林中人身后殊荣。有清一代，得此殊荣者凡九人，以雍正间陆陇其肇始，依次为汤斌、孙奇逢、张履祥、陆世仪、张伯行、王夫之、黄宗羲、顾炎武。民国初，在徐世昌任总统期间，复以颜元、李塨从祀。此条所云十一人，即由此而来。而《学案》中此十一人之具体编次，则未

① 过溪：《清儒学案纂辑记略》，载《艺林丛录》第七编。

尽依从祀先后，而是以生年为序。卷一孙奇逢《夏峰学案》，卷二黄宗羲《南雷学案》，卷三、四陆世仪《桴亭学案》上下，卷五张履祥《杨园学案》，卷六、七顾炎武《亭林学案》上下，卷八王夫之《船山学案》，卷九汤斌《潜庵学案》，卷十陆陇其《三鱼学案》，卷十一颜元《习斋学案》，卷十二张伯行《敬庵学案》，卷十三李塨《恕谷学案》。孙、黄等十一人，皆清初大儒，如此编次，既避免了康熙间修《全唐诗》以科第为次所造成的年辈混乱，又与全书以生年为次的编纂原则相符，应当说大体上是允当的。

第二条云："夏峰已见《明儒学案》，而是编取以弁冕群伦。以苏门讲学，时入清初，谨取靖节晋、宋两传之例。《学案小识》不加甄录，盖有门户之见存，非以其重出也。次青论之韪矣。"《清儒学案》以孙奇逢《夏峰学案》置于诸学案首席，既与明清之际历史实际相吻合，又得《晋书》《宋书》同为陶渊明立传遗意。唐鉴著《清学案小识》以门户之私而摒孙氏于不录，李元度修《国朝先正事略》力斥其非。此条首肯李说而不取唐书，有理有据，已得是非之平。

第三条云："诸儒传略，取材于《汉学师承记》《宋学渊源记》《洛学编》《濂学编》《学案小识》《先正事略》之名儒、经学，《碑传集》之理学、经学，《续碑传集》之儒学，《耆献类征》之儒行、经学。去其复重，表其粹美，大抵著者八九，不著者一二。《经解》两编，作者毕举，《畴人》三传，家数多同。至《儒林传稿》，虽未梓行，而足备一代纲要。《清史列传》虽出坊印，而实为馆档留遗。引证所资，无妨慎取，斯二书者，亦参用之。"此条言全书著录诸儒的依据，即主要是理学家、经学家及算学家。所列取材诸书，虽优劣各异，但扫除门户，去短集长，一代学术界中人，凡学有规模者，自然可以大致网罗其间。

第四条云："清儒众矣，无论义理、考据，高下自足成家。第欲远绍旁搜，譬之举网而渔，不可以一目尽。所谓不著之一二，非故摈弃也。

或声闻不彰,或求其书不得,如都四德《黄钟通韵》之类,遂付阙如。”此条言入案诸儒,虽力求其多,但仍以客观条件制约,或因声名不显,或缘著述未见,以致不能将一代学人悉数网罗。

第五条云:“家学濡染,气类熏陶,凡有片善偏长,必广为勾索。或遇之文集,或附载序跋,而名不见于上述诸书者,十之三四。非曰发潜阐幽,亦宁详毋略之义。”此条道出《清儒学案》著录诸儒的一条重要原则,即宁详毋略。由于广事搜寻,多方勾索,所以入案者的数目已经逾出第三条所列诸书儒林中人。因而本书不仅编选了清代学术史的资料,而且也为清代人物,尤其是学林中人的董理提供了依据。

第六条云:“上述诸书,体例各异。其中有分门类者,如卿相中之汤文正、魏敏果、纪文达、阮文达、曾文正,下至监司守令,若唐确慎、罗忠节、徐星伯、武授堂之伦,并依官爵。犹汉之鲁国,唐之昌黎,不入儒林,固史法也。是编以学为主,凡于学术无所表见者,名位虽极显崇,概不滥及。”此条继前三条之未竟,还是讲入案标准问题。学案乃史书,要以之记一代学史。既是修史,须遵史法,因而凡与学术无关者,纵然名位贵显,亦不得编入学案。《清儒学案》这条规矩立得好,否则就失去其作为学案的意义了。

第七条云:“古人为学,不以词章自专,长卿、子云,包蕴甚广。自范书别立《文苑》一传,遂若断港绝潢,莫之能会,而秋孙、叔师,岂遽逊于子严、敬仲?清代文章,号为桐城、阳湖二派,证以钱鲁斯之言,则二派固自一源。望溪之于‘三礼’,姬传之于‘九经’,即不与婺源同科,亦何异新安正轨!前乎此者,尧峰经术,与望溪叠矩重规。并乎此者,子居究心三代,识解独超。后乎此者,柈湖、子序,风诗传记,根柢亦深。惟冰叔纵横之气,为《四库提要》所嗤,然极其意量,雪苑未可抗衡。是编于《文苑》中人,亦加甄综,必其文质相宜,无愧作述之美。其余附见,未必尽纯,要之空疏而徒骋词锋者寡矣。”自第三条起,《凡例》

以五条之多，专究甄录标准。既将一代儒林中人网罗尽净，又破除儒林、文苑的传统界限，于学有专门者皆多加甄录。“宁详毋略”之意，于此再申。

第八条云：“《明儒学案》通以地望标题，其渊源有绪者，则加之曰相传，同时者则否。其不相统系者，则曰诸儒。其以字标题者，惟止修、蕺山二案。《宋元学案》或以地，或以谥，或以字，为例不纯；诸儒则累其姓于上，步趋班、范而意过其通。是编标题以字称，曾为宰辅者以县称，二人合案者亦以县称，诸儒以省称。参酌梨洲、谢山二书而折衷之，固无取因袭也。”此条专论各学案标题。惟论《明儒学案》，因系用河北贾氏刻本，故于阳明学传衍称为“相传”。而道光间莫氏刻本，则谓原本实作“王门”，“相传”系经贾氏所改。今中华书局排印本即据莫氏说，题为《浙中王门学案》《江右王门学案》等。所论《宋元学案》标题之为例不纯，言之有据，确能得其病痛之所在。学如积薪，后来居上，《清儒学案》参酌黄、全二书，择善而从，实现了标题的划一。全书除任过宰辅及数人合案者以县名标题外，其余各案，皆以案主之字标题。而《诸儒学案》一类，《凡例》所云则与实际编次略异。本书卷一百九十五至二百零八皆称《诸儒学案》，依次为《诸儒学案一》至《诸儒学案十四》。编次虽以省为类，先直隶，再山东，以下依次为江苏、安徽、江西、浙江、湖北、陕西、四川、云南，但却不以省为称。江苏、浙江为人文渊薮，故不仅全书著录学者最多，《诸儒》一案中，亦以二省学者为多。关于《诸儒学案》之立，著者于卷一百九十五《诸儒学案一》卷首总论，说得很明白，据云：“汉宋之学，例重师承，全书于诸家授受源流，已详加纪述矣。其有潜修自得，或师传莫考，或绍述无人，各省中似此者尚复不少。今特别为一类，分省汇编。凡著作宏富者，撷取菁华，否则撮叙大略，兼搜博采，冀不没其劬学之深心焉。”

第九条云：“《宋元学案》附案之类有六，曰学侣，曰同调，曰家学，曰门人,曰私淑,曰续传。而于居首之人,大书其前曰某某讲友,某某所出,某某所传,某某别传。其再传、三传者,又细书于其下。详则详矣,其如紊何!以视梨洲《明儒学案》,繁简顿殊。今于附案之人,别为五类,曰家学,曰弟子,曰交游,曰从游,曰私淑,亦足以该之矣。删繁就简,由亲及疏,合而观之,后生或越前辈,别类观之,仍以生年为次,义例相符。”此条专论《附案》编次,以家学、弟子、交游、从游、私淑五类赅括,较之《宋元学案》的叠床架屋,确能收删繁就简之效。惟从游一类,似尚可归并。譬如卷六、七顾炎武《亭林学案》,入从游一类者凡三人,即徐乾学、徐元文兄弟和陈芳绩。乾学、元文皆案主外甥,学承舅氏,同以显宦而治经史,实可归入“家学”一类。陈芳绩,字亮工,为顾炎武早年避地常熟乡间故人子,谊在弟子、私淑之间。倘依案主慎收弟子例,入“私淑”一类即可,不必再列“从游”一类。

第十条云:“《宋元学案》每案之前,必为一表,以著其渊源出入。支分派别,瓜蔓系联,力至勤,意至善也。清代学术宏多,非同道统之有传衍。是编于授受攸关而别在他案者,则分类列举,不复表于卷前。然或居附传之前,或居附传之后,或错综各传之间,或以所见先后为次,或以生年先后为次,当属稿时,随笔记载,不拘一式。迨书经墨板,改刻良难,阅者谅之。”宋儒论学,最重渊源,入主出奴,门户顿分。《宋元学案》不取批判态度,复列传衍表于卷首,徒增繁琐,实是多余。清代学术盘根错节,包罗至广,自有其不同于宋明理学的历史特征。“清代学术宏多,非同道统之有传衍”,此为《清儒学案》编者见识之远迈唐鉴《清学案小识》处。有鉴于此,全书于学术传承,不复表列于案前,而是在附案中随处加以说明。如卷二黄宗羲《南雷学案》,于弟子一类,万斯大、万斯同,则分别注云:“别为《二万学案》。”于交游一类亦然,李颙、李因笃、汤斌、毛奇龄、阎若璩、胡渭诸人,皆仅列其名,而各注所在学案名。眉目清晰,秩然有序,同样可见案主学术影响。

第十一条云:“学案大旨,以尊统卑,其祖若父、若兄,学术声名不足以统一案者,则载之子弟传首。其子孙不别为传者,则附之祖父传末,目中不著其名,名遗而实不遗也。亦有兄弟齐名,未可轩轾,则比肩居首,分系诸徒。是编所举,二高、三魏之属,六家而已。交游相附,但视所长,年辈后先,无事拘执。”此条言学术世家的入案编次。所述二类,前者如卷三十九阎若璩《潜丘学案》之于案主传中,首述其父修龄,“以诗名家”;卷二百零七《诸儒学案十三》费密传中,先叙其父经虞,“字仲若,明末,官云南昆明知县,累迁广西府知府,有治行。兼邃经学,著有《毛诗广义》《雅论》诸书,以汉儒注说为宗”等。后者如卷十四高世泰、高愈《无锡二高学案》,卷二十二魏际瑞、魏禧、魏礼《宁都三魏学案》,卷三十四、三十五万斯大、万斯同《鄞县二万学案》,卷八十五朱筠、朱珪《大兴二朱学案》,卷一百零三梁玉绳、梁履绳《钱塘二梁学案》,卷一百四十三钱仪吉、钱泰吉《嘉兴二钱学案》六家。如此立案,变通体例,同中有异,确实颇费斟酌。

第十二条云:“诸儒著述,详叙传中。已刊行者,举其卷数,异同多寡,间为更定。设其书仅有传稿,若存若亡,或仅见书名,未知成否,则别为未见,以待续考。然书籍浩繁,虽八道以求,而一时难得。以梨洲之通博,犹失朱布衣《语录》、韩苑洛、范栗斋诸集,矧在寡陋,颇囿见闻。海内鸿儒,幸赐匡正。”学案体史籍,以选编各家学术资料为主,故品评其高下,一是据其立案人选,第二则是诸家学术资料的别择。《清儒学案》编者于此,亦多所究心,所以此条以下,直至十六条,皆论资料选编问题。此条专论案主传略所载著述目录。徐世昌得担任民国大总统之便,在纂辑《晚晴簃诗汇》时,即向各地征集到大批图书。下野之后,此批图书多置于徐氏京邸。之后,便成为纂修《清儒学案》的主要资料来源。然而徐邸庋藏及撰稿诸人未见之书尚多,所以先作声明,不失为求实之见。

第十三条云："甄录著述，盖有二义。一，其书贯串，未容剪裁，如《礼书纲目》《廿二史考异》之属，则取其序例，以见大凡。一，其书美富，不胜标举，如《日知录》、《东塾读书记》之属，则择其尤至，以概其余。凡近于帖括者，虽经不录也。近于评骘者，虽史不录也。清儒序跋，最为经意。自序必详为书之纲要，为人书序必为之说以相资。此固征实之学，大启后学之途径，故足取焉。"《清儒学案》于案主重要著述，多载序例，此条就此专文解释。至于顾炎武《日知录》、陈澧《东塾读书记》一类著名学术札记，诚可谓美不胜收，其精要实非序例一类文字所能赅括。于是编者亦提出甄录标准，即"择其尤至，以概其余"。譬如卷六于顾炎武《日知录》，主要选取书中论经术、治道的部分，于博闻一类，则概行从略。全书大要，依稀可见。又如卷一百七十四陈澧之《东塾读书记》，亦以读诸经、诸子为主，陈书概貌亦得反映。

第十四条云："采纂诸书，必求原本。正续《经解》多割弃序跋，所收札记、文集，虽经抉择，往往未睹其全。后出单行，每堪补订。其未见之书，或有序跋载于文集，刻之丛书，如《说文统释》之属，则记注其下，庶免疑误将来。其文集不传，而得篇章于总集选本者，题曰文钞，亦同此例。"《皇清经解》及其续编，为清代说经著述汇刻，一代经学著作虽多在其中，但诚如《清儒学案》编者所批评，该书或割弃原作序跋，或选本未为尽善，故每每不及单行别本。有鉴于此，《学案》甄录学术资料，并不以《经解》为据，必求原本，广事搜寻。其用力之勤，实可接踵黄宗羲《明儒学案》。

第十五条云："采纂诸书，略依四部排比，先专著而后文集，书名与正文平写，序例视正文。文集亦平写，其篇目则抑写，以为区别。然清儒文集，编次多规仿经子，如《述学》《述林》之属，力避文集之名。若概称曰集，似违作者本意。《宋元学案》尽依原目，不取通称，深合名从其实之义。是编于各传后所采著作，悉已于传中标明，其名实固可考见焉。”此条专言甄录资料的抄写格式及著述称谓。尊重原作，名从其实，如此确立标准，无疑是妥当的。

第十六条云：“采纂诸书，其原刻大书、细书、平写、抑写，体式互有不同。是编义取整齐，辄复变通，期臻划一。”此条专言书写体式的整齐划一，立意甚为明了。

第十七条云：“是编列入正案者一百七十九人，附之者九百二十二人，《诸儒案》六十八人，凡二百零八卷，共一千一百六十九人。”《清儒学案》卷一至卷一百九十四，大体人自为案，此条之“正案”云者，即指以上各案案主，计一百七十九人。九百二十二人者，则为各案附载诸儒，与“正案”相对，称做“附案”。加上《诸儒学案》十四卷之六十八人，全书凡二百零八卷，共著录一代学者一千一百六十九人。卷帙如此之浩繁，编纂体例如此之严整，既反映了清代学术整理和总结古代学术的基本特征，亦不失为对以往诸家学案体史籍的总结。

以上十七条，全书大要，勾勒而出。然过细而论，似尚有二条可补。其一，各案案首，取法《明儒学案》，皆有总论一篇，述案主学术渊源，评为学得失，论学术地位。虽见识或不及黄宗羲，所论亦间有可商榷处，但提纲挈领，言简意赅，实非当行者不能道。倘合各案总论为一编，取与全祖望《宋元学案序录》并观，恐并不逊色。其二，各案案主学术资料选编之后，仿《宋元学案》编次，立“附录”一目，专记案主学行遗闻佚事。所辑录者，或为案主友朋所论，或为弟子、门生及后人追述，长短详略不一，皆可补其传记之所未尽。

中国学案体史籍，自《明儒学案》肇始，总论、传略、学术资料选编，一个三段式的编纂结构业已定型。后经全祖望续修《宋元学案》加以发展，案主学术资料选编后，既增“附录”一目，又于其后以学侣、同调、家学、门人、私淑、续传为类，著录案主交游、学术传衍。至徐世昌《清儒学案》出，合黄、全二案而再加取舍，各学案遂成正案、附案两大部分。正案依黄氏三段式结构不变，再添“附录”一目。附案则别为家学、弟子、交游、从游、私淑五类。至此，就编纂体例而言，学案体史籍业已极度成熟。

五、读《清儒学案》商榷

一如前述，《清儒学案》是一部集体协力的劳作，书出众贤，集思广益，从而保证了纂修的质量，使之成为继《明儒学案》和《宋元学案》之后，又一部成功的学案体史籍。然而，由于历史和认识的局限，加以晚期亟待成书，未尽琢磨，所以《清儒学案》又还存在若干值得商榷的地方。兹掇其大要，讨论如后。

（一）徐世昌《清儒学案序》的未尽允当处

《清儒学案序》撰于1938年，虽执笔者未确知其人，但既以徐世昌署名，则功过皆在徐氏。徐氏此序，可商榷者有二，其一是对康熙帝学术地位的评价问题，其二是应当怎样看待社会的进步问题。

康熙帝不惟是清代开国时期功业卓著的帝王，而且也是整个中国古代并不多见的杰出政治家。他于繁忙的国务活动之暇，数十年如一日，究心经史，研讨天文历法和数学，则尤为难能可贵。然而，康熙毕竟只是一个国务活动家，而非以治学为业的学者。因此，评价其历史功业，就当从大处着眼，不可把他等同于一般学者来论究。《清儒学案序》于此本末倒置，对康熙帝的所谓学术成就随意溢美。序中，不惟认为他生前“于当时著作之林，实已兼容并包，深造其极”，称之为“天纵之圣”，而且假述他人语断言：“清代之达人杰士，悉推本于圣祖教育而成。”并云：“圣祖之教，涵育于二百年。”①极意推尊，言过其实，显然是不妥当的。

辛亥革命，终结帝制，这是中国历史上一次翻天覆地的巨变，其意义远非以往任何一次改朝换代所能比拟。民国建立之后，中国社会日益卷入国际潮流，社会生活的各个方面都在冲击腐朽的桎梏而大步前进。这本来是一桩十分令人欣喜的事情，而徐世昌的序文则与之唱为别调，声称：“盱衡斯世，新知竞瀹，物奥偏明，争竞之器愈工，即生民之受祸益烈。狂澜既倒，孰障而东！”用这样的眼光去看待社会和总结历史，当然就难免曲解历史，做出错误的判断。我们赞赏徐世昌以《清儒学案》述一代学史的业绩，但于其间包含的不健康情调，则没有任何理由去肯定。“狂澜既倒，孰障而东”云云，岂非螳臂挡车！挽歌一曲，哀鸣而已！

（二）应否“以从祀两庑十一人居首”的问题

“以从祀两庑十一人居首”，语出前引《清儒学案凡例》第一条。关于这个问题，我们先前就依生年为次这个意义立论，认为幸而从祀诸人皆清初大儒，所以才说它并无大谬，是大体允当的。然而此十一人中，除颜元、李塨为民国初从祀孔庙者外，其余九人皆清代钦定。徐世昌主持纂修《清儒学案》，时已入民国，且身为下野的民国大总统，如此编次，一以清廷好尚为转移，则是一种不健康的遗老情调的反映。这同第一个问题中的侈谈挽狂澜于既倒一样，落伍颓丧，实不可取。

（三）关于吕留良的评价问题

吕留良，一名光轮，字用晦，又字庄生，号晚村。暮年削发为僧，名

---

① 徐世昌：《清儒学案》卷首《自序》。

耐可，字不昧，号何求。浙江崇德（今桐乡）人。生于明崇祯二年（1629），卒于清康熙二十二年（1683），终年五十五岁。他是清初浙江的著名学者，在清代学术史、政治史上，都曾经产生过较大影响。但是由于他故世后，于雍正间为文字冤狱祸及，被清世宗斥为“千古罪人”而戮尸枭首，乾隆间，其遗著又遭清廷尽行禁毁，因之雍乾及尔后学者，对吕留良的学行罕有论及。嘉庆、道光间，江藩著《汉学师承记》《宋学渊源记》，唐鉴著《清学案小识》，皆不敢置一词。《清儒学案》能不为成见所拘，著录吕留良于卷五《杨园学案》交游一类中，无疑是一个进步。不过，案中于吕留良的评价，则尚可商榷。

《清儒学案》评吕留良学行云：“晚村生平承明季讲学结习，骛于声誉，弟子著籍甚多。又以工于时文，《竿木集》之刻，当日已为凌渝安所讥。杨园初应其招，秀水徐善敬可遗书相规，谓兹非僻静之地，恐非所宜。其语亦载在《见闻录》中。全谢山记其初师南雷，因争购祁氏澹生堂书，遂削弟子籍。屏陆、王而专尊程、朱，亦由是起。可见名心未净，终贾奇祸。”①这是一段似是而非的评论。关于吕留良的评价问题，笔者于上个世纪八十年代中撰有《吕留良散论》一文，载于《清史论丛》第七辑。《清儒学案》所云“工于时文”及与黄宗羲交恶的原因，拙文皆已做过考察，而结论恰与《清儒学案》相反。在此，恕不赘述。不过，既然徐世昌等人引全祖望之说为立论依据，为澄清历史真相，不妨再做一些讨论。

据全祖望称：“吾闻澹生堂书之初出也，其启争端多矣。初，南雷黄公讲学于石门，其时用晦父子俱北面执经。已而以三千金求购澹生堂书，南雷亦以束修之入参焉。交易既毕，用晦之使者中途窃南雷所取卫湜《礼记集说》、王偁《东都事略》以去，则用晦所授意也。南雷大怒，

① 徐世昌：《清儒学案》卷五《杨园学案》附案《吕先生留良》。

绝其通门之籍。用晦亦遂反而操戈,而妄自托于建安之徒,力攻新建,并削去《蕺山学案》私淑,为南雷也。”①全氏此说,本出传闻,因其私淑黄宗羲而偏见先存,故揆诸事实,多有不合。

首先,吕留良固然有削私淑名事,但并非为黄氏辑《蕺山学案》,所削亦非己名,而是其子葆中。至于吕留良本人,所声言必削其名者,乃《刘念台先生遗书》中的校对名,与“私淑”实毫不相干。关于此事原委,吕留良有复黄宗羲同门友姜希辙子汝高书,言之甚明。据云:“尊公先生与老兄主张斯道,嘉惠来者。去岁委刻《念台先生遗书》,其裁订则太冲任之,而磨对则太冲之门人,此事之功臣也。若弟者,因家中有宋诗之刻,与刻工稍习,太冲令计工之良窳,值之多寡已耳。初未尝读其书,今每卷之末必列贱名,于心窃有所未安。……岂此本为太冲之私书乎? 果其为太冲之书,则某后学之称,于心又有所未安也。望老兄一一为某刊去。”信中还说:“至小儿公忠,则并无计功之劳,岂以其受业太冲门下,故亦滥及耶?”②全祖望不辨父子,混校对与私淑于一谈,未免差之毫厘,谬以千里。

其次,吕留良之与黄宗羲,本属友朋,并无师生之谊。起初二人情谊笃挚之时,黄宗羲跋吕留良撰《友砚堂记》,即自称“契弟”,并云:“用晦之友即吾友,用晦之砚即吾砚。”③兄弟之交,情同手足,其间又何尝有过师生之说呢! 而吕氏诗文杂著,虽涉及黄氏者甚多,却从未见有只字述及二人间为师生事。至于与黄宗羲为师生,一如方才所引《复姜汝高书》,那并非吕留良,而是其子吕葆中。

再次,购买祁氏藏书事,与黄宗羲、吕留良同时的陈祖法所述,则另

① [清]全祖望:《鲒埼亭集外编》卷十七《小山堂祁氏遗书记》。

② [清]吕留良:《吕晚村先生文集》卷二《复姜汝高书》。

③ [清]黄宗羲:《跋友砚堂记》。此文不见于《南雷文案》《南雷文定》等,附录于《吕晚村先生文集》卷六《友砚堂记》。

是一番模样。据云："黄梨洲居乡甚不满于众口，尝为东庄（即吕留良——引者）买旧书于绍兴，多以善本自与。"①陈祖法年辈早于全祖望，其说乃在康熙二十八年正月初六。虽因他为吕氏姻亲，不能排除其间可能存在的感情成分，但较之半个多世纪之后得自传闻的全祖望，显然其可靠程度要高得多。

足见，全祖望《小山堂祁氏遗书记》的记载是很靠不住的。古人云，皮之不存，毛将焉附？《清儒学案》仅据一面之词，何况还是很靠不住的传闻，便贸然立说，自然就难免以讹传讹，经受不住历史实际的检验。

众所周知，吕留良之蒙冤，乃在其身后四十余年，系由清世宗惩治曾静、张熙秘密反清案，滥施淫威，殃及枯骨所致。而《清儒学案》的"名心未净，终贾奇祸"云云，不惟于雍正帝的专制暴虐蓄意讳饰，反而拾清廷牙慧，对吕留良信口诋斥。是非不分，黑白淆乱，显然与历史实际相去就太远了。

（四）几位不当遗漏的学者

《清儒学案》既以网罗儒林中人为宗旨，以下诸人皆非默然无闻者，似不当遗漏。

潘平格，字用微，浙江慈溪人。生约在明万历三十八年（1610），卒约在清康熙十六年（1677）②。他为清初浙东著名学者，与黄宗羲、张履祥、吕留良皆有往还，惟论学多不合。所著《求仁录》，于朱、陆学术皆有批评，故世后，于康熙末年以《求仁录辑要》刊行。道光间，唐鉴著《清学案小识》，视之为对立面，置于卷末《心宗学案》中。虽误其字为"用徵"，但《求仁录辑要》的基本主张已有引述。徐世昌主持纂修《清

① ［清］陆陇其：《三鱼堂日记》卷十"康熙二十八年正月初六"条。

② 容肇祖：《潘平格的思想》，《容肇祖集》，齐鲁书社1989年版，第459页。

儒学案》时,《求仁录辑要》当能看到,遗漏不录,实是不该。

戊戌维新,既是晚清政治史上的一个重大事件,也是十九世纪末中国思想界的一次狂飙。维新运动中的领袖康有为、梁启超、谭嗣同等,无一不是当时儒林佼佼者。《清儒学案》著录之人,其下限既已及民国二十二年(1933)故世的柯劭忞,何以不著录先于柯氏辞世的康、梁、谭?退一步说,即使以康、梁入民国以后,尚有若干重要政治、学术活动,因而不便著录,那么谭嗣同早在百日维新失败即已捐躯,何以摒而不录?《清儒学案》的纂修者带着不健康的遗老情调,可以仇视戊戌变法中人,但是康、梁诸人的学术成就则是抹煞不了的。

从纯学术的角度言,康有为、梁启超都是晚清今文经学巨子。《清儒学案》所著录一代今文经师,既有清中叶的庄存与及其后人庄述祖、刘逢禄、宋翔凤,下至凌曙、陈立、皮锡瑞,而不及康有为、梁启超,以及对康氏学说有重要影响的廖平。以一己之好恶而人为地割断历史,实在是令人不能接受的。

(五)编纂体裁的局限

《清儒学案》承黄、全二案开启的路径,仍用学者传记和学术资料汇编的形式,以述一代学术盛衰。这样一种编纂体裁,或人自为案,或诸家共编,某一学者或学术流派自身的传承,抑或可以大致反映。然而,对于诸如这一学者或流派出现的背景,其学说的历史地位,不同时期学术发展的基本特征及趋势,众多学术门类的消长及交互影响,一代学术的横向、纵向联系,尤其是蕴涵于其间的规律等等,所有这些问题,又都是《清儒学案》一类学案体史籍所无从解答的。惟其如此,所以尽管《清儒学案》的纂修历时十余年,著录一代学者上千人,所辑学术资料博及经史子集,斟酌取舍,殚心竭力,然而终不免“几成集锦之类书”的訾议。一方面是学案体史籍在编纂体例上的极度成熟,另一方面却又是这一编纂体裁的局限,使之不能全面地反映历史发展的真实面貌。这样一种矛盾状况,适足以说明至《清儒学案》出,学案体史籍已经走到了它的尽头。

进入二十世纪以后,随着西方史学方法论的传入,摆脱由纪传体史籍演化而来的学案束缚,编纂崭新的章节体学术史,成为历史编纂学中一个紧迫的课题。于是与《清儒学案》纂修同时,梁启超挺然而起,以“史界革命”的倡导,成为完成这一课题的杰出先驱。自梁启超的《清代学术概论》和《中国近三百年学术史》出,以之为标志,学术史编纂最终翻过学案体史籍的一页,以章节体学术史的问世而迈入现代史学的门槛。

第十章　学术史著述的创新

在二十世纪的中国学术史上，梁启超、钱穆二位先生，皆是博赡通贯的卓然大家。他们也都曾试图以《清儒学案》去总结一代学术史，然而梁先生徒发其愿，终未有成，钱先生则书稿在箧，尽付东流。相反，为二位先生所分别结撰的同名著述《中国近三百年学术史》，则以其崭新的章节式体裁，不胫而走，风行四方，终于掩学案体史籍而上，为中国学术史编纂开辟了一条创新之路。

一、梁启超在学案与学术史间的抉择

梁启超，字卓如，一字任甫，号任公，又号饮冰室主人，广东新会人。生于清同治十二年（1873），卒于民国十八年（1929），得年仅五十七岁。

作为进化论的笃信者，从光绪二十七年（1901）起，梁启超将西方世界的此一理论引入史学领域，转而致力于中国历史学的建设，倡导"史界革命"，发愿编纂《中国通史》。二十八年，梁先生把"史界革命"的主张诉诸实践，发表了《论中国学术思想变迁之大势》的长篇论著。这一论著原拟作十六章，惜仅写至第六章《隋唐佛学》，便因故而搁笔。两年后，于光绪三十年，续作第八、九章，以《近世之学术》为题，刊布于《新民丛报》。梁启超的《近世之学术》，虽然对章炳麟所著《訄书》多有借鉴，但是却以较之太炎先生略胜一筹的高屋建瓴之势，对二百余年间学术演进的历史做了鸟瞰式的勾勒。他不仅把中国古代学术的发展视为一个有公理公例可循的历史进程,而且就历史编纂学言,则在旧有的学案体史籍基础上,酝酿了一个飞跃,开启了一条广阔而坚实的途径。

与梁启超晚年的同类论著相比较,《近世之学术》可谓虎虎有生气。但平心而论,却又显得朝气有余,而踏实不足。当时,正是梁先生以“思想界之陈涉自任”,“读东西诸硕学之书,务衍其说,以输入于中国”①的时候,因此他这一时期的论著,用以振颓救弊的实用色彩很浓。惟其如此,加之学术素养上的尚待深入,因而在《近世之学术》中,过甚其词及疏失之处在所多有。本来依恃其学业根柢,加以出类拔萃的才气,只要潜心以往,是不难使之臻于完善的。可是,晚清的纷乱时局,却把梁先生长期地拖在政治斗争的漩涡中。民国初建,他更被洪流推至浪端,以致这一工作竟延迟了十六年才得以进行。这便是以 1920 年发表的《清代学术概论》为标志,梁启超二度进入清代学术史研究领域。

梁启超所著《清代学术概论》,尽管同十六年前的《近世之学术》一样,依然只是勾勒清代学术的一个提纲,若干基本观点也没有大的异同。然而过细地加以比较,我们即可发现,二者之间有继承,有因袭,但却不是简单的复述。正如梁先生于该书卷首《自序》所言:“余今日之根本观念,与十八年前无大异同,惟局部的观察,今视昔似较为精密。且当时多有为而发之言,其结论往往流于偏至。故今全行改作,采旧文者十一二而已。”综观全文,梁启超在其中既有对昔日结论的必要修正,又在更深的程度和更广的切面上,展示了自己对清代学术史的思考,从而使这部论著成为他晚年治清代学术史的纲领性著作。

1924 年前后,是梁启超研究清代学术史取得丰硕成果的一个时期。在这一期间,他曾经发愿结撰《清儒学案》。1923 年四月,在给商

① 梁启超:《饮冰室合集·文集》第十册《清议报一百册祝辞并论报馆之责任及本馆之经历》。

务印书馆负责人张元济先生的信中,梁先生写道:"顷欲辑《清儒学案》,先成数家以问世,其第一家即戴东原。"①翌年初,他在高校授课时又讲道:"吾发心著《清儒学案》有年,常自以时地所处,窃比梨洲之故明,深觉责无旁贷。所业既多,荏苒岁月,未知何时始践夙愿也。"②然而迄于逝世,此愿终未得践,梁先生所留下的,仅为戴震、黄宗羲、顾炎武三家学案及《清儒学案年表》凡百余页手稿。与之相反,在学案与学术史的抉择中,梁启超却发表了一系列有影响的清代学术史论文,并将在天津南开大学和北京清华研究院的讲稿加以整理,以《中国近三百年学术史》为书名刊行,从而最终取得了结撰学术史的成功。

《中国近三百年学术史》是继《清代学术概论》之后,梁启超研究清代学术史的又一部重要论著,也是他晚年在这一学术领域中研究成果的荟萃。在写《清代学术概论》时,梁先生刚由政治斗争漩涡拔足,所以他的作品难免还颇带些昨日政论家的气息。而此时著《中国近三百年学术史》,他已经是执教有年的著名教授,对学术问题的探讨,较之数年前更为冷静、缜密。因而,作为一部学术专史的雏形,这部著作显然就比《清代学术概论》趋于成熟。它既保持了著者先前对清代学术史进行宏观研究的独具特色,同时又以专人、专题的研究,使宏观探讨同局部的、具体的考察结合起来。这部论著凡作十六节,而归纳起来,不外乎就讲了三个专题。一是清代学术变迁与政治的影响;二是清初学术思潮及主要学者的成就;三是清代学者整理旧学的总成绩。全书无论是对清代学术主流的把握,还是对各时期学术趋势的分析;无论是对清初诸大师,如顾炎武、黄宗羲、王夫之、颜元等的研究,还是对以往

① 梁启超:《致菊公书》,丁文江、赵丰田编:《梁启超年谱长编》,上海人民出版社1983年版,第992页。

② 梁启超:《中国近三百年学术史》十五《清代学者整理旧学之总成绩三·学术史之编著及其他》。

为论者所忽视的方以智、费密、唐甄、陈确、潘平格等的表彰,都无不显示了基于深厚研究之上的卓越识断。其中,尤其是对第三个专题的研究,更是搜讨极勤,备见功力,从而也成为他晚年的得意之作。1924年四月,当梁先生将这一部分书稿送请《东方杂志》率先发表时,他曾经指出,全篇所列二十个学术门类,“每类首述清以前状况,中间举其成绩,末自述此后加工整理意见,搜集资料所费工夫真不少。我个人对于各门学术的意见,大概都发表在里头,或可以引起青年治学兴味。颇思在杂志上先发表,征求海内识者之批驳及补正,再泐为成书”①。

梁启超先生因不惬于《清代学术概论》的简略,久有改写的志愿。《中国近三百年学术史》的结撰,可以说是在这方面迈出了坚实的一步。但是很可惜,梁先生没有再继续往前走下去,便把学术兴趣转向先秦子学的研究。严格地说来,《中国近三百年学术史》应当说是一部未完成的作品。因为该书一开始,梁先生便说得很清楚:“本讲义目的,要将清学各部分,稍为详细解剖一番。”又说:“要将各时期重要人物和他的学术成绩分别说明。”②可是全书终了,这个任务却只做了一半,清中叶以后的学术史,仅有综论而无说明,更无解剖。尔后,梁先生病魔缠身,苦闷彷徨,直到1929年1月去世,始终未能再行涉足于清代学术史研究。这不能不说是一桩令人深为惋惜的事情。

从《近世之学术》到《中国近三百年学术史》,梁启超先生的全部研究表明,他并没有满足于对清代学术演变源流的简单勾勒,也并没有局限于对清代学者业绩的表彰。梁先生的卓越之处在于,试图去探索在清代历史上,递相出现的学术现象产生的原因,以及它们之间的联系,并把它们合而视为一个独立的思潮,进而找到这一思潮与其

---

① 梁启超:《致菊公书》,丁文江、赵丰田编:《梁启超年谱长编》,上海人民出版社1983年版,第1016页。

② 梁启超:《中国近三百年学术史》二、四《清代学术变迁与政治的影响》上、下。

前后历史时期所出现思潮的联系。尽管由于历史和认识的局限,在这个问题的探讨中,梁先生最终未能如愿以偿。但是,无论是他对清代学术发展内在逻辑的认识,还是他就地理环境、社会环境、人们的心理状态等因素对学术发展影响的探讨,尤其是他晚年所着力论证的封建君主专制政治对学术趋向的制约,都在这方面做出了意义深远的尝试。梁先生的探讨所得,为继起者向真理的追求,提供了宝贵的思想资料。

在中国史学史上,学术史的分支,可谓源远流长。从《庄子》的《天下篇》、《荀子》的《非十二子篇》,到历代史书中的儒林传、经籍志、艺文志,代有董理,一脉相承。不过,严格地说来,作为一种专门的史书体裁,它的雏形则形成于较晚的南宋,这便是朱熹的《伊洛渊源录》。随后,又经历数百年的发展,直到清初学者黄宗羲纂辑《明儒学案》,才使之得以最终完成。有清一代,学术史的编纂即步黄宗羲后尘,以学案体为圭臬,大体无异,小有变通而已。梁启超先生的清代学术史著述,则打破了这一格局。从《近世之学术》到《中国近三百年学术史》,他对学案体史书,取其所长,弃其所短,试图把对学者专人的研究,融入各历史时期主要学术现象的专题研究中去。梁先生所结撰的学术史,章节分明,纲举目张。在他的笔下,人们所看到的,就不再是旧学案里那些孤立的一个个学者或学派,而是彼此联系,不可分割的历史演进过程。这样,就历史编纂学而言,梁先生的清代学术史著述,便在旧有学案体史书的基础之上,实现了一个飞跃,创辟出编纂学术史的崭新体裁。

二、钱穆与《清儒学案》

钱穆,字宾四,江苏无锡人。生于清光绪二十一年(1895),卒于

1990年,享年九十六岁。钱宾四先生早年论清儒学术,以《中国近三百年学术史》《清儒学案》为姊妹篇。1931年秋,钱先生执教北京大学史学系,讲授近三百年学术史,历时五载而成大著《中国近三百年学术史》。全书凡作十四章,上起清初黄宗羲、王夫之、顾炎武,下迄晚清曾国藩、陈澧、康有为,一代学术兴替,朗然在目。钱先生此书自1937年初付印行世,迭经再版而衣被学人。而其后所成之《清儒学案》,则因稿沉长江,起之无术而引为憾恨。所幸20世纪40年代初,钱先生曾以《清儒学案序目》为题,将后书之大要刊诸《四川省立图书馆图书集刊》。原稿虽失,精义尚存,实是不幸中之万幸。笔者以学清儒著述为功课,起步之初,即深得《清儒学案序目》之教益。三十年过去,当初抄录先生之大文,依然恭置箧中。以下,谨掇拾读钱先生大文之一得,排比成篇,奉请赐教。

(一)对唐徐二家《学案》之批评

在钱宾四先生之前,以学案体史籍记清儒学术,所存凡两家,一为道光季年唐镜海先生之《国朝学案小识》,一为20世纪30年代间徐菊人先生之《清儒学案》。四十年代初,钱先生受命撰《清儒学案简编》,克期交稿,任务紧迫。按理,徐先生书刊布伊始,既系简编,以之为依据,参酌唐先生书,别择去取,得其梗概,勿需多费心力即可完成。然而钱先生并未如此行事,而是遍读清儒著述,爬梳整理,纂要钩玄,废寝忘食而成聚六十四位案主于一堂的崭新大著。

钱宾四先生何以要如此费尽心力?其原因在于钱先生认为,唐、徐二书不可与黄梨洲、全谢山之《明儒学案》《宋元学案》相提并论。黄、全二家著述,可据以简编,而唐、徐二书,则断断不可。关于这方面的理由,钱先生于《清儒学案序目》篇首《序》中,有明确交代,即:“惟《清儒学案》,虽有唐、徐两家成书,而唐书陋狭,缺于闳通,徐书泛滥,短于裁别，皆不足追踪黄、全之旧业。”①继之又在《例言》中进而加以阐述，于唐书有云：

唐鉴镜海之《学案小识》，其书专重宋学义理，而篇末亦附“经学”，“经学”之名复与“汉学”有别。即宋明诸儒，岂得谓其非“经学”乎？唐书于黄梨洲、颜习斋诸人，均入“经学”，则何以如顾亭林、王船山诸人，又独为“道学”？分类之牵强，一望可知。其编“道学”，又分传道、翼道、守道诸门，更属偏陋无当。鲁一同氏评之已详。唐书尽于道光季年，亦未穷有清一代之原委。

于徐书则称：

最后有徐世昌菊人之《清儒学案》，全书二百八卷，二千一百六十九人，迄于清末，最为详备。然旨在搜罗，未见别择，义理、考据，一篇之中，错见杂出。清儒考据之学，轶出前代远甚，举凡天文、历算、地理、水道、音韵、文字、礼数、名物，凡清儒考订之所及，徐书均加甄采而均不能穷其阃奥。如是则几成集锦之类书，于精、于博两无取矣。

合唐、徐二书并观，钱先生遂引清儒秦树峰之见为据，揭出一己著述之宗旨：

昔秦蕙田氏有言：“著书所患，在既不能详，又不能略。”窃谓唐书患在不能详，徐书患在不能略也。本编所录，一以讲究心性义

① 钱穆：《清儒学案序目》篇首《序》，《钱宾四先生全集》第22册，第593页。

理，沿续宋明以来理学公案者为主，其他经籍考据，概不旁及。庶以附诸黄、全两家之后，备晚近一千年理学升降之全。此乃著书体例所关，非由抑汉扬宋，别具门户私见也。①

钱先生之所以如此批评唐、徐二家《学案》，并非蓄意立异他人，而是从清代学术实际出发所使然。依钱先生之所见，观察清代学术，尤其是一代理学，有两个特点最宜注意：第一，“理学本包孕经学为再生”，清代并非“理学之衰世”；第二，清代理学“无主峰可指，难寻其脉络筋节”。关于第一点，钱先生认为：

宋明理学之盛，人所俱晓，迄于清代，若又为蔑弃宋明，重返汉唐。故说者莫不谓清代乃理学之衰世。夷考其实，亦复不然。宋元诸儒，固未尝有蔑弃汉唐经学之意。观《通志堂经解》所收，衡量宋元诸儒研经绩业，可谓蔚乎其盛矣。清代经学，亦依然沿续宋元以来，而不过切磋琢磨之益精益纯而已。理学本包孕经学为再生，则清代乾嘉经学考据之盛，亦理学进展中应有之一节目，岂得据是而谓清代乃理学之衰世哉？②

这就是说，从宋元到明清，数百年间之学术，乃一后先相承之整体，其间并无本质差异，无非历史时段不同而已。理学本包孕经学为再生，因此，即使乾嘉经学考据之盛，实亦在理学演进之范围中。

关于第二点，钱先生讲了两段话。“清儒理学既无主峰可指，如明儒之有姚江；亦无大脉络、大条理可寻，如宋儒之有程朱与朱陆。然亦并非谓如散沙乱草，各不相系，无可统宗之谓也”③，此其一。其二，“至

① 钱穆：《清儒学案序目》之《例言》第一条，《钱宾四先生全集》第22册，第594页。
② 钱穆：《清儒学案序目》篇首《序》，《钱宾四先生全集》第22册，第589—590页。
③ 钱穆：《清儒学案序目》之《例言》第三条，《钱宾四先生全集》第22册，第596页。

论清儒，其情势又与宋明不同，宋明学术易寻其脉络筋节，而清儒之脉络筋节则难寻。清学脉络筋节之易寻者，在汉学考据，而不在宋学义理。唐书传道、翼道、守道之分，既不可从。徐书仍效黄、全两家旧例，于每学案必标举其师承传授，以家学、弟子、交游、从游、私淑五类附案，又别出《诸儒学案》于其后，谓其师传莫考，或绍述无人，以别于其他之各案。其实亦大可不必也”①。

正是从清代学术的前述实际出发，钱宾四先生尊重历史，实事求是，既摒弃唐、徐二书于不取，又变通黄、全《学案》旧规，采取“人各一案”的方法，编就别具一格的《清儒学案》。关于这一点，钱先生于《例言》中说得很清楚：“编次《清儒学案》，最难者在无统宗纲纪可标，在无派别源流可指。然因其聚则聚之，因其散则散之，正不妨人各一案，转自肖其真象。虽异黄、全两家之面目，实符黄、全两家之用心。何必亦鞶亦趋，乃为师法？本编窃取斯旨，每人作案，不标家派，不分主属。至其确有家派、主属者，则固不在此限也。”②

（二）清代理学演进之四阶段

钱宾四先生著《清儒学案》，以四阶段述一代理学演进。第一阶段为晚明诸遗老，第二阶段为顺康雍，第三阶段为乾嘉，第四阶段为道咸同光。六十四位案主，即分四编依次著录其中。

清代理学演进之四阶段，钱先生最看重者为第一阶段之晚明诸遗老。明清更迭，社会动荡，学术亦随世运而变迁。钱先生认为，这是一个承先启后的时代，晚明诸遗老在其间做出了不可磨灭的贡献。先生于《清儒学案序目》中指出：

---

① 钱穆：《清儒学案序目》之《例言》第二条，《钱宾四先生全集》第22册，第595页。
② 同上书，第596页。

> 当明之末叶，王学发展已臻顶点，东林继起，骎骎有由王返朱之势。晚明诸老，无南无朔，莫不有闻于东林之传响而起者。故其为学，或向朱，或向王，或调和折衷于斯二者，要皆先之以兼听而并观，博学而明辨。故其运思广而取精宏，固已胜夫南宋以来之仅知有朱，与晚明以来之仅知有王矣。抑且孤臣孽子，操心危而虑患深，其所躬修之践履，有异夫宋明平世之践履，其所想望之治平，亦非宋明平世之治平。故其所讲所学，有辨之益精，可以为理学旧公案作最后之论定者；有探之益深，可以自超于理学旧习套而别辟一崭新之蹊径者。

这就是说，明清之际诸大儒，无论是为学之广博，思虑之精深，还是践履之笃实，皆远迈宋明，不啻数百年理学所结出之硕果。因此，钱先生得出结论："不治晚明诸遗老之书，将无以知宋明理学之归趋。观水而未观其澜，终无以尽水势之变也。"①

编入此一阶段的案主凡十四位，其学案依次为：孙奇逢《夏峰学案》第一，黄宗羲《梨洲学案》第二，张履祥《杨园学案》第三，陆世仪《桴亭学案》第四，顾炎武《亭林学案》第五，王夫之《船山学案》第六，胡承诺《石庄学案》第七，谢文洊《程山学案》第八，李颙《二曲学案》第九，颜元《习斋学案》第十，陈确《乾初学案》第十一，张尔岐《蒿庵学案》第十二，应㧑谦《潜斋学案》第十三，费密《燕峰学案》第十四。

较之晚明诸遗老时代略后，则是入清以后之理学诸儒。编入此一阶段的案主凡十三位，其学案依次为：汤斌《潜庵学案》第十五，陆陇其《稼书学案》第十六，毛奇龄《西河学案》第十七，李塨《恕谷学案》第十八，唐甄《圃亭学案》第十九，刘献廷《继庄学案》第二十，彭定求《南昀

① 钱穆：《清儒学案序目》篇首《序》，《钱宾四先生全集》第22册，第590页。

学案》第二十一,邵廷采《念鲁学案》第二十二,劳史《余山学案》第二十三,张伯行《孝先学案》第二十四,杨名时《凝斋学案》第二十五,朱泽沄《止泉学案》第二十六,李绂《穆堂学案》第二十七。

钱先生认为,顺治、康熙、雍正三朝,是一个理学为清廷所用,以为压制社会利器之时代。因此,理学中人,无论朝野,皆不可与上一阶段相比。对于此一阶段的理学大势,钱先生归纳为:

> 遗民不世袭,中国士大夫既不能长守晚明诸遗老之志节,而建州诸酋乃亦唱导正学以牢笼当世之人心。于是理学道统,遂与朝廷之刀锯鼎镬更施迭使,以为压束社会之利器。于斯时而自负为正学道统者,在野如陆陇其,居乡里为一善人,当官职为一循吏,如是而止。在朝如李光地,则论学不免为乡愿,论人不免为回邪。此亦一述朱,彼亦一述朱。往者杨园、语水诸人谨守程朱矩矱者,宁有此乎?充其极,尚不足追步许衡、吴澄,而谓程朱复生,将许之为护法之门徒,其谁信之?其转而崇陆王者,感激乎意气,磨荡乎俗伪,亦异于昔之为陆王矣。①

乾嘉时代,经学考据之风甚盛,俨然一时学术主流。面对理学之落入低谷,钱先生挥去表象,直指本质,做出了如下别具只眼的揭示:

> 理学道统之说,既不足餍真儒而服豪杰,于是聪明才智旁进横轶,群凑于经籍考订之途。而宋明以来相传八百年理学道统,其精光浩气,仍自不可掩,一时学人终亦不忍舍置而不道。故当乾嘉考据极盛之际,而理学旧公案之讨究亦复起。徽、歙之间,以朱子故

---

① 钱穆:《清儒学案序目》篇首《序》,《钱宾四先生全集》第22册,第590—591页。

里，又承明末东林传绪，学者守先待后，尚宋尊朱之风，数世不辍。通经而笃古，博学而知服，其素所蕴蓄则然也。及戴东原起而此风始变。东原排击宋儒，刻深有过于颜、李，章实斋讥之，谓其饮水忘源，洵为确论。然实斋思想议论，亦从东原转手而来。虫生于木，还食其木，此亦事态之常，无足多怪。理学本包孕经学为再生，今徽、歙间学者，久寖馈于经籍之训诂考据间，还以视夫宋明而有所献替，亦岂遽得自逃于宋明哉！故以乾嘉上拟晚明诸遗老，则明遗之所得在时势之激荡，乾嘉之所得在经籍之沉浸。斯二者皆足以上补宋明之未逮，弥缝其缺失而增益其光耀者也。①

视乾嘉诸儒之沉浸经籍与明清之际诸大儒之回应时势为异曲同工，超越门户，睿识卓然。

编入此一阶段的案主凡十五位，其学案依次为：汪绂《双池学案》第二十八，陈弘谋《榕门学案》第二十九，雷鋐《翠庭学案》第三十，张秉直《萝谷学案》第三十一，韩念周《公复学案》第三十二，全祖望《谢山学案》第三十三，戴震《东原学案》第三十四，程瑶田《易畴学案》第三十五，汪缙《大绅学案》第三十六，彭绍升《尺木学案》第三十七，章学诚《实斋学案》第三十八，恽敬《子居学案》第三十九，凌廷堪《次仲学案》第四十，焦循《里堂学案》第四十一，阮元《芸台学案》第四十二。

晚清七十年，理学一度俨若复兴，然而倏尔之间已成历史之陈迹。依钱先生之所见，道光、咸丰、同治、光绪四朝之理学，不惟不能与晚明诸遗老相比，而且较之乾嘉亦逊色，充其量不过可以同顺康雍并列。用钱先生的话来说，就是：

① 钱穆：《清儒学案序目》篇首《序》，《钱宾四先生全集》第 22 册，第 591 页。

> 此际也，建州治权已腐败不可收拾，而西力东渐，海氛日恶。学者怵于内忧外患，经籍考据不足安定其心神，而经世致用之志复切，乃相率竞及于理学家言，几几乎若将为有清一代理学之复兴。而考其所得，则较之明遗与乾嘉皆见逊色。①

编入此一阶段的案主凡二十二位，其学案依次为：姚学塽《镜塘学案》第四十三，潘咨《诲叔学案》第四十四，唐鉴《镜海学案》第四十五，潘德舆《四农学案》第四十六，黄式三《儆居学案》第四十七，夏炘《心伯学案》第四十八，方垌《生斋学案》第四十九，吴廷栋《竹如学案》第五十，李棠阶《强斋学案》第五十一，魏源《默深学案》第五十二，鲁一同《通甫学案》第五十三，罗泽南《罗山学案》第五十四，朱次琦《九江学案》第五十五，陈澧《东塾学案》第五十六，曾国藩《涤生学案》第五十七，郭嵩焘《筠轩学案》第五十八，刘蓉《霞仙学案》第五十九，刘熙载《融斋学案》第六十，黄以周《儆季学案》第六十一，张之洞《香涛学案》第六十二，刘光蕡《古愚学案》第六十三，郑杲《东甫学案》第六十四。

中国古代学术，尤其是宋明以来之理学，何以会在迈入近代社会门槛的时候形成这样一种局面？钱先生认为，问题之症结乃在不能因应世变，转而益进。相反，路愈走愈窄，直至无从应变迎新而为历史淘汰。钱先生就此尖锐地指出：

> 抑学术之事，每转而益进，途穷而必变。……至于理学，自有考亭、阳明，义蕴之阐发，亦几乎登峰造极无余地矣。又得晚明诸遗老之尽其变，乾嘉诸儒之纠其失，此亦途穷当变之候也。而西学东渐，其力之深广博大，较之晚汉以来之佛学，何啻千百过之！然

① 钱穆：《清儒学案序目》篇首《序》，《钱宾四先生全集》第22册，第591—592页。

> 则继今而变者，势当一切包孕，尽罗众有，始可以益进而再得其新生。明遗之所以胜乾嘉，正为晚明诸遗老能推衍宋明而尽其变。乾嘉则意在蔑弃宋明而反之古，故乾嘉之所得，转不过为宋明拾遗补缺。至于道咸以下，乃方拘拘焉又欲蔑弃乾嘉以复宋明，更将蔑弃阳明以复考亭。所弃愈多，斯所复愈狭，是岂足以应变而迎新哉？①

这是历史的悲剧，乃时代使然。

（三）精进不已　终身以之

在《清儒学案序目》刊布三十余年后的1977年8月，钱宾四先生以八十三岁高龄，为此一旧作写了一篇《后跋》。文中，钱先生既回顾了早年奉命结撰《清儒学案简编》之故实，于二曲、程山二家学案，因多所创获而殊自惬意。同时，又慨叹学无止境，年光遽逝，已不能如当年之"晨夜翻阅，手自誊录"②。恭读钱宾四先生之《后跋》，令人感悟最深者，便是钱先生于清儒学术之执著追求，精进不已。从1947年发表《论清儒》，到1978年完成《太炎论学述》，三十余年间，钱先生除结撰《朱子新学案》《朱学流衍考》之外，于清代诸大儒，若陆桴亭、顾亭林、陆稼书、吕晚村、王白田、钱竹汀、罗罗山、朱九江、朱鼎甫诸家，皆有专题学述。其他论文所议，则及朱舜水、方密之、王船山、阎百诗、姚立方、姜白岩、段懋堂、魏默深诸儒。凡所论列，无一不是对《中国近三百年学术史》和《清儒学案》之发展与深化。以下，谨以钱先生于1976年6月发表之《读段懋堂经韵楼集》一文为例，试觇一斑。

---

① 钱穆：《清儒学案序目》篇首《序》，《钱宾四先生全集》第22册，第592—593页。
② 钱穆：《清儒学案序目》篇末附《后跋》，《钱宾四先生全集》第22册，第619页。

《读段懋堂经韵楼集》，是一篇考论段懋堂与理学因缘的重要文字。嘉庆十四年，段懋堂时年七十五。是年，段氏于《经韵楼集》留有三篇文字，其一为《娱亲雅言序》，其二为《博陵尹师所赐朱子小学恭跋》，其三为《答顾千里书》。三文或批评"今之言学者，身心伦理不之务，谓宋之理学不足言，谓汉之气节不足尚，别为异说，簧鼓后生。此又吾辈所当大为之防者"①；或表彰朱子《小学》"集旧闻，觉来裔，本之以立教，实之以明伦敬身，广之以嘉言善行。二千年圣贤之可法者，胥于是在"②；或告诫年轻俊彦须读"子朱子《小学》"，指出"未有无人品而能工文章者"③。正是以此三文为依据，钱先生论证，段懋堂"其心犹不忘宋儒之理学"，"一瓣心香之深入骨髓可知"④。

由此而进，钱先生再合观段氏先前所撰《戴东原集序》《刘端临先生家传》二文，并通过考察懋堂与同时诸大儒之往还，从而得出段氏为学及一时学风之重要判断："懋堂之学术途径与其思想向背，自始以来，显无以经学、理学相对抗意。而其同门如王石臞，至好如刘端临，亦皆绝不作此想。此可知当时之学风也。"继之，钱先生又以宝应刘氏、高邮王氏家学之传衍为据，指出"治经学而不蔑理学"，乃乾嘉间高邮、宝应两邑之学风，钱先生说："是宝应刘氏，自端临、楚桢、叔俛三世，家教相传，正犹如高邮王氏，自安国、石臞、伯申三世之家教相传，治经学而不蔑理学也。"⑤

钱先生探讨段懋堂与理学之因缘，进而据以观察乾嘉间之江南学风，不惟深化了段懋堂学行的研究，而且也为研究乾嘉学派与乾嘉学术开辟了新的路径。钱先生所示范的为学方法告诉我们，研究乾嘉学派

① ［清］段玉裁：《经韵楼集》卷八《娱亲雅言序》。
② ［清］段玉裁：《经韵楼集》卷八《博陵尹师所赐朱子小学恭跋》。
③ ［清］段玉裁：《经韵楼集》卷十一《答顾千里书》。
④ 钱穆：《读段懋堂经韵楼集》，《钱宾四先生全集》第22册，第408—409页。
⑤ 同上书，第418页。

与乾嘉学术,应当注意考察理学与经籍考证之关系,以及彼此渗透所演成之学风变迁。20世纪80年代,陈鸿森教授沿此路径而深入开拓,爬梳文献,多方搜讨,终于获得重要之学术发现。

根据鸿森先生之研究所得,先于钱先生所揭嘉庆十四年(1809)之段氏三文,之前一年,段懋堂即在致王石臞书中,以"剿说汉学"与河患并提,同指为一时社会病痛,主张"理学不可不讲"。据云:"今日之弊,在不尚品行政事,而尚剿说汉学,亦与河患相同。然则理学不可不讲也,执事其有意乎?"①迄于嘉庆十九年段氏八十岁,此念愈深且更其明确。是年九月,段懋堂有书复闽中陈恭甫,重申:"愚谓今日大病,在弃洛、闽、关中之学不讲,谓之庸腐。而立身苟简,气节败,政事芜,天下皆君子,而无真君子,未必非表率之过也。故专言汉学,不治宋学,乃真人心世道之忧,而况所谓汉学者,如同画饼乎!"②以汉学大师而抨击汉学弊病,昌言讲求宋儒理学,足见嘉庆中叶以后,学风败坏,已然非变不可。诚如鸿森先生之所见:"据此书,略可推见段氏晚年之思想及其对当时学风之批评。乃近世论乾嘉学术者,类多忽之不视,今亟宜表出之。"③

(四)余论

钱宾四先生著《中国近三百年学术史》《清儒学案》,倡导清代理学研究,开辟路径,奠定根基,做出了不可磨灭的历史贡献。近者,欣悉颇有学者起而继承钱先生之未竟事业,致力于有清一代理学之全面梳理。钱宾四先生著《清儒学案》,所最服膺之李二曲、张杨园二家,《二曲全

① [清]段玉裁:《与王怀祖书》,陈鸿森《段玉裁年谱订补》"嘉庆十三年""七十四岁"条。

② [清]段玉裁:《与陈恭甫书》,载陈寿祺《左海文集》卷四《答段懋堂先生书》附录。又见《左海经辨》卷首《金坛段懋堂先生书》之三,惟系节录。

③ [清]陈鸿森:《段玉裁年谱订补》"嘉庆十九年""八十岁"条。

集》已于20世纪90年代初，承陈俊民教授整理出版，《杨园先生全集》亦在2002年7月由中华书局刊出。所有这些，或可告慰钱先生于九泉之下。

1995年，香港中文大学新亚书院召开“纪念钱宾四先生百年冥诞学术讨论会”，祖武有幸忝列旁听。在送请与会先进赐教之拙文末，笔者妄议：“近人治清代学术史，章太炎、梁任公、钱宾四三位大师，后先相继，鼎足而立。太炎先生辟除榛莽，开风气之先声，首倡之功，最可纪念。任公先生大刀阔斧，建树尤多，所获已掩前哲而上。宾四先生深入底蕴，精进不已，独以深邃见识而得真髓。学如积薪，后来居上，以此而论章、梁、钱三位大师之清代学术史研究，承先启后，继往开来，总其成者无疑当属钱宾四先生。笔者妄论，今日吾侪之治清代学术史，无章、梁二先生之论著引路不可，不跟随钱宾四先生之《中国近三百年学术史》深入开拓尤不可。这便是在今日及尔后的清代学术史研究中，钱宾四先生不可取代的卓越历史地位。”①十余年过去，祖武依然秉持此一信念。发扬光大钱宾四先生之学术思想与事业，乃是今日对钱先生最好的纪念。

三、学案体史籍的余波

在中国历史编纂学漫长的演进过程中，以梁启超、钱穆二位先生的同名论著《中国近三百年学术史》为标志，学术史的编纂最终翻过学案体史籍的一页，迈入了现代史学的门槛。之后，虽仍有以学案题名的著述问世，如《孟子学案》《荀子学案》《老子学案》《庄子学案》《墨子学

① 陈祖武：《清儒学术拾零》之十九《钱宾四先生对清代学术史研究的贡献》，湖南人民出版社2002年版，第340页。

案》《南雷学案》《船山学案》《朱子新学案》《曾文正公学案》等，然大都已非昔日旧观。以旧名而写新书，实已同学术史合流。以下，试举数例，略见一斑。

这里，首先应当补充一述的是，在徐世昌《清儒学案》结撰之前，曾有唐晏著《两汉三国学案》问世。该书成于民国三年（1914）春，六年刊行。据晚近整理该书的吴东民先生所撰《点校说明》介绍，唐晏为满族人，姓瓜尔佳氏，名震钧，字在廷，自号涉江道人。生于清咸丰七年（1857），卒于民国九年（1920），得年六十四岁。早年曾任江苏江都知县，后一度执教京师大学堂，又任江宁八旗学堂总办。主要著述有《八旗人著述存目》《渤海国志》《天咫偶闻》《庚子西行记事》《陆子新语校注》《洛阳伽蓝记钩沉》《孔孟学案》《两汉三国学案》等。

《两汉三国学案》凡十一卷，前十卷以《周易》《尚书》《诗》《礼》《乐》《春秋》《论语》《孝经》《孟子》《尔雅》为序，依次著录两汉三国时期诸经师传记及说经资料。卷十一题为《明经文学列传》，之前十卷未著录的儒林中人，凡以明经及文学进身者，为文实本经术者，皆网罗其中。全书编次虽与黄、全诸家学案体例略异，但作为学者传记及论学资料汇编，这一学案体史籍的基本特征，依然十分明显。如果说黄、全诸家学案为学案体史籍的主流，那么《两汉三国学案》则是一个变异。支流余韵，亦可据以窥见清末民初学案体史籍的演变。

《船山学案》，侯外庐著。初刊于 1944 年，1982 年重刊。全书凡作八节，第一节《哲学家王船山解放知识的渊源》，第二节《船山的自然史哲学——细缊生化论》，第三节《船山自然哲学的诸范畴及其局限》，第四节《船山关于思维与存在的哲学》，第五节《人性论与道器观》，第六节《船山人性论中的近代命题》，第七节《船山的知识论》，第八节《船山的人类社会史论》。书末附录传记资料三篇，一为《王夫之传》，二为《船山先生传》，三为《姜斋公行述》。重刊本复增《王夫之的哲学思想》

一篇。侯先生此书,虽题作《船山学案》,但以专节的形式,分题讨论王夫之学术思想,显而易见已远非旧日学案所能拘囿,实已同章节体学术史合流。

《朱子新学案》,钱穆著。1969 年 11 月完稿,1971 年排印行世。全书以“就朱子原书叙述朱子”为宗旨,通过辑录朱熹论学资料,对其学术思想进行了全面的专题讨论。此书初拟分思想、学术、行事三大部分,后因前两部分篇幅已大,后一部分又有清人年谱及补遗可据,遂将第三部分略去。思想一部,又分理气、心性二目。而学术部分,则作经、史、文学三目。经学之中,再分《易》《诗》《书》《春秋》《礼》及《四书》诸专题。三部之后,附以校勘、辨伪、考据及格物游艺诸篇。在思想与学术二大部分之间,复分《从游延平始末》《对濂溪、横渠、明道、伊川四人之称述》《评程氏门人》《评胡五峰》《论当时学弊》《朱陆异同散记》《朱子论禅学》诸专题。全书所分专题,达五十八目之多。显然,这样一部书已非旧时学案所能比拟,实为著者讨论朱熹学说的专题论著了。

《清儒学案新编》,先师杨向奎先生著。全书八卷,上起孙奇逢、汤斌,下迄孟森、梁启超。第一卷完稿于 1982 年 10 月,1985 年 2 月刊行。第八卷完稿于 1992 年 10 月,1994 年 10 月刊行。全书结撰历时十余年之久。此书各学案皆作两大部分,一为案主传记,二为学术资料选编。传记部分取法黄宗羲《明儒学案》,于案主思想详加讨论,并以此构成全书之特色。倘略去学术资料选编部分,亦不啻一部清代学术思想史。

近者,欣悉又有学术界专家在编纂《民国学案》《儒学通案》等。老树新枝,奇葩绽放,以之而装点史苑,满园姹紫嫣红,是所期望。

四、学案解题

何谓学案?前哲时贤罕有论及。20 世纪 80 年代中,中华书局陈金生、梁运华二位先生点校《宋元学案》蒇事，陈先生曾撰文解释道："什么叫学案？未见有人论定。我想大概是介绍各家学术而分别为之立案，且加以按断之意（案、按字通）。按断就是考查论定。因此，学案含有现在所谓学术史的意思。"①陈先生的解释，对于给学案体史籍下定义，显然是一个有意义的尝试。以下，拟接武陈先生的思路，试再做一些努力。

在中国史学史上，学案体史籍的萌芽，虽渊源甚远，但其雏形的问世，则是南宋初理学勃兴以后的事情。而正式以"学案"为著述命名，就更在其后。据现存典籍而论，以"学案"为书名，当不早于明代中叶。其中较著名者，一部是万历初刘元卿的《诸儒学案》，另一部是万历末刘宗周的《论语学案》。前者存目于《四库全书》，中国科学院图书馆藏有明刻残本一部。后者则载于康熙间刻本《刘子全书》卷二十八至卷三十一。

据《四库全书总目》介绍，《诸儒学案》凡八卷，而中国科学院图书馆所藏明刻残本，则作二十六卷。该书依次辑录周敦颐、程颢、程颐、张载、邵雍、谢良佐、杨时、罗从彦、李侗、朱熹、陆九渊、杨简、金履祥、许谦、薛瑄、胡居仁、陈献章、罗钦顺、王守仁、王艮、邹守益、王畿、欧阳德、罗洪先、胡直、罗汝芳等二十六家论学语录。刘元卿之学，本在阳明学范围中，故全书皆在表彰王门学说，至于所录程朱一派语，无非择其有近陆九渊者而已。著者服膺王门后学耿定向、王时槐之说，因而书中所载，多及耿氏论学语，盖不忘其学之所自也。耿定向生前，曾董理陆九渊、杨简师生学说，辑二家传记为《陆杨学案》一篇。耿氏故世，录入《耿天台先生遗书》中。以"学案"题名著述，耿天台实为开风气之先者。刘元卿承师门之教，以"学案"名己书，实乃渊源有自，一脉相承。

---

① 陈金生：《宋元学案编纂的原则与体例》，《书品》1987 年第 3 期。

刘宗周所著《论语学案》，则略异刘元卿之《诸儒学案》。宗周书凡四卷，系按《论语》篇第为序，依次摘录孔门师生精要语，逐条加以阐释。卷一为《学而》至《公冶长》，凡五篇一百一十七条；卷二为《雍也》至《乡党》，凡五篇一百三十四条；卷三为《先进》至《宪问》，凡四篇一百二十一条；卷四为《卫灵公》至《尧曰》，凡六篇一百一十六条。释文或引据宋明儒先旧解，或断以己意，独出新说，既存孔子学说大要，又有宋明理学诸儒及一己发明，循循善诱，相得益彰。

刘元卿的《诸儒学案》与刘宗周的《论语学案》，或聚宋明理学大师于一堂，或集孔子并诸弟子于一编，二书著录对象，时代虽相去甚远，但其间却有一共同特点，即皆为入案者语录的汇编。以语录述学，在中国学术史上，发端甚早。儒家学派的《论语》，筚路蓝缕，已开风气。不过，语录体著述的大行于世，则在佛教传入，且会通儒学而中国化之后。唐宋以还，佛门中人，尤其是禅宗高僧，多有语录传世。宋明数百年，是理学时代。理学的兴起，从学术发展的内在逻辑讲，固然有佛学夺席，颉颃争先的刺激，所以理学中人无不以辟佛相号召。然而在中国传统学术中，儒佛相互渗透，本属互补。作为理学的学术渊源之一，佛学之于理学，在其兴衰的全过程中，影响潜移默化，或明或暗，不惟欲去而不能，而且波澜起伏，绝非人们的主观意志所能转移。因而宋明时代，理学中人的为学，每多参禅经历，程、朱、陆、王，莫不皆然。于是语录体著述的充斥书林，也就不足为奇了。明中叶以后，阳明学崛起，以讲求简易直捷的“致良知”为特征。由于阳明学与禅宗精神若合符节，因之晚明王学风行，禅学亦大盛。二刘的两部学案，即产生于这一儒禅并盛、形影相随的学术氛围之中。惟其如此，两部学案之所以不径称“语录”“语类”“语要”，而竟题作“学案”，其原因恐怕就当从这一时期的学术环境中去寻找。

唐代禅宗初起，不立文字，单传心印。在禅师语录中，多以简略的语句,记述宗门师生、宾主问对,含蓄地暗示自身义法之所在,既以此说理,亦以此传法。此类蕴含"机锋"的语句,禅门中称之为公案,意欲据此以判断是非。已故著名佛学大师吕澂先生,将"公案"解释为今人所云之"档案""资料"①,一语破的,最为明晰。然而由于"公案"语意隐微,每多费解,于是赵宋一代,遂出现以文字解释禅意的所谓"文字禅"。"文字禅"兴,则解释公案著述不胫而走,累世不绝。

唐宋以后,江西吉安青原山,为禅门南宗重要传法地。刘元卿籍属吉安府安福县,早年曾游青原求学,受禅风濡染,自是不言而喻。他的《诸儒学案》,以其师耿定向之说为依据,选编诸儒语录,一方面从局部言,是要传承理学诸家学术大要,另一方面从整体看,则旨在传承耿氏所弘扬的阳明学。因此,《诸儒学案》之与禅宗"公案",其间确有相通之处。

刘宗周的《论语学案》亦乎如此。宗周为浙东人,明代中叶以后,浙东禅风很盛。刘宗周虽力倡辟禅,但在其著述中,"公案""顿悟""圆融"一类禅家语句,不期而然,亦时有沿用。而他的《论语学案》,实不可排除禅家阐释"公案"、据以传法之风的影响。关于这一点,刘宗周故世后,其高足董玚为之辑年谱,于万历四十五年(1617)即记云:"《论语学案》成。先生与诸生讲《论语》,日书其大旨,久而成编,至是乃出示学者。"可见,刘宗周早年之与诸门人讲《论语》,后汇其语要为《论语学案》,意在以之传承孔门学术大旨。因此,笔者以为,"学案"作为论著名在晚明的出现,一方面确如陈金生先生所论,有考查论定各家学术的含义。其渊源所自,大概可以追溯到王阳明著《朱子晚年定论》之"定论"二字上去。另一方面,如果从词源学上来看,或许不能排除这

---

① 吕澂:《中国佛学源流略讲》第九讲《南北宗禅学的流行》,中华书局 1979 年版,第 257 页。

样的可能性，即由当时禅宗惯用的“公案”一语衍化而来。其初始形态当是“学术公案”，后经简练，遂成“学案”。

然而严格地说来，无论是《诸儒学案》，还是《论语学案》，都还不具备学术史的意义，无非学术资料汇编而已。直到清初黄宗羲《明儒学案》出，以严整而完善的体例记有明一代学术，其后全祖望继起，再辑《宋元学案》，迄于民国初，徐世昌主持纂修《清儒学案》。有此众多史籍后先而起，汇涓涓细流而成奔腾大川，从而在中国传统历史编纂学中别张一军，方才赋予“学案”以完整的学术史意义。

至此，我们似乎可以给学案体史籍做一个大致的界说了。学案体史籍，是我国古代史家记述学术发展历史的一种特殊编纂形式，其雏形肇始于南宋初叶朱熹著《伊洛渊源录》，而完善和定型则是数百年后，清朝康熙中叶黄宗羲著《明儒学案》。它源于传统的纪传体史籍，系变通《儒林传》(《儒学传》)、《艺文志》(《经籍志》)，兼取佛家灯录体史籍之所长，经过长期酝酿演化而成。所谓学案，就其字义而言，意即学术公案。“公案”本佛门禅宗语，前哲释作“档案”“资料”，至为允当。顾名思义，学案体史籍以学者论学资料的辑录为主体，合其生平传略及学术总评为一堂，据以反映一个学者、一个学派，乃至一个时代的学术风貌，从而具备了晚近所谓学术史的意义。

陈祖武著述编年*

1981 年

《顾炎武研究中的几个问题》，刊于《学习与思考（中国社会科学院研究生院学报）》1981 年第 6 期。

1982 年

《〈日知录〉八卷本未佚》，刊于《读书》1982 年第 1 期。《顾炎武与清代学风》，刊于《清史论丛》第四辑。

1983 年

《史源学不可不讲》，刊于《光明日报》1983 年 4 月 6 日第 3 版。《顾炎武哲学思想剖析》，刊于《社会科学战线》1983 年第 2 期。《孙夏峰与黄梨洲》，刊于《清史研究通讯》1983 年第 2 期。

1984 年

《顾炎武》，列入“中国历史小丛书”，由中华书局出版。

《黄宗羲、顾炎武合论》，刊于《贵州社会科学》1984 年第 5 期。《清高宗与海成》，刊于《清史研究通讯》1984 年第 2 期。《钱澄之著述考略》，刊于《文献》1984 年第 3 期。

1985 年

《〈李恕谷年谱〉书后》，刊于《清史研究通讯》1985 年第 1 期。《从清初的反理学思潮看乾嘉学派的形成》《王船山〈双鹤瑞舞赋〉为尚善

* 本文由朱曦林撰写。

而作说辨》，刊于《清史论丛》第六辑。

1986 年

《吕留良散论》，刊于《清史论丛》第七辑。《〈颜习斋先生年谱〉评议》，刊于《文献》1986 年第 4 期。《〈明儒学案〉成书时间的思考》，刊于《书品》1986 年第 4 期。

1987 年

《从〈避地赋〉看黄宗羲的东渡日本》，刊于《中国史研究》1987 年第 1 期。《关于李颙研究中的几个问题》，刊于《中国社会科学院研究生院学报》1987 年第 2 期。《评〈戴名世研究〉》，刊于《清史研究通讯》1987 年第 4 期。

1988 年

《李塨年谱》点校本，由中华书局出版。

《杖策必因图雪耻　横戈原不为封侯——记明末爱国将领袁崇焕》，刊于《文史知识》1988 年第 1 期。《黄宗羲东渡日本史事考》，刊于《浙江学刊》1988 年第 1 期。《论清初知识界的社会责任感》，刊于《光明日报》1988 年 7 月 27 日第 3 版。《论康熙的儒学观》，刊于《孔子研究》1988 年第 3 期。《〈萤窗异草〉成书年代献疑》，刊于《贵州社会科学》1988 年第 10 期。《清初假道学》，刊于《古今掌故》(三)；《〈明史纪事本末〉杂识》，刊于《文史》第三十一辑。

1989 年

《清初知识界的社会责任感与知识分子成才》，刊于《高校理论战线》1989 年第 1 期。《李光地年谱略论》，刊于《文献》1989 年第 3 期。

1990 年

《十八世纪的中国——为什么法国大革命当时在中国未能激起回响?》，收入刘宗绪主编《法国大革命二百周年纪念论文集》，由生活·读书·新知三联书店出版。

《历史、哲学与时空——杨向奎教授述学》，刊于《孔子研究》1990年第1期。《〈榕村语录〉及李光地评价》，刊于《福建论坛（文史哲版）》1990年第2期。《关于清初文化政策的思考》，刊于《文史知识》1990年第6期。《杨向奎先生传略》，刊于《中国史研究》1990年第3期。《宋代学术史研究的创获：评〈司马光学述〉》，刊于《孔子研究》1990年第3期。

1991年

《论清初的朱子学》，收入武夷山朱熹研究中心编《朱子学新论——纪念朱熹诞辰860周年国际学术会议论文集》，由上海三联书店出版。

《论清初学术的历史地位》，刊于《清史研究》1991年第1期。《学如积薪　后来居上——评〈四库全书纂修研究〉》，刊于《人民日报》1991年5月18日第6版。《一个特立独行的学者——汪中治学精神述要》，刊于《文史知识》1991年第5期《梁启超对清代学术史研究的贡献》，刊于《清史论丛》第八辑。《关于正确认识中华文明的思考》，刊于《岭南学刊》1991年第4期。《论清初文化政策》，刊于《中国史研究》1991年第3期。

1992年

《清初学术思辨录》，由中国社会科学出版社出版。

《颜元年谱》点校本，由中华书局出版。

《评〈明清易代史独见〉》，刊于《光明日报》1992年1月15日第3版。《清初学术探析》，刊于《中国历史博物馆馆刊》1992年第18—19期。《乾嘉学派吴皖分野说商榷》，刊于《贵州社会科学》1992年第7期。《论李光地的历史地位》，刊于《福建论坛（文史哲版）》1992年第5期。

1993年

《阮元与〈皇清经解〉》，收入台湾中山大学中国文学系、中国文学研究所编印《第三届清代学术研讨会论文集》。

《费密的〈弘道书〉》，刊于《文史知识》1993 年第 1 期。《论李光地的历史地位》，刊于《清史研究》1993 年第 1 期。《徐世昌与〈清儒学案〉》，刊于《清史论丛》(1992)。《关于清初学术的几点认识》，刊于《文史知识》1993 年第 10 期。《就〈清初学术思辨录〉答客问》，刊于《光明日报》1993 年 11 月 8 日第 3 版。《〈皇清经解〉与古籍整理》，刊于《传统文化与现代化》1993 年第 6 期。《孔子仁学与阮元的〈论语论仁论〉》，刊于《清史论丛》(1993)。

1994 年

《中国学案史》，由台湾文津出版社出版。

《关于乾嘉学派的几点思考》，收入"中研院"中国文哲研究所筹备处编《清代经学研讨会论文集》。

《朱熹与〈伊洛渊源录〉》，刊于《文史》第三十九辑。《清代经学大师惠栋》，刊于《经学研究论丛》第一辑。《宋明道统与〈圣学宗传〉》，刊于《炎黄文化研究》第 1 期(《炎黄春秋》增刊)。《朱彝尊与〈经义考〉》，刊于《文史》第四十辑。《乾嘉学术与乾嘉学派》，刊于《文史知识》1994 年第 9 期。《〈宋元学案〉纂修拾遗》，刊于《中国史研究》1994 年第 4 期。《孔子仁学与阮元的〈论语论仁论〉》，《汉学研究》(台湾)1994 年第 2 期。《明清更迭与天地会的酝酿》，刊于《中国社会科学院研究生院学报》1994 年第 6 期。《孙奇逢与〈理学宗传〉》，刊于《清史论丛》(1994)。

1995 年

《榕村语录·续语录》点校本，由中华书局出版。

《论清初学术》，收入台湾中山大学中国文学系编印《第四届清代学术研讨会论文集》。

1996 年

《扬州诸儒与乾嘉学派》，收入《扬州研究——江都陈轶群先生百龄冥诞纪念论文集》，由台湾联经出版社出版。

《关于中国学案史研究》，刊于《传统文化与现代化》1996年第1期。《〈榕村语录〉与清初学术》，刊于《书品》1996年第1期。《我与中国学案史》，刊于《文史知识》1996年第5期。《传统学术的经世精神》，刊于《光明日报》1996年11月30日第5版。《钱宾四先生对清代学术史研究的贡献——读〈中国近三百年学术史〉札记》，刊于《清史论丛》(1995)。

1997年

《谈乾嘉时期的思想界》，收入台湾中山大学中国文学系编印《第五届清代学术研讨会论文集》。《姚际恒〈仪礼通论〉未佚》，刊于《经学研究论丛》第四辑。

1998年

《谈话录》(马文大、王逸明提问整理)，收入《清代经学图鉴》，由国际文化出版公司出版。《论17世纪的中国实学》，收入中国实学研究会编《中韩实学史研究》，由中国人民大学出版社出版。

《蕺山南学与夏峰北学》，刊于《中国社会科学院研究生院学报》1998年第5期。《儒学的经世精神与世纪之交的中国文明》，刊于《中华文化论坛》1998年第3期。

1999年

《晚清七十年之思想与学术》，收入台湾中山大学编《第六届清代学术研讨会论文集》。

《明清更迭与满汉文化的合流》，刊于《炎黄文化研究》第6期。《史学工作者的历史责任》，刊于《史学史研究》1999年第4期。《谈两部〈中国近三百年学术史〉》，刊于《书品》1999年第6期。

2000年

《顾炎武评传》，由河北人民出版社出版。

《衰世风雷——龚自珍与魏源》,由台湾万卷楼图书有限公司出版。

《杨向奎先生与〈清儒学案新编〉》,刊于《清史论丛》2000年号。

2001年

《斯人云逝　大著长存——〈顾亭林诗笺释〉书后》,刊于《书品》2001年第1期。《近20年社会史研究的成功总结》,刊于《湖北大学学报(哲学社会科学版)》2001年第1期。《读章实斋家书札记》,《清史论丛》2001年号。《晚清学术三题》,刊于《中国社会科学院历史研究所学刊》(第一集)。《奇勋伟伐　功在千秋——纪念施琅诞辰380周年》,刊于《泉州学刊》2001年第4期。

2002年

《清儒学术拾零》,由湖南人民出版社出版。

《杨园先生全集》点校本,由中华书局出版。

《关于常州庄氏学渊源之探讨》,收入张政烺先生九十华诞纪念文集编委会编《揖芬集——张政烺先生九十华诞纪念文集》,由社科文献出版社出版。《乾嘉学派研究与乾嘉学术文献整理》,收入台湾中山大学《第七届清代学术研讨会论文集》。《从经筵讲论看乾隆时期的朱子学》,收入《朱子学的开展——东亚篇(朱子学与东亚文明研讨会——纪念朱子逝世八百周年朱子学会议)》,由汉学研究中心出版。《常州庄氏学渊源之探讨》,收入中国实学研究会主编《实学文化与当代思潮》,由首都师范大学出版社出版。

《从经筵讲论看乾隆时期的朱子学》,刊于《国学研究》第九卷。《〈中国传统学术与社会丛书〉书后》,刊于《书品》2002年第4期。《〈中国传统学术与社会丛书〉序》,刊于《中华读书报》2002年10月16日第7版。

2003年

《钱宾四先生对清代学术史研究的贡献》,收入《钱宾四先生百龄纪念会学术论文集》,由香港中文大学出版社出版。《共同建设中华民族的新文化——海峡两岸乾嘉学派研究之回顾》,收入《清史论集 庆贺王钟翰教授九十华诞》,由紫禁城出版社出版。

《谈乾嘉学术文献整理》,刊于《中国社会科学院院报》2003年1月23日第3版。《〈论江泽民的历史观〉笔谈》,刊于《东南学术》2003年第1期。《做好〈清史〉纂修工作的几点建议》,刊于《中国社会科学院院报》2003年2月27日第2版。《乾嘉学派研究与乾嘉学术文献整理》,刊于《光明日报》2003年4月22日第B3版。《思想史与社会史相结合的典范》,刊于《中国史研究》2003年第2期。《〈伟哉中华〉书后》,刊于《中国文化研究》2003年第3期。

2004年

《读史可以知兴替——谈施琅与清廷统一台湾》,刊于《光明日报》2004年1月2日第C4版。《施琅:郑成功事业的继承者》,刊于《两岸关系》2004年第1期。《钱宾四先生与〈清儒学案〉》,刊于《北京师范大学学报(社会科学版)》2004年第1期。《明清之际浙东的学术崛起》,刊于《社会科学报》2004年2月19日第5版。《明清时期浙东学术的历史地位》,刊于《光明日报》2004年3月2日第B3版。《〈乾嘉学术编年〉之编纂缘起及凡例》,刊于《书品》2004年第3期。《清代学术研究中的三个问题》,刊于《人民日报》2004年8月27日第14版。《章实斋集外佚札二通考证》,刊于《中国社会科学院历史研究所学刊》第三集。

2005年

《乾嘉学术编年》,由河北人民出版社出版。

《〈李朝实录〉所见乾嘉年间中朝两国之文献与学术》,收入《东亚视域中的近世儒学文献与思想》,由台湾大学出版中心出版。

《漫谈清代学术》,刊于《光明日报》2005年2月22日第7版。《致力跨学科研究的新成果——评林金水主编的〈台湾基督教史〉》，刊于《福建日报》2005年3月7日。《梁任公先生与清华研究院》，刊于《清华大学学报（哲学社会科学版）》2005年第2期。《为人为学　浑然若一》，刊于《中国社会科学院院报》2005年4月28日第2版。

2006年

选编《乾嘉名儒年谱》，由北京图书馆出版社出版。

选编《清初名儒年谱》，由北京图书馆出版社出版。

选编《晚清名儒年谱》，由北京图书馆出版社出版。

《谈四库全书》，刊于《炎黄文化研究》第2辑。《构建社会主义和谐社会的根本大计——从"五爱"到社会主义荣辱观教育》，刊于《中国社会科学院院报》2006年4月6日第3版。《谈谈史学工作者的责任和素养》，刊于《当代中国史研究》2006年第3期。《伸张时代正气　弘扬民族精神》，刊于《中国社会科学院院报》2006年9月7日第3版。《范鄗鼎与〈理学备考〉》，刊于《清史论丛》（2007年号）。《戴东原学述》，刊于《国学研究》第十八卷。

2007年

《乾嘉学派研究》，由河北人民出版社出版。

《为人为学　浑然一体——陈祖武先生访谈录》（林存阳　杨艳秋采访），收入《学问有道——学部委员访谈录》，由方志出版社出版。

《董理乾嘉名儒年谱的意义》，刊于《光明日报》2007年2月16日第9版。《关于乾嘉学派研究的几个问题》，刊于《文史哲》2007年第2期。《精益求精　一丝不苟》（《"马克思主义理论研究和建设工程"重点教材建设工作启动三周年笔谈》），刊于《思想理论教育导刊》2007年第5期。

2008年

《中国学案史》（修订本），由东方出版中心出版。

《清儒学案》点校本，由河北人民出版社出版。

《范鄗鼎与〈理学备考〉》，刊于《北京联合大学学报（人文社会科学版）》2008年第1期。《新时期与时俱进的中国历史学》，刊于《人民日报》2008年9月9日第9版。《〈深宁学案〉校读札记》，刊于《中华国学研究》创刊号（2008年10月）。《认真总结改革开放三十年的中国史学》，刊于《高校理论战线》2008年第10期。

2009年

《历史学研究的理论财富》，刊于《中国社会科学院院报》2009年1月6日第6版。《弘扬中华文化与当代中国历史学的责任》，刊于《中国社会科学》2009年第2期。《学案再释》，刊于《北京师范大学学报（社会科学版）》2009年第2期。《可贵的学术创新——读〈南宋史研究丛书〉有感》，刊于《中国社会科学报》2009年7月1日第C16版。《一部可以传之久远的新中国编年史》（《中华人民共和国史编纂的又一项重大基础工程——〈中华人民共和国史编年〉1949年卷—1955年卷出版座谈会发言摘要》），刊于《光明日报》2009年9月1日第12版。《〈明儒学案〉发微》，刊于《中国史研究》2009年第4期。

2010年

《顾炎武评传》，由中国社会出版社出版。

《史家的修养与责任》，刊于《人民日报》2010年5月14日第7版。《江南中心城市与乾隆初叶的古学复兴》，刊于《中国史研究》2010年第2期。《我的清代学术史研究——访陈祖武研究员》（邹兆辰采访）刊于《历史教学问题》2010年第4期。《圣裔孔东塘》，刊于《孔子学刊》第1辑。《记拱辰先师的一桩未竟遗愿》，刊于《清史论丛》2010年号。

2011年

《焦循的经学与易学思想》，刊于《周易文化研究》（第三辑）。

2012 年

《清代学术源流》,由北京师范大学出版社出版。

再版《清儒学术拾零》,由故宫出版社出版。

《陈恭甫先生之人格与学术精神》,刊于《闽江学院学报》2012 年第 1 期。《全面揭示清代学术发展的源流嬗变——〈清代学术源流〉前言》,刊于《学术动态(北京)》2012 年第 28 期。

2013 年

《榕村全书》点校本,由福建人民出版社出版。

《深化闽都文化研究的几点建议》,刊于《闽江学院学报》2013 年第 4 期。《高尚之人格　不朽之学术——纪念顾亭林先生诞辰四百周年》,刊于《光明日报》2013 年 9 月 5 日第 11 版。

2014 年

《孜孜笃实　精进不已——陈祖武先生的治学进路与成就管窥》(林存阳、杨艳秋采访),收入《求真务实六十载——历史研究所同仁述往》,由中国社会科学出版社出版。

《〈榕村全书〉前言》,刊于《闽江学院学报》2014 年第 1 期。《拾寒琼于芳草　著潜德之幽光——〈容肇祖全集〉书后》,刊于《光明日报》2014 年 4 月 30 日第 14 版。《循序渐进　为而不争》,刊于《光明日报》2014 年 7 月 7 日第 2 版。《谈谈"循序渐进"与"为而不争"》,刊于《人民日报》2014 年 8 月 8 日第 8 版。《在中国社会科学院历史研究所建所 60 周年大会上的讲话》,刊于《中国史研究动态》2014 年第 5 期。

2015 年

《对待传统文化得有三种精神》,刊于《人民日报》2015 年 1 月 13 日第 7 版。《永远的楷模》,刊于《科学与无神论》2015 年第 4 期。《前事不忘　后事之师》,刊于《光明日报》2015 年 11 月 11 日第 14 版。《我与顾炎武研究的学术因缘——访清代学术史研究学者陈祖武研究员》（钟永新采访），刊于《顾炎武研究》第二十一期（2015年）。

2016年

《谈〈清代学者象传校补〉》，刊于《光明日报》2016年5月4日第14版。《弘扬“关学精神”的里程碑》，刊于《陕西师范大学学报（哲学社会科学版）》2016年第3期。《〈清代学者象传校补〉举要》，刊于《文史哲》2016年第5期。《文献整理出版的一面旗帜》，刊于《历史文献研究》第三十七辑。

2017年

《清代学者象传校补》，由商务印书馆出版。

《谈〈清代学者象传校补〉》，刊于《博览群书》2017年第4期。《商务印书馆和学者交朋友》，刊于《中国社会科学报》2017年9月26日第5版。

2018年

《清代学林举隅》，由贵州人民出版社出版。

《文化自信植根于文化传承》，刊于《世纪》2018年第2期。《〈清史稿·儒林传校读记〉举要》，刊于《光明日报》2018年4月9日第14版。《楷模：永远的甘泉同志》，刊于《中国史研究动态》2018年第3期。《〈清朝续文献通考·经籍考〉研究序》，刊于《传统中国研究集刊》第18辑。《昆山历史文化的丰碑——纪念顾炎武405周年诞辰》，刊于《昆山日报》2018年7月15日第A3版。《尊重历史　实事求是——陈祖武研究员访谈录》（刘晓满采访）刊于《文艺研究》2018年第9期。

2019年

《顾炎武研究文献集成总序》，收入《顾炎武研究文献集成（民国卷）》，由古吴轩出版社出版。

《中华文化追求人己和谐》，刊于《人民日报》2019年2月18日第3版。《夯实文化建设根基　实现国家长治久安》，刊于《光明日报》

2019年5月31日第5版。《在传承中寻求创新——陈祖武先生谈〈中国学案史〉》(李立民采访)刊于《史学史研究》2019年第2期。

2020年

《关于中华优秀传统文化精神标识的若干思考》,收入《部级领导干部历史文化讲座·2019》,由国家图书馆出版社出版。

《顾炎武时代之问的历史启示》,刊于《贵州文史丛刊》2020年第2期。《经世致用　以文化人》(赵凡采访),刊于《光明日报》2020年5月15日第1版。

2021年

《学步录》,由中华书局出版。

《〈清史稿·儒林传〉校读记》,由商务印书馆出版。

在传承中寻求创新
——陈祖武先生谈《中国学案史》*

李立民

陈祖武先生1943年10月生于贵州贵阳,祖籍湖南茶陵。现任中央文史研究馆馆员,中国社会科学院学部委员、研究员。陈先生治学专攻清代学术史,代表著作有《清初学术思辨录》《清儒学术拾零》《乾嘉学术编年》《乾嘉学派研究》《清代学术源流》《清代学者象传校补》《清代学林举隅》等。同时,先生又十分注重历史的贯通性研究,所著《中国学案史》一书上起先秦,下迄民国,开辟了中国学术史研究的新路径。在陈先生看来,创新是历史学的生命,但这种创新一定要以坚实的学术传承为根基。那么,新时代的历史学如何在传承之中实现创新?最近,我们就此一问题在中国社会科学院古代史研究所拜访了陈祖武先生。陈先生以他数十年的学案史研究为重点,给我们留下了一篇求真务实的访谈记录。

一、师门传承:步入学案史研究领域的缘起

问:陈先生您好!感谢您接受我们的采访。您早年来京求学前,就曾与我国著名历史学家郑天挺先生有过一段交往吧?

是的。1977年秋,当时我还在昆明工作,在《光明日报》上看到了

---

* 本文原载《史学史研究》2019年第2期。

郑天挺先生写的一篇呼吁恢复研究生招生制度的文章。之后，就给郑老写了封信。郑老在回信中鼓励我说，具体的招生制度尚在筹备中，让我先好好做准备。后来，中国社会科学院研究生院的招生简章率先公布，我就报考了杨向奎先生的研究生。接到复试通知后，才又收到郑老的电报，欢迎我报考南开大学。我赶紧回复郑老自己已经报考了社科院，郑老又回信说，你跟着向奎同志学习也很好，欢迎你随时来南开。我报考研究生始终受到郑老的鼓励。

来京求学后，研究顾炎武这个人物，是我初涉清代学术史领域所面对的第一项课题。在这方面，依然得郑老之教益良多。记得那是1981年初，郑老来京出席全国人民代表大会，会议当天下午结束，先生次日即要返津。当晚，郑老把我叫到下榻的海军大院招待所，先是询问我在历史所学习的情况，尤其是毕业论文的进展。随后又告诫我："历史学是一门讲究积累的学问，要求字字有根据，句句有来历。因此，一定要刻苦读书，充分占有史料。同时，认识历史现象，解决历史问题，评价历史人物，还要学会广泛联系。这就叫做唯物史观，叫做历史辩证法。"讲完这些道理之后，郑老转而向我提示了一个具体问题。老人家说："你正在研究顾亭林，由这样的大家入手去治一代学术史，这是一个好办法。有这样一个问题，你是否想过？康熙初年，受山东莱州诗案牵连，顾亭林离京南下，到济南府投案。既是投案，自然要交诉状，那么诉状末又是如何署年呢？"对郑老所提此一问题，我一脸茫然，无从回答。老人家见状，边笑边说："没有关系，不必紧张。今天回答不了，就把它记下来，以后多读书，慢慢去解决。其实我也没有答案，只是把问题提出来，让你好好地去思考。"

郑老回津，当年岁杪不幸罹患肺炎，遽然长逝。但郑老生前的谆谆教诲和所留问题，始终在鞭策我不断进取。20世纪90年代中期，国家图书奖评审大会在香山饭店召开，我有幸受聘为评委。在山东省送审的图书中，恰好有一箱《颜氏家藏尺牍》。我想，顾亭林与颜修来书札往还甚多，其中或许能有些线索。果然开卷有益，竟从中觅得一纸诉状，状末署年赫然在目，为“康熙七年”。至此，我始恍然大悟，郑老当初之所以要提出这样一个问题，目的正是要教我学会把握历史问题的复杂性，在清初特定的历史条件之下，去准确地评价顾亭林。尽管顾亭林志节耿然，终身拒不与清廷合作。然而身陷囹圄之灾，当然不会以卵击石，不至于在投递官府的诉状中，公然不承认清朝正朔。

由此推扩开去，数十年间，众多老一辈专家，不也正是这样通过一桩桩具体的历史事例，教给我们应当怎样去坚持唯物史观的吗！郑老是为我引路的大恩人，让我学到了很多做人、做学问的宝贵道理。

问：您与郑老之间的这段深厚情谊，十分令人感动。请您再谈谈与您的导师杨向老问学的经历吧。

好的。1978年年初，我国研究生招生制度恢复，这年十月，我有幸负笈进京，至中国社会科学院研究生院，师从杨向奎先生问清儒学术。我在杨向老悉心指导下，完成了毕业论文《顾炎武评传》。在研究顾炎武的过程中，我逐渐发现清初的学术十分关键，它直接关系到我们如何认识清代学术的演进问题。经过几年的努力，我写成了第一部学术专著《清初学术思辨录》，得到杨向老的认可，他认为我结合清初的社会实际来谈学术思想，这是最正确的方法之一。此后，我又将精力重点放在清中叶学术上，在研究乾嘉学派过程中，也是受到杨向老“要将乾嘉学派和乾嘉学术作为一个历史过程来考察”思路的启发。

杨向老对后学提携有加。他曾将《中国大百科全书·历史卷》分给他的近三十条条目嘱我先拟初稿，结果我所撰写的与清代学术有关的二十多条都被采用了。当时参与这个项目的都是学术界德高望重的老专家，按我的辈分，根本没有参与的机会，更不用说署名了。但直到杨向老去世，他也从未告诉过我他并没有署自己名的事。

问：杨向老年届古稀之年，毅然有纂修《清儒学案新编》之志。您作为杨向老的学生，这对您的治学产生了怎样的影响？

杨向老这部《清儒学案新编》是在经历"文化大革命"的浩劫后，矢志成书的。它不仅是杨向老个人的学术志愿，也是改革开放以后中国史学发展的客观要求；不仅是推进当代中国历史学发展的时代呼唤，也是总结整理数千年中国历史学研究成果的必然选择。我在跟杨向老念书的后期，《清儒学案新编》就开始着手准备工作了。我有幸参加了杨向老的"清儒学案新编"课题组，协助他处理相关的学术事务，并担任《亭林学案》的撰写工作。可以说，《清儒学案新编》成为了一个难得的历史机缘，是杨向老带领我走入学案史这个领域的。

问：您硕士毕业后，就留在了历史所工作，并参与了许多重大的集体项目，这会影响到您个人的学案史研究吗？

我知道，现在许多青年学者不愿意参加集体项目，认为那是浪费时间，怕耽误了自己的研究，这是不对的。我入所后，除了继续参加杨向老的课题外，又奉调到"清代全史"和"清代人物传稿"课题组，董理清代前期学术，撰写相关学者传记。其间，还一度临时承担了《中国大百科全书·历史卷》《中国历史大辞典》和《中国史稿》的撰稿任务。

在参加撰写《清代人物传稿》期间，我负责黄宗羲的传稿，而《清代全史》中的学术史部分也由我来负责编写。这无形之中扩展了我的研究视野，提高了自己在学术上发现问题、解决问题的能力。在集体项目中，我还受到老一辈学者淡泊名利、甘于奉献的精神熏陶。这些都成为我今后开展学术研究的宝贵财富。正是在集体项目的不断学术累积中，我叩开了学案史研究的大门。

二、学术责任：前辈史家留下的启示和使命

问：近代以降，诸多前辈史家以传统学术的转型为契机，揭开了对中国古代学术史重新回顾与评判的序幕。学案史作为学术史的重要分支，前辈史家是如何就此论述的？

在前辈史家中，梁任公先生可谓这方面的先驱。梁先生早年曾以《近世之学术》为题，勾勒了有清一代二百余年间的学术演进。随后，又撰《清代学术概论》，成为其治清代学术史的纲领性著作。1924 年前后，是梁先生研究清代学术史取得丰硕成果的一个时期。在这期间，他曾发愿结撰《清儒学案》以总结有清一代之学术。然而迄于逝世，此愿终未得践。梁先生所留下的，仅为戴震、黄宗羲、顾炎武三家学案及《清儒学案年表》凡百余页手稿。在学案与学术史的抉择中，梁先生发表了一系列有影响的清代学术史论文，并将在天津南开大学和北京清华研究院的讲稿加以整理，以《中国近三百年学术史》为书名刊行。在此书中，梁先生率先对学案体史籍的渊源进行了探讨。据其卓见：清初黄宗羲《明儒学案》在编纂体例上，乃近承朱子《伊洛渊源录》，远绍诸史《儒林传》《艺文志》和佛家宗史、灯录体而成。尽管所论未及展开，然而却指明了学案体史籍久远而深刻的文献学和思想史渊源。

从《近世之学术》到《中国近三百年学术史》，梁先生对学案体史书取长补短，试图把对学者专人的研究融入各历史时期主要学术现象的专题研究中去。就历史编纂学而言，梁先生的清代学术史著述，在旧有学案体史籍基础上，酝酿了一个飞跃，开启了编纂学术史的崭新体裁。

问:那么接踵梁任公后,又有哪位前辈学人的研究中涉及了学案问题?

陈援庵先生接踵梁任公,在《中国佛教史籍概论》中阐述了佛教史籍对学案体史籍的影响。他说:"自灯录盛行,影响及于儒家,朱子之《伊洛渊源录》、黄梨洲之《明儒学案》、万季野之《儒林宗派》等,皆仿此体而作也。"所谓"灯录体",是佛家所独创的一种史学体裁。灯录体史籍专在记言,又隐含合世次、语录于一堂之意。而在朱熹《伊洛渊源录》问世之前,灯录体就已在当时广泛流行。这既为禅宗师资传承保存了丰富史料,也对儒学发展产生了无形影响。

梁任公、陈援庵两位先生对学案渊源的阐述,言简意赅,睿识卓然,迄今为止,仍为学术界所认同,但二位先生皆未及深入。嗣后的钱宾四先生则在学案史研究方面精进不已,终身以之。

问:钱宾四先生以《中国近三百年学术史》一书享誉学林,但其在学案史领域的成就则少有学人论及。请您就此谈一谈。

20世纪40年代初,宾四先生曾受命撰《清儒学案简编》。早在宾四先生之前,以学案体史籍记清儒学术者,凡存两家:一为道光季年唐镜海先生之《国朝学案小识》,一为20世纪30年代间徐菊人先生之《清儒学案》。按理,徐先生书刊布伊始,宾四先生以之为据,再参酌唐先生书,别择去取,毋需多费心力即可。但钱先生却认为,唐、徐二书不可与黄梨洲、全谢山之《明儒学案》《宋元学案》相提并论。依宾四先生之见,清代并非理学之衰世。从宋元到明清,数百年间之学术,乃一后先相承之整体。理学本包孕经学为再生,即使乾嘉经学考据之盛,实亦在理学演进之范围中。正是基于此,宾四先生才欲变通黄、全《学案》旧规,采取"人各一案"之法,拟再编就别具一格的《清儒学案》。尤为可贵的是,宾四先生之《清儒学案》,以晚明、顺康雍、乾嘉、道咸同光四阶段述一代理学之演进，进而从中总结了宋明理学在近代走向衰世的症结就在于其不能因应世变，不能转而益进，这既是历史的悲剧，亦乃时代使然。

但遗憾的是，宾四先生《清儒学案》因稿沉长江，起之无术而引为憾恨。所幸宾四先生曾以《清儒学案序目》为题，将纂修要旨刊诸《四川省立图书馆图书集刊》。原稿虽失，精义尚存，实乃不幸中之万幸。

问：钱宾四先生在学案史领域开辟路径之功，为中国史学史增添了浓墨重彩的一笔。这样，学案史就不仅仅是学术史研究的内容了，它也成为中国史学史研究的一个重要任务。

是的。最早将学案史纳入史学史范畴的是金毓黻先生。金先生在所著《中国史学史》中认为："吾国专史之最著者，首推类于传记之学术史。"他依然据梁任公、陈援庵先生之说，认为朱熹《伊洛渊源录》是"稍具学史雏形者也"。又推举黄宗羲《明儒学案》为"吾国乃真正之学史"。进而谈及了《明儒学案》的体例，指出了该书的三个特点："一能分别各家论学之宗旨，二能透露其人一生之精神，三于一偏之见，相反之论，尤能着眼理会。"对于全祖望所续成之《宋元学案》的体例，金先生认为"其方法视《明儒学案》为更进一步矣"。然而对接踵其后唐鉴所撰之《国朝学案小识》则评曰："门户之见太深，不如黄、全之书远甚。"自金先生始，谈中国史学史，便无法绕开学案体史籍了。但治史学史的学者多关注黄宗羲的《明儒学案》及全祖望修订的《宋元学案》，对其他重要的学案体史籍则少有论及，这不能不说是一个遗憾。

问：前辈史家虽然为学案史勾勒了大致的发展源流，但还有哪些工作需要继续完善？

自近代以来，直至20世纪80年代，学案史研究一直停留在草创阶段。就连具有百科全书性质的《辞源》《辞海》，以及台湾地区在 20 世纪 60 年代编撰的大型辞书《中文大辞典》，均无对“学案”的解释。海峡两岸编写的重要辞书字典漏载“学案”词条，足见在当时开展学案史研究的迫切性。

“学案”是凝结中国古代思想文化的重要载体。我们研究学案，不仅仅是一个历史学的学术问题，更是对中华传统文化的继承和发扬。这是我们必须要担当的学术责任。尽管诸多前辈史家高屋建瓴，导引出了学案史领域的若干重要问题，为后人沿此线索，展开更深入的研究提供了有益启示，但还有很多工作需要我们继续开拓。诸如有关学案体史籍的发展演变，还缺乏综合性的爬梳；对历史上产生重要影响的学案体史籍，还有待更全面、深入的研究。

从以上对陈先生的采访中，我们切身感受到陈先生在学案史研究中的一种使命感和责任感。“讲责任、重担当”是中华优秀传统文化的基本品格，也是中华学人数千年一以贯之的优良传统。陈先生以史学界前辈留下来的学术责任为使命，就此展开了他几十年的学案史研究历程，勤勉不懈之怀，令人景仰。

三、艰难求索：学案史研究的拓荒之路

问：据我所知，自宋元迄明清，中国学术史领域出现了许多部学案体史籍。那么，您首先选择了哪部文献作为研究的突破口呢？

我早年参与杨向老“清儒学案新编”课题组，受杨向老的影响，开始专攻清代学术，故首先选择《清儒学案》为突破口。当时，学术界尚缺乏对徐世昌《清儒学案》的系统研究。我首先要搞清楚的是，《清儒学案》的成书经过。我先是搜访到了容媛在《燕京学报》上发表的《清儒学案》一文，过溪在《艺林丛录》上发表的《清儒学案纂辑记略》等资

料，考察了徐世昌倡议修书的缘起及修书过程中的相关故实。还承蒙夏武康先生赐教，深入了解了主要纂稿者夏孙桐先生的生平学行，并参以夏氏《观所尚斋文存》一书中的相关内容，考察了夏孙桐与《清儒学案》的关系。

然后，我以《清儒学案》卷首《凡例》为线索，考察了全书的主要内容及编纂体例。徐书在体例上分正案、附案两部分。正案在《明儒学案》总论、传略、学术资料选编之外，又添“附录”一目；附案则别为家学、弟子、交游、从游、私淑五类。至此，得出了学案体史籍至《清儒学案》业已极度成熟的结论。

最后，我还指出了《清儒学案》值得商榷之处。如关于对吕留良的评价问题，我对《清儒学案》所称吕留良“工于时文”及其与黄宗羲交恶的原因进行了深入剖析，得出了与《清儒学案》完全相反的结论。再如，《清儒学案》以网罗儒林中人为宗旨，但诸如潘平格，乃清初浙东名儒，却遗而未补；康有为、梁启超、谭嗣同等无一不是当时儒林佼佼者，却因其维新派身份弃而不录。以一己之好恶而人为地割断历史，令人不能接受。又如，我还指出了《清儒学案》在编纂体裁上存在的一些局限，认为该书无法全面反映一代学术的演进及其间所蕴含的规律等等不足。这些都是我平时读《清儒学案》一点一滴积累下的读书心得。

问：那您又是如何从《清儒学案》转向《明儒学案》的呢？

我早年在参加“清代人物传稿”课题时，负责黄宗羲传稿的撰拟，需要对黄宗羲有深入的研究，而《明儒学案》是研究黄宗羲这个人物绕不开的一部重要文献。当时，学术界的前辈史家对《明儒学案》或以学术史，或以史学史的视角有所论及，但并不深入。有关《明儒学案》的一些重要问题，学术界尚多沿袭旧见。为此，我首先考察的是《明儒学案》的成书问题。

自清末黄炳垕辑《遗献梨洲公年谱》判定《明儒学案》成书于康熙十五年(1676)以来,多得学术界认可。但细致检核《明儒学案》及其相关故实可知,这种说法是值得商榷的。黄宗羲在《明儒学案序》中明言“书成于丙辰之后”。丙辰,即康熙十五年。我们认为,“书成于丙辰之后”,并不能等同于“书成于丙辰”。因此,黄炳垕提出的康熙十五年成书说,就是欠妥当的。为此,我以《明儒学案序》为线索,对这一问题开展了深入研究。

关于《明儒学案序》,今所能见者,凡有四个不同版本,即《南雷文定四集》本、《南雷文定五集》本,以及康熙年间贾润父子刻本和雍正年间贾氏后人刻本。后两次刻本对宗羲序文妄加改窜,大乖原义。如雍正贾氏刻本将原序中“陈介眉以谨守之学,读之而转手”被全文删去;而原序文中汤斌对《学案》的评语,是对黄宗羲亲口所述,也变成了为陈锡嘏“所传述”。这一删一增,把判定《明儒学案》成书时间的重要节目弄得面目全非。

据黄宗羲所写的序文,汤斌对《学案》的评价,乃亲口对他所说,并非他人转告。而二人之间平生仅在康熙二十四年的苏州有一次会晤。汤斌对黄宗羲《学案》的评论就只可能在这次会晤中。这样,《明儒学案》至迟在康熙二十四年就已经完稿了。

再者,贾氏窜改序文,所谓汤斌对《学案》的评论是由“陈介眉所传述”云云,纯属臆断。陈介眉是黄宗羲的弟子,介眉故世后,黄宗羲为他撰写了一篇《怡庭陈君墓志铭》。从这篇墓志铭中可知,陈介眉在康熙二十四年病逝前不久才见到《明儒学案》抄本的,则在康熙二十一年至二十四年间,汤斌不可能从陈介眉那里见到《明儒学案》抄本,并通过他将对该书的意见转告给黄宗羲。这就再一次印证了我们在前面有关《明儒学案》成书至迟在康熙二十四年的论定。

事实上,通过我的考察,《明儒学案》也不可能成书于康熙十五年。

首先，康熙十四年七月，黄宗羲刚刚编成《明文案》，要在此后短短一年里接着完成一部六十余卷的《明儒学案》是不大可能的。其次，据黄宗羲早年在南明鲁王政权中的同僚吴钟峦所称，迄于康熙十八年，《明儒学案》中的《东林学案》并未完稿。再次，据黄宗羲自云，其在纂辑《明儒学案》中的《蕺山学案》时，同门友人恽日初已经故世，而恽氏于康熙十七年病逝。则至少在康熙十七年时，《明儒学案》尚在编纂之中。最后，以黄宗羲同时代的学者陆陇其《三鱼堂日记》为证，迄于康熙二十五年五月，《蕺山学案》并未完稿，只是以前六卷在学者中流传。

问：您以坚实的文献考证为依据，将《明儒学案》的成书问题有理有据地呈现出来，体现了您"实事求是"的治学风范。以往前辈史家多是从学术史或史学史的角度来论定《明儒学案》的，那您又是怎样从学案史的角度来评价这部书呢？

从学案史的角度看，《明儒学案》成书后，其在编纂体例上对后世学案体史籍产生了深远影响。在完成《明儒学案》之后，黄宗羲、黄百家父子又致力于《宋儒学案》《元儒学案》的结撰。在编纂体例上，他们对《明儒学案》有所变通。在三段式的结构中，类似《明儒学案》的总论，已经不再独立于卷首，业已移置案中而成为案语。取而代之的，则是学术资料选编后的《附录》。《附录》所载，主要著录案主同时代及尔后学者述其学行之语。黄氏父子故世后，全祖望续加补辑，沿例而行，再作变通。一方面置《序录》于书首，评介各家学术，另一方面以时代顺序编次各案，又围绕案主，以讲友、学侣、同调、家学、门人、私淑、续传分目。可见，《宋元学案》体例亦脱胎于《明儒学案》。

清道光年间，与《宋元学案》同时刊行的另一部学案体史籍，还有唐鉴的《清学案小识》。该书卷首之《提要》，实有本于《明儒学案》各案之总论。各案案主学行的编纂，则又合《明儒学案》及《宋元学案》之案主传略及学术资料选编为一体，而以学术资料介绍为主干，一分一合，形异而实同。

据此，我们认为：黄宗羲《明儒学案》在中国学案史上是一部具有里程碑意义的重要著述。

问：尽管《明儒学案》在学案史领域意义非凡，但据梁任公等诸位史学前辈所言，其渊源又可追溯至南宋朱熹的《伊洛渊源录》，您是否认同这种观点？

是的。我的研究也正是受到梁任公、钱宾四等诸位史学前辈的启发。于是，我沿着《明儒学案》继续向上追溯，又将朱熹的《伊洛渊源录》作为考察的重点。一段时间以来，极少有学人对《伊洛渊源录》这部开风气的著述进行专题研究。为此，我首先考察了《伊洛渊源录》的成书背景。

朱熹以理学泰斗集传统儒学之大成，《伊洛渊源录》是朱熹学说形成初期的一部著述。其在南宋初叶问世，并非是一个偶然的学术现象。道学自北宋中叶形成，虽经周敦颐、二程兄弟、胡安国、尹焞诸位先行者的提倡，但迄于南宋初期，它并未取得学术界的主宰地位。道学要谋求自身的发展，为程氏兄弟之学争得正统地位，已成为一个至关重要的问题。朱熹为学之初，即因家学濡染而自程学入门。自问学于李侗后，始摆脱禅学羁绊，成为程氏道学的笃信者。为了护卫程学地位，他先后辑成《论语要义》《杂学辨》《程氏遗书》《太极图说解》《近思录》等书。至此，朱熹成为程氏学说的权威解说者。由此，为确立二程学说的儒学正统地位，他以《伊洛渊源录》去董理程氏学术源流，便是顺理成章的事情了。

问：朱子既然如此重视这部书，但我们发现，其并未留下有关对《伊洛渊源录》的序跋、题记之类的文字，这又是为什么呢？

这也是我旧日读朱子书蓄疑已久的问题。后来,我将朱子《文集》与《语类》《渊源录》等比照而观,个中缘由始渐悟出大半。原来这同该书的结撰过程颇有关系。

大概在乾道二年(1166),朱熹已经发愿结撰《伊洛渊源录》,并将其委托给友人何镐先行草拟大纲。但是一则因为朱熹此时著述头绪太多,不能专意于该书的结撰;再则大纲中所涉及的若干重要内容,一时又难以确定。故而时辍时续,历时多年而未见有大的进展。嗣后,朱子又常与友人吕祖谦书札往复,论及成书事宜。如果参以这些书札透露出的信息,我们不难发现,今本《伊洛渊源录》与朱子的本意多有乖违。这在朱子晚年的论学文字中,亦能寻出有力的直接佐证。由于朱子对程门诸弟子能否光大程学深致怀疑,因而不唯无意去修订《伊洛渊源录》初稿,而且于他人的擅自将"编集未成"的稿本刊行而引为憾恨。在这样一个心理状态之下,迄于逝世,朱子于《伊洛渊源录》始终未留下序跋、题记一类的文字,也就不难理解了。从这个角度来看,我们赞成清代学者全祖望的看法,即《伊洛渊源录》实为一部"未成之书"。

问:《伊洛渊源录》既然是一部"未成之书",您又该如何评价其在学案史方面所具有的学术价值呢?

在中国古代,董理学术史的风气形成甚早。先秦诸子述学已开其端倪,自司马迁著《史记》,班固著《汉书》,则规模粗具。然而结撰专门的学术史,则无疑应自朱熹《伊洛渊源录》始。下面,我们以卷一《濂溪先生》为例,先看看这部书的编纂体例。

《伊洛渊源录》卷一所录为两大部分:一是《濂溪先生事状》,为朱熹所撰,专载周敦颐生平行事、学术好尚;一是《遗事》,以记周敦颐言论及他人称述为主。其它几卷与此卷体例相仿,或偶有朱熹的考订案语,以附其间。这样,该书体例上形成了一记行,一记言,言行一体,相得益彰。朱熹这种以人物传记汇编形式叙述学派源流，显然导源于《史记》《汉书》以《儒林传》述学的传统。尤其可贵的是，朱熹在立足纪传体史籍传统的基础上，又博采佛家诸僧传、禅宗灯录体之所长，使记行与记言相辅相成，浑然一体。《伊洛渊源录》以对史籍编纂传统形式的错综会通，兼容并蓄，从而为学案体史籍的编纂开辟了新路。此后的《明儒学案》《宋元学案》在编纂体例上，基本上都是以《伊洛渊源录》的记行、记言为依托而进行的变通。从这个角度看，我们认为，朱子《伊洛渊源录》一书，标志着学案体史籍雏形的问世。

问：从《清儒学案》到《明儒学案》，再到《伊洛渊源录》，您将学案史研究一步步向前推进，对其研究也愈加深入。那么，您能向我们讲一讲究竟什么是"学案"吗？学术界目前对"学案"又是如何界定的？

何谓"学案"？前哲时贤罕有论及。上世纪八十年代中，中华书局陈金生、梁运华二位先生点校《宋元学案》蒇事，曾撰文指出：学案"是介绍各家学术而分别为之立案，且加以按断之意（案、按字通）。按断就是考查论定。因此，学案含有现在所谓学术史的意思"。这种对"学案"的解释，无疑是一个有意义的尝试。我本人也曾在《书品》杂志1992年第2期上，发表了《学案试释》一文，今天借这个机会，将其中的观点奉献给各位读者。

在中国史学史上，正式以"学案"命名的，据现存典籍而论，当不早于明代中叶。其中较著名者，一部是万历初刘元卿的《诸儒学案》，另一部是万历末刘宗周的《论语学案》。《诸儒学案》凡八卷，全书旨在表彰王门学说。《论语学案》凡四卷，全书按《论语》篇第为序，依次摘录孔门师弟语要，逐条加以阐释。《诸儒学案》与《论语学案》有一共同点，即皆为入案者语录的汇编。

以语录述学，在中国学术史上实发端甚早。孔子弟子所辑录的

《论语》,已开风气。但语录体著述的盛行,则在佛教传入,且会通儒学而中国化之后。据吕澂先生在《中国佛学源流略讲》中所称,唐代禅宗初起,不立文字,单传心印。在禅师语录中,多以简略的语句,记述宗门师弟、宾主问对,含蓄地暗示自身义法所在,既以此说理,亦以此传法。此类蕴涵"机锋"的语句,禅门中称之为"公案",意欲据此以判是非。然而,由于"公案"语意隐微,每多费解,于是赵宋一代出现以文字解释禅意的所谓"文字禅"。"文字禅"兴,则解释"学案"著述不胫而走,累世不绝。唐宋以后,江西吉安青原山为禅宗南宗重要传法地。刘元卿籍属吉安府安福县,早年曾游青原求学,受禅风濡染,自是不言而喻。他的《诸儒学案》之与禅宗"公案"的阐释,其间确有相通之处。刘宗周的《论语学案》亦乎如此。刘宗周为浙东人,明代中叶以后,浙东禅风甚盛。刘宗周虽力倡辟佛,但在其著述中"公案""顿悟""圆融"一类禅家语句,亦时有沿用。而他的《论语学案》,实不可排除禅家阐释"公案",据以传法之风的影响。

因此,我认为:"学案"作为书名在晚明的出现,一方面确如陈金生先生所论,有考查论定各家学术的含义;另一方面,如果从词源学上来看,它或许是由当时禅宗惯用的"公案"一语衍化而来。其初始形态当是"学术公案",后经简练遂成"学案"。

问:您以继承前辈史家未竟之业为使命,在这条艰难的学术求索之路上,孜孜以求。1994年,您的《中国学案史》在台湾文津出版社出版,这是国内首部学案史研究的著作。不仅标志着您在这个领域取得了一个具有里程碑意义的成就,而且您还为学术史研究开辟了一个新方向。

研究中国学案史,在当时中国学术史研究中,还是一个比较新的领域。由于研究对象处于思想史、哲学史和史学史、文献学的交汇点上,随着学术史研究的深入开拓,它将愈益吸引研究者的注意。台湾"文津版”的《中国学案史》，应该说是我在这个领域取得的阶段性成果。有关学案史领域的诸多问题，还将伴随着我在学术史研究上的不断探索而走向深入。

四、从“文津”到“东方”：学案史研究的继续深入

问：自从您的《中国学案史》1994年底在台湾文津出版社发行以来，在学术界评价甚高。2008年12月，《中国学案史》在上海东方出版中心再版。我们注意到，新版的《中国学案史》在内容上，又有所修订。请您就此谈一谈。

《中国学案史》1994年在台湾首次出版后，我并没有停止在这个领域中的继续探索。在此后的读书学习过程中，我发现前辈史家如梁任公、陈援庵、金毓黻等先生都谈及了朱熹《伊洛渊源录》与《明儒学案》的关系问题，但却忽略了耿定向、刘元卿、刘宗周、周汝登及孙奇逢在这方面的影响。于是，我沿着前辈史家所提供的线索，结合多年的研究所得，在“东方版”著作中首先深入考察了黄宗羲《明儒学案》“三段式”编纂体例是如何形成的问题。

黄宗羲之所以用总论、传略、学术资料选编的三段结构去编纂《明儒学案》，就历史编纂学的角度而言，是历史学自身的发展状况所使然。明清之际，理学既已进入批判和总结阶段，于是历史学自然要做出反映，是以有《陆杨二先生学案》《诸儒学案》《论语学案》《圣学宗传》《理学宗传》一类著述的接踵而出。而这些著述，黄宗羲皆经寓目，从而给他发愿结撰《明儒学案》提供了有益的启示。就《明儒学案》本身而论，即有辙迹可寻。如卷首《发凡》的评《圣学宗传》《理学宗传》语，卷二十一《江右王门学案》六之取刘元卿以入案，卷五十七《诸儒学案》下五之著录孙奇逢，卷六十二《蕺山学案》之辑《论语学案》语等，皆是

依据。二刘两部《学案》之命名，周、孙两家二部《宗传》日趋明朗的三段式编纂结构，都成为黄宗羲《明儒学案》的先导。但对黄宗羲影响最大的，恐怕应是其师刘宗周的《皇明道统录》了。

问：《皇明道统录》又是怎样一部著述呢？它与《明儒学案》有何渊源？

关于《皇明道统录》的情况，由于刘宗周生前未及刊行，后来亦未辑入《刘子全书》中，因此其具体内容今天已无从得其详。所幸刘宗周门人董玚所辑《蕺山先生年谱》中，于其梗概有所叙述。据载，《皇明道统录》完稿于天启七年(1627)，稿凡七卷。其编纂体例仿照朱子《名臣言行录》，作三段式，即第一段生平行履，第二段语录，第三段断论。

我们取《明儒学案》与董玚所述之《皇明道统录》相比照，即可发现其间的若干重要相通之处。首先，《道统录》的三段式编纂结构，亦为《明儒学案》所沿袭，无非将断论移至各案卷首，成为该案之总论。其次，学有承传的诸大家，如崇仁、白沙、河东、姚江、甘泉、蕺山等，《明儒学案》亦独自成案。至于以倡"异端邪说"获咎的李贽，以及著《学蔀通辨》诋王守仁《朱子晚年定论》为杜撰的陈建等人，《明儒学案》亦摒弃不取。再次，《明儒学案》评一代儒林中人，多以其师刘宗周之说为据，各案皆然，不胜枚举。凡此，皆透露了《明儒学案》承袭《皇明道统录》的重要消息。所以，倘若我们说《明儒学案》系脱胎于《皇明道统录》，在此基础上又加以充实、完善而成书的，恐怕不会是无稽之谈。

问：在"东方版"中，您不仅有对既往著述的修订，而且还有些内容是"文津版"未曾涉及的，比如您增加了对范鄗鼎《理学备考》的开创性研究。

范鄗鼎是清代山右儒学开派宗师，字汉铭，号彪西，学者称娄山先生，山西洪洞人。鄗鼎幼秉庭训，亦服膺朱子理学。自康熙十七年（1678）正月，鄗鼎开始结撰《明儒理学备考》及《广明儒理学备考》。两书均以薛瑄、胡居仁、王守仁、陈献章四家冠于书首，领袖群儒。凡于著录诸家，不存门户之见。《备考》系明代理学诸儒传记汇编而成，以人存学；《广备考》则专辑诸家语录、诗文，以言见人。两书先行后言，相得益彰。

两部《明儒理学备考》完成后，于康熙四十一年秋，鄗鼎又开始了纂修《国朝理学备考》的工作。在编纂体例上，与前两《备考》有所不同的是，《国朝理学备考》改为将诸儒言、行合一的方式加以著录。所录诸儒，大体先为生平简历，并附鄗鼎按语，随后则是学术资料汇编。这种编纂体例与黄宗羲开创的《明儒学案》一脉相承。早在康熙二十九年，黄宗羲弟子仇兆鳌即将其师《明儒学案》总目寄予鄗鼎；三十三年二月，复遣专人送新刻《明儒学案》至洪洞。据此可知，鄗鼎这部书的体例，也受到了《明儒学案》的影响。

问：在“东方版”中，您还从史源学角度重新补订了全祖望的《宋元学案》。请您谈谈您的校读体会。

黄氏父子《宋元学案》因是未竟之稿，故其中多有可增补之处。如宋元间大儒王应麟，依黄氏父子稿，仅存小传一篇，附载于《真西山学案》。后经全祖望增定，始独立而出，自成一卷，题为《深宁学案》。一如学案体史籍定例，《深宁学案》卷首为《序录》总评伯厚学术；继之则为案主小传，大体删节《宋史》而成；随后即是案主学术资料长编，凡节录二种，一为《深宁文集》，一为《困学纪闻》。

《深宁学案》选录《困学纪闻》语，皆出全祖望手，案主之治学旨趣，棱棱风节，凭以足见大体。惟书稿本属蝇头细草，未经整理，祖望赍志而没，遗稿辗转传抄，迭经众手，难免鲁鱼亥豕，错简误植。我将《宋元学案》所选录的《困学纪闻》诸条，与道光间翁元圻集注本《困学纪闻》

进行了校读，发现有删节失当、脱漏讹字、句读偶疏、史源误出等一些弊病。故而将上述所得，写成了校读记，加入“东方版”《中国学案史》中。由此可见，读书不能忽视校雠。即使是《困学纪闻》《宋元学案》这类学术名著，我们平日读书时也当严谨精勤，一丝不苟。

问：您对全祖望所增补之《宋元学案》作何评价？

读过《宋元学案》后，我对黄宗羲父子及全祖望诸贤哲钦敬之余，还有一些未尽惬意之处。《宋元学案》讲师承、重渊源，揭示了宋学的特征，这无疑是其所长。但编者为了突出这一特征，广事搜罗，多方联系，难免会有强立学派之嫌。与《明儒学案》秩然有序相比，恐怕这是一种倒退。

《宋元学案》卷末是李纯甫《屏山鸣道集说略》，与之前的《荆公新学略》《苏氏蜀学略》都是全祖望所新设立的篇目。王安石、苏轼、苏辙，都是北宋人，而李纯甫为金人，何以要统归卷末？既然著录于篇，又为何不称“学案”而称“学略”？依据全祖望的解释，王、苏是因其“杂于禅”，而李氏则缘其“游于异端”。至于取李纯甫为《学案》终篇，全祖望则说：“略举其大旨，使后世学者见而嗤之。”如此总结学术史，先有一正统与异端的鸿沟在胸，自然就难以成为实录了。

《屏山鸣道集说略》卷首以“王苏余派”标目，述金代文章大家李纯甫传略。其次录《鸣道集说》中语四条。随后再接以“屏山讲友”之目，载赵秉文传略及《滏水文集》摘编。其后则依次为“李赵学侣”“滏水同调”“屏山门人”“雷宋同调”“滏水门人”诸目，共记载了李氏后学 20 人。全祖望在《滏水文集》后有一段案语。据其所载，全祖望当初所附录于李、赵之后者，为刘从益、宋九嘉、董文甫三人。因此，“李赵学侣”以下诸目，疑为道光间王梓材、冯云濠所增补。由此而推扩开去，不能不让人怀疑今本《宋元学案》繁冗的标目，恐非全祖望所为，或许出自王、冯二家之手。但因文献无征,姑且存疑于此,一则求教于诸位读者,二则俟诸来日而再加详考。

问:2009年第4期《中国史研究》上,发表了您的一篇文章《〈明儒学案〉发微》,可视为您对《明儒学案》研究的又一创获。请您具体谈一谈其中的观点。

在这篇文章中,我主要通过对《明儒学案序》的研究,重点探讨了该书的编纂缘起问题。黄宗羲晚年,曾经就《明儒学案》的结撰留下了两篇重要文字,一篇是《明儒学案序》,另一篇是《改本明儒学案序》。这两篇序文最主要的不同在于改本任意删除了黄宗羲与其同门恽日初讨论其师刘宗周为学宗旨的一段文字。而恰恰正是这段文字,揭示了《明儒学案》结撰缘起的重要故实。

《改本明儒学案序》所删除的那段文字,主要是黄宗羲忆及二十余年前,未能为同门友人恽日初所著《刘子节要》撰序之事。关于事情的起因,在于二人对把握其师刘宗周学术宗旨的意见不一。日初认为,“于先师言意所在,宜稍为通融”;而宗羲则力主“先师所以异于诸儒者,正在于意,宁可不为发明”。两人之间意见上的分歧,直接关系到《明儒学案》的前身《蕺山学案》的发愿结撰。

康熙初年,恽日初借南游绍兴之际,将其师刘宗周遗著区分类聚,刻成《刘子节要》。但黄宗羲则认为,《刘子节要》一书于其师刘宗周言“意”之处,一概删节,既未得要领,又曲解了师门的学术宗旨;甚至,恽书有“以己言而代师语”之嫌。宗羲既然不满于《刘子节要》,故而有志重新整理刘宗周遗书,以结撰《蕺山学案》来表彰其师治学宗旨。至迟到康熙二十年(1681)秋,《蕺山学案》业已成稿。但该书并未刊行,宗羲即将精力转到《明儒学案》的结撰中去了,继续完成其为师门传学术的责任担当。

问：那么，黄宗羲为何没有刊行《蕺山学案》，而是将精力转到了编修《明儒学案》上？其著《明儒学案》仅仅是为了传承师门学术吗？

就在《蕺山学案》临近完成之际，一个关乎有明一代历史和学术评价的问题，摆在了黄宗羲面前。这就是官修《明史》的再度开馆及其引发的对王阳明、刘蕺山学术地位的讨论。

康熙二十、二十一年冬春间，由史馆传来关于拟议中的《明史》纂修凡例，馆臣专就其间争议最大的理学四款，征询黄宗羲意见。这四款意见综合起来，大致是说程朱理学才是明代学术的正统，《明史》当立《理学传》，而将陈献章、王守仁、湛若水、刘宗周等人排拒于《传》外。这不仅否定了王守仁、刘宗周在明代学术发展中举足轻重的地位，而且以门户之见曲解了一代学术的演进历史。有鉴于此，康熙二十一年二月，黄宗羲致信史馆中人，对上述四款条例逐一驳诘。"国可灭，史不可灭"，这是黄宗羲素来所秉持的治史宗旨。康熙初，以《明夷待访录》的结撰为肇始，《行朝录》《海外恸哭记》《思旧录》《明文案》《蕺山学案》以及诸多碑志传状，皆是其史家职责之展示。面临史馆修史条例如此尖锐的挑战，迫使黄宗羲不仅要起而驳诘，而且要在治史实践中做出强烈反应。于是，他未待《蕺山学案》刊行，便将其扩而大之。由梳理刘宗周一家一派之学术史，充实为论究一代学术源流、为故国存信史的大著作《明儒学案》。

问：我们注意到，《明儒学案》著录晚明儒林中人，其下限已至入清三十余年后方才辞世的孙奇逢。明清更迭，由明而入清的儒林中人遍及南北，《明儒学案》何以独取孙奇逢入案？

这确乎发人深省。我们不妨先简要梳理一下孙奇逢的生平学行。孙奇逢，字启泰，号钟元，河北容城人。天启年间，孙奇逢曾挺身而出，竭力保护被阉党迫害的左光斗、魏大中二家子弟，义声震动朝野。崇祯年间，奇逢为国分忧，多次在乡组织义勇，抗御清军袭扰。入清后，奇逢矢志不仕清廷。虽未以死报国，然而他却能将节义与理学合为一体，终身以遗民自守。黄宗羲晚年著《明儒学案》，以孙奇逢为著录下限，其深义乃在于要为天地保存这样一份可以传之久远的元气。

我们再将思路扩展开来，一部《明儒学案》，上起《师说》，下迄《蕺山学案》。黄宗羲选择这样一个布局，恐非寻常之属辞比事。如果我们从节义与理学相结合的角度，用“成仁取义”四个字去观察著录诸儒，那么贯穿全书的红线，便会跃然纸上。从明初死节的方孝孺，到晚明沉水殉国的高攀龙，迄于明亡从容赴死的刘宗周、黄道周、金铉、金声、吴钟峦、华允诚等，皆在《明儒学案》中永垂史册。可见，《明儒学案》有一条首尾相连的线索贯穿其间，这就是“为天地保元气”。这也就自然成为黄宗羲撰著《明儒学案》的又一重要动机。

问：从“文津版”的问世到“东方版”的再修订，在这十余年间的过程中，您对“学案”的释名又有哪些新的理解？

我早先曾撰有《学案试释》一文来对“学案”释名。在此后多年的读书积累中，又有了新的发现。以学案命名的著作，的确出现在明中叶以后。但最早作为篇名出现的，则是耿定向的《陆杨二先生学案》；而作为书的命名，又当以耿定向的弟子刘元卿在万历年间所编著的《诸儒学案》为最先。此后，才又有刘宗周的《论语学案》问世。

关于对“学案”的定义，我早先撰文，曾经试图从学案与禅宗灯录之间的关系来思考，将“学案”释为“学术公案”的省语。1995 年冬，我应邀访问台湾“中研院”史语所，以《关于研究中国学案史的几个问题》为题，在该所做过一个学术报告。对“学案”一语的解释，也是报告内容之一。报告结束之后，承“中研院”已故院士黄彰健老先生赐教，示以还是从“案”字的本义上去思考为好。

访台归来,黄彰老之所教时时萦回脑际。我一度将思路转到王阳明的《朱子晚年定论》上去。《朱子晚年定论》书成之后,影响很大,迄于明亡,百余年不绝。在这样一个学术背景之下,作为阳明学的传人,耿定向、刘元卿接过其师的“定论”用语,改头换面而衍为“学案”一词,或者就不是不可能的事情。因此,如果这样一个思路能够成立,那么“学案”二字似乎又可解为学术定论。也就是说,如同《朱子晚年定论》一样,耿定向的《陆杨学案》就可读作陆九渊、杨简学术定论,刘元卿的《诸儒学案》也可读作宋明诸大儒的学术定论。那么,黄宗羲的《明儒学案》也就当读作明代诸儒的学术定论了。

后来,我在修订旧作时,又重理往日对“案”字的解释思路。诚如陈金生先生之所见,案、按字通,确有“考查”的意思。但是其本义恐怕不能以“按断”“论定”来解释,今日书面用语云“按而不断”,即是其证。如此一来,思路再行调整,可否径释为“学术考查”,或别申为“学术资料选编”呢?当然,这样去解释“学案”一语究竟能否成立,确实也没有把握,惟有敬请方家大雅赐教。

五、薪火相传:教学相长的新探索

问:从以上对您的采访中可以看出,您的大著从“文津版”到“东方版”的历程,实际上也是您个人在学案史领域有所发现、寻求创新的过程。尤为可贵的是,您还不断提携后学,让学案史研究能够薪火相传。

我进入学案史这个领域,是我的恩师杨向老带我进入的。而杨向老又是继承了其老师钱宾四先生的治学传统,才有了欲修《清儒学案新编》的初衷。学案史经过三代人的努力,如今已蔚为大观,我们有责任要将这一学脉传衍下去。如今,一些青年学者在这方面已经取得了可喜的成就。

问：我本人在这方面，受您教益良多。在您的指导下，整理出版了《〈《清儒学案》曹氏书札〉整理》。有关《清儒学案》的这批“曹氏书札”，您也是最早过目的吧？

是的。所谓“曹氏书札”，是当年蛰居天津的徐世昌与身在北京的门生曹秉章之间，为纂修《清儒学案》而进行商讨往复的一批信件。徐世昌委托曹秉章在其家中设立修书处，参与纂修的诸公每周五相聚，共同商讨编书事宜。会后，曹秉章将讨论原委修书一通，并附已润色《学案》稿数篇，一同寄往天津。徐世昌阅后，随手批阅，复寄回京。如此往还《书札》，凡四百余通，在修书的近十年间未尝中断。20 世纪 80 年代初，我在国家博物馆的前身中国历史博物馆参加座谈会，有幸拜谒史学界老前辈史树青先生。史先生得知我当时正在读《清儒学案》，还召我至先生东城寓所，出示所藏之《〈清儒学案〉曹氏书札》。时间过得真快，转瞬间三十余年过去。2014 年初，历史所几位年轻同事来寒舍探望，告我《〈清儒学案〉曹氏书札》已由线装书局出版。两周后，承梁仁志博士受累，由近代史所图书馆将书札影印件三大册送来。我用了三天时间，将此批书札浏览一过，当年的诸多疑问，顿时释然，不禁为之大快。惟书札出版未经精心校勘，故而编排顺序前后倒置，失误尚多，是为美中不足。立民博士早先从治目录学起步，特嘱其将这批书札精心比勘，重新编年整理。未及一年，《〈清儒学案〉曹氏书札》整理本初成，元元本本，先后秩然。这些《书札》对于考察《清儒学案》的纂修经过，深入挖掘其纂修思想具有重要的文献价值。

问：《书札》在整理过程中，得到了您的帮助与鼓励。您对《清儒学案》研究甚深，百忙之中，助我识读徐世昌的草书批语，使我不能识别的文字迎刃而解；在整理初稿完成后，您逐篇审阅，提出了诸多中肯建议，让我获益匪浅。先生提携后学之诚意，令我没齿难忘。也正是基于这批书札，您还指导了朱曦林师弟的一篇博士论文《徐世昌与〈清儒学案〉》。

《徐世昌与〈清儒学案〉》是一个具有深入开拓空间的选题，潜心其间，自能有所发现，取得突破。曦林博士矢志以往，不畏繁难，勇于进取，在前哲时贤开启的路径上，勤于搜求，爬梳文献，用力极勤。大致说来有以下三方面值得肯定：其一，梳理了清中叶以迄民国年间学者们对《清儒学案》编纂的尝试及其动因，探讨了"学案体"史籍在清中叶以降的流变。其二，关于《清史稿》之《儒林》《文苑》二传与《清儒学案》的关系，前人的研究虽曾涉及，但并未加以深入探讨。这篇论文以夏孙桐、金兆蕃等诸公为线索，深入考察了《清史稿》之《儒林》《文苑》二传与《清儒学案》的渊源。其三，通过对徐世昌日记、年谱、著作的解读，更全面、系统地展示了徐世昌自晚清到民国间在学术文化上的取向。以此为切入点，探讨了其任职民国时的书籍编纂、就任总统后的文化政策及息影津门后编纂《晚晴簃诗汇》《清儒学案》之间的内在逻辑和文化理念。同时，这篇论文也较为全面地厘清了《清儒学案》的编纂过程及其为后世所批评的诸多问题在编纂过程中的成因。

曦林博士的研究之所以能够后来居上，既不在理论之突破，亦不在方法论上的创新，乃在于以艰苦的创造性劳动，诠释了中国历史学充分占有资料，实事求是、一丝不苟的优良传统。

问：学案史领域师承有自，一代代学者在继师承的基础上，又不断向前探索，永远在学习、传承、创新的路上耕耘。最后，还想请您谈谈您近四十年来治学术史，特别是在学案史领域的研究心得以及对青年学者的期许。

中国古代的学案，实际上是先哲思想的凝聚。对学案体史籍开展研究，就是一个文化命题。中华优秀传统文化的传承发展，需要一代代学人接踵前人未竟之业，一脉相传，开拓创新。我所做学案史研究的“初心”，就是把老一辈学人的优良传统继承下来，把中华学术传承下去，使之发扬光大。我的学案史研究，正是秉持着这一理念，在继承老一辈学人研究成果的基础上展开的。但我们不能否认，老一辈学人受时代条件所限，特别是相关资料还没有充分发掘出来等客观原因，他们的研究不可避免地会遗留下来诸多问题。我们这一代学人有勇气、有能力去解决它，去开展学术的创新。然而，这种创新并不是否定前辈学人的成果，也不是抱着专门找前人失误这样的心态。清代乾嘉学者钱大昕先生曾用“实事求是，惜护古人”八个字来阐释他的治学品格。我做学术史、学案史研究，就是沿着钱大昕先生的治学路径往前走。所以，我们今天做学问，尤其对于青年学者而言，一定要尊重、爱惜古人的劳动成果，做到“前事不忘，后事之师”，在继承的基础上寻求创新，把中国学问传承下去。在传承中寻求创新。